LA
QUESTION DE GALILÉE

LES FAITS ET LEURS CONSÉQUENCES

PAR

HENRI DE L'ÉPINOIS

SOCIÉTÉ GÉNÉRALE DE LIBRAIRIE CATHOLIQUE

(Victor PALMÉ, éditeur des *Bollandistes*, directeur général)

PARIS	BRUXELLES
25, rue de Grenelle-St-Germain	5, place de Louvain, 5

1878

LA
QUESTION DE GALILÉE

PARIS. — TYPOGRAPHIE LAHURE
Rue de Fleurus, 9

CAROLO . A . TVRRE . ARVERNA

ARCHIEPISCOPO . BITVRICENSI

AMPLIFICANDAE . ET . TVTANDAE . RELIGIONIS . STVDIOSO

SALVTEM . PLVRIMAM . ET . FELICIA . FAVSTA . OMNIA

OBSERVANTISSIME

HENRICVS . DE . L'EPINOIS

IN . PARISIENSI . SCHOLA . A . CHARTIS . IAM . AVDITOR

IN . MILITIAM . EQVESTREM . S. GREGORII. P. M.

A . PIO . NONO . P. M. ADSCITVS

LIBELLI . DE . QVAESTIONE . GALILAEI . ROMAE . INSTITVTA

EDITIONEM . ALTERAM

LABORE . AC . CURIS . RECENSITAM . ET . AVCTAM

DEDVCTAM . EX . DOCVMENTIS

ARTIVM . OPTIMARVM . PATRONO

DEDICAT

SCRIBEBAT XXV DECEMBRIS

ANNO REDEUNTE A DIE QVA NATVS EST CHRISTVS M DCCC LXXVII

LA QUESTION DE GALILÉE

AVANT-PROPOS

Le nom de Galilée est connu de tous. Ceux même que les questions scientifiques n'intéressent pas, savent néanmoins que l'illustre savant soutint sur le mouvement de la terre une doctrine déclarée fausse, qu'il subit plus tard un procès et fut condamné.

Or, quelles furent les causes de cette condamnation, et les mobiles secrets qui firent agir ? Ici les réponses révèlent trop souvent l'ignorance des faits.

Même après avoir lu la vaste correspondance de Galilée, publiée par le savant M. Alberi, il restait quelque chose à apprendre, car on ne connaissait les pièces du procès que par les notes complétement insuffisantes données par Delambre, Venturi, Mgr Marino Marini. Aussi, lorsqu'en 1867 j'eus communication du manuscrit qui renfermait ces documents, je m'empressai de publier intégralement les procès-verbaux et les interrogatoires, en indiquant seulement la nature des autres pièces, lettres et mémoires, jointes à ces actes dans le dossier. J'accompagnai cette publication d'un récit des faits, imprimé dans la *Revue des Questions historiques* du mois de juillet 1867.

La polémique, si vivement engagée depuis dix ans, surtout en Allemagne, en Italie, en France, au sujet de la *question de Galilée*, s'étant appuyée principalement sur ces documents, exacts quant au fond, mais copiés à la hâte et ayant plusieurs inexactitudes dans la forme, il convenait d'en donner un texte correct et complet. M. Berti l'a tenté, mais sans succès. Plus heureux que lui, je l'ai imprimé récemment à Rome, avec la permission de Son Ém. le cardinal Siméoni, secrétaire d'État de S. S. Pie IX[1]; peu de temps après, M. Karl von Gebler en a publié, de son côté, une édition à Stuttgart.

Le moment semble donc venu de reviser tout le débat et de faire entendre, s'il se peut, au milieu du bruit des passions, une parole calme, impartiale, qui contienne véritablement un enseignement historique.

Tel est le but de ce travail.

L'enseignement de l'histoire ne saurait exister là où la vérité n'a pas été cherchée, reconnue, proclamée. J'ai donc cherché à connaître la vérité en étudiant avec soin, mais surtout avec bonne foi, toutes les pièces du procès, les correspondances et les

---

[1] *Les pièces du procès de Galilée*, in-8°, avec onze *fac-simile*, Paris, 1877, V. Palmé. Voir la note A à la fin du volume.

livres du temps où il a eu lieu; j'ai dit avec sincérité ce qui, après cette enquête, m'est apparu comme la vérité.

La première partie du volume comprendra le récit des faits : j'examinerai dans une seconde partie les principales questions agitées au sujet de ces faits et les conséquences qu'on a voulu en tirer. Je terminerai par deux notes, l'une sur les corrections à mettre au texte publié, et l'autre sur la bibliographie galiléienne.

PREMIÈRE PARTIE

RECIT DES FAITS

Galileo Galilei, que dans la langue française nous nommons Galilée, naquit le 18 février 1564 à Pise, où se trouvaient alors sa mère, Giulia Ammanati, et son père Vincenzo Galilei, issu d'une famille noble de Florence. Après avoir fait ses premières classes dans cette dernière ville et avoir achevé ses humanités et sa logique au monastère de Vallombrosa où il revêtit un instant l'habit de novice [1], le jeune Galilée fut

[1] M. Selmi : 1ª append. a *Nel trecentesimo natalizio di Galilei*. Pise, 1864. Lettre de Diego Franchi, moine camaldule, contemporain de Galilée.

inscrit le 5 novembre 1581, pour suivre les cours de physique et de médecine à l'Université de Pise. En 1585, il revint à Florence pour étudier les mathématiques.

M. Alberi a établi pour la première fois, d'après une lettre au P. Clavius, en date du 8 janvier 1588, la certitude d'un voyage de Galilée à Rome en 1587 ; deux ans après, en 1589, Galilée, âgé de vingt-cinq ans seulement, mais recommandé par le cardinal del Monte, était nommé par le grand-duc de Toscane professeur de mathématiques à l'Université de Pise.

L'esprit observateur, vif, ardent et plein de sagacité du jeune professeur, l'amena souvent à contrôler, à discuter et à réfuter les doctrines scientifiques d'Aristote. Il posa dès lors les principes nouveaux de la dynamique et de la mécanique, et par ces principes, plus encore que par ses découvertes au moyen du télescope, il hâta les progrès de l'astronomie. Mais en adoptant, en démontrant de nouvelles théories sur la philosophie naturelle, Galilée heurta de front et sans aucun ménagement l'enseignement suivi dans les écoles, je veux dire, ces doctrines péripatéticiennes, acceptées à cette époque par l'immense majorité des savants. Ce fut la cause de sa renommée ; mais comme ce fut aussi la cause de ses tribulations, il est nécessaire, dès le premier moment, de se rendre compte de la situation des esprits, de la direction imprimée aux études, et des passions qui agitaient alors les intelligences.

Les ouvrages d'Aristote, devenus depuis près de cinq siècles le fondement de la science humaine, avaient à la fois rendu un service et créé un danger : rendu un service, en présentant une sorte de résumé des connaissances humaines, une vaste encyclopédie dont les éléments travaillés, rejetés ou acceptés, en tout cas épurés et christianisés par les Pierre Lombard ou les Thomas d'Aquin, trouvaient leur emploi dans leurs *Sommes* immortelles; créé un danger, en offrant aux Scot, aux Roscelin et autres sophistes plus vulgaires encore, une quantité d'idées fausses que leur intelligence accepta sans conteste. Rejeter les idées fausses, n'accepter que les idées vraies, telle était la difficulté, et nous voyons par l'histoire de la philosophie au moyen âge que souvent, malgré les avertissements des papes et les recommandations des docteurs, on ne sut pas toujours la surmonter. Cet engouement pour Aristote, parfois combattu, diminué, mais non arrêté, tant s'en faut, du onzième au seizième siècle, avait peu à peu entraîné beaucoup d'esprits en des discussions misérables, en des puérilités qui affaiblissaient les intelligences, car elles les empêchaient de repousser l'erreur et de propager la vérité. C'est alors qu'on entendit, dès la fin du quinzième siècle, les protestations souvent éloquentes et l'enseignement réformateur des Vivès et des Melchior Cano[1]. Ce respect illimité pour les doctrines d'Aristote, qui régnait encore au commencement du dix-septième siècle, était devenu un obstacle au progrès scientifique que les réflexions et les observations d'esprits supérieurs faisaient déjà entrevoir. Mais ces esprits devaient triompher, car ils étaient entraînés dans la lutte par la résistance même des idées opposées et par ce travail intellectuel, latent, mais continu, dont les résultats, longtemps cachés, allaient apparaître.

En effet, l'idée chrétienne, avec ses idées positives de surnaturalisme, avait créé une métaphysique sublime; associée aux débris de la science antique, elle les avait peu à peu usés et détruits par son contact. Ce résultat, imprévu d'abord, mais rendu chaque jour plus certain,

---

[1] Quelques traits de la situation ont été indiqués, avec les documents à l'appui, dans une « Note pour servir à l'histoire de la philosophie et de la littérature aux onzième et douzième siècles », que nous avons publiée dans les *Annales de philosophie chrétienne*, mars et avril 1858.

était remarquable. La décomposition de la science ancienne au contact du dogme chrétien rend extrêmement intéressante la période de transition qui unit le treizième siècle, époque de la grande science théologique, au dix-septième siècle, époque des grandes conquêtes scientifiques, et dans un espace plus restreint, la renaissance catholique du seizième siècle au concile de Trente, à la renaissance scientifique du dix-septième. Il ne faut point en effet perdre de vue ce fait que : « C'est la grande philosophie, pleine de l'idée de Dieu et de l'infini, sortie à son insu de la sainte impulsion des contemplatifs, c'est cette théologie et cette philosophie qui ont surtout préparé la voie[1]..... » Car, comme l'a dit en un autre passage le penseur que je viens de citer, « les saints produisent ou sont eux-mêmes les grands théologiens mystiques ; les grands théologiens mystiques produisent les dogmatiques profonds et les vrais philosophes ; tous ensemble produisent les savants créateurs même en

---

[1] M. Frédéric Morin, *Dictionnaire de philosophie et de théologie scolastiques*, t. I, p. 67, dans l'*Encyclopédie théologique* de M. l'abbé Migne. Cf. notre article sur cet ouvrage dans les *Annales de philosophie chrétienne*, octobre 1858. Catholique alors, M. Morin a développé sur l'histoire de la philosophie plusieurs idées lumineuses : depuis il a été entraîné dans de grands écarts de doctrine.

physique et en mathématique[1]. » Voilà les enseignements de l'histoire. Il convenait de les rappeler au commencement de cette étude. On sait à présent pourquoi les temps étaient mûrs pour de nouvelles conquêtes intellectuelles et pourquoi ces conquêtes devaient être vivement disputées.

Galilée ne fut pas le premier, mais il fut un des plus illustres de ceux qui, en face des vieux préjugés et de la science d'alors, affirmèrent les nouvelles vérités scientifiques. Dans cette tâche ingrate, il devait soulever et il souleva en effet les terribles colères et du corps des professeurs vieillis dans la doctrine de l'école, et de la foule des écoliers qui, après avoir cru aux paroles du Maître, s'irritaient d'entendre insulter tous ses enseignements et se refusaient à contredire sa vieille théorie. Ils ne comprenaient pas qu'il y avait là une question de forme usée par le temps, que l'esprit avait besoin de s'élever au delà des limites où il s'était enfermé, pour chercher à découvrir les secrets de Dieu, et qu'enfin l'on pouvait marcher d'un pas libre, mais respectueux, ferme, mais prudent, vers les horizons nouveaux où l'idée chrétienne victorieuse conduisait le monde.

---

[1] Le R. P. Gratry, *Logique*, t. II, p. 96 et 415.

Le système astronomique de Ptolémée était la rigoureuse conséquence du système métaphysique d'Aristote. La cosmographie antique était le fruit non d'observations de faits, mais de déductions philosophiques ; aussi ceux qui émirent alors sur la cosmographie des idées nouvelles durent soulever une double contradiction. La métaphysique régnante déclarait *à priori* les découvertes absurdes en soi et contraires à la raison, parce que ces découvertes venaient contredire des théories philosophiques que l'on croyait indiscutables. C'est ainsi que la théorie philosophique d'un ciel incorruptible auquel la nature ne pouvait appliquer des lois, empêchait d'admettre la nouvelle doctrine cosmographique où tout était réglé par des lois. S'il ne s'était agi que d'opposer à des faits anciennement crus des observations plus précises, révélant des faits nouveaux, le débat eût été un débat purement scientifique ; mais comme il était évident que ces théories anciennes s'appuyaient, non sur des observations scientifiques, mais sur des principes philosophiques, l'opposition à ces théories devait venir du monde philosophique et du monde religieux, alors étroitement unis. Aussi l'opposition contre les nouveaux observateurs s'éleva d'une part au nom de susceptibilités philosophiques, d'autre part au nom de susceptibilités religieuses. Comme les principes de philosophie naturelle avaient été depuis longtemps appuyés sur différents textes de l'Écriture, la conviction vint naturellement que la cosmographie exposée par cette philosophie était conforme au sens du texte sacré, et par contre des professeurs et des théologiens crurent ainsi que la cosmographie nouvelle, contraire aux principes de la philosophie admise jusqu'alors, était opposée à l'Écriture sainte.

Voilà toute l'origine de la *question Galilée*; nous aurons souvent occasion d'en constater les conséquences; mais en fait voilà quelle était, au commencement du dix-septième siècle, la situation des esprits dans le monde savant.

Dès le temps de son premier professorat à Pise, les opinions de Galilée et surtout l'ardeur, ou si l'on veut la franchise qu'il mit à les exposer et à les soutenir, lui suscitèrent des envieux. Devenu plus libre par la mort de son père, arrivée le 2 juillet 1591, Galilée chercha à fuir l'orage, en même temps qu'à monter sur un théâtre encore plus renommé; il sollicita et obtint de la République de Venise une place de professeur de mathématiques à l'Université de Padoue. Nommé le 26 septembre 1592, il fut continué dans cette charge le 29 octobre 1599 et le 8 août 1606. Ce fut alors que des observations sur l'étoile nouvelle apparue le 9 octobre 1604 dans la constellation du Serpentaire fournirent à Galilée l'occasion d'attaquer plus ouvertement la doctrine fondamentale dans la philosophie péripatéticienne sur l'incorruptibilité et l'immutabilité des cieux. Deux ou trois savants publièrent contre lui des écrits violents. Ce n'était là qu'un prélude. Les colères, longtemps contenues, éclatèrent plus vives lorsque Galilée vint à défendre, sur le mouvement de la terre et l'immobilité du soleil, l'opinion à laquelle Copernic avait attaché son nom.

Quelle était alors la pensée commune au sujet des systèmes du monde? L'Église, c'est-à-dire les hommes éminents dans l'Église, car évidemment l'Église n'a point ici à intervenir, favorisaient-ils le nouveau système ou lui étaient-ils contraires? L'exposé des faits va répondre à cette question, dont la solution, comme nous l'avons déjà fait entrevoir, apportera de nouvelles lumières pour apprécier le caractère vrai de ce qu'on a nommé, à tort selon nous, l'opposition du clergé vis-à-vis des enseignements de Galilée.

Si des philosophes de l'antiquité avaient plus

ou moins indiqué l'existence du mouvement de la terre, il est certain que cette opinion, complétement dénuée de preuves, avait été oubliée et que le système de Ptolémée plaçant la terre immobile au centre du monde régna sans conteste jusqu'au quinzième siècle. Nicolas de Cusa, né en 1401 au village de Cues, près de Trèves, mais élevé et vivant en Italie, fut le premier parmi les modernes à énoncer cette opinion que la terre pouvait être en mouvement. Dans son livre *De docta ignorantia*, dédié au cardinal Cesarini qui, en 1431, présida le concile de Bâle, livre que le marquis Pallavicini publia en 1502, Nicolas de Cusa disait : « La terre qui ne peut être un centre, ne peut être dépourvue de tout mouvement : *Terra quæ centrum esse nequit, motu omni carere non potest.* » Le pape Eugène IV remit au profond penseur le chapeau de cardinal. Après lui vint Copernic. Né à Thorn en 1473, étudiant à Bologne de 1496 à 1600, donnant peut-être en cette dernière année des leçons de mathématiques à Rome[1], bientôt prêtre et cha-

---

[1] Caraffa, *Gymnasio romano*, p. 381, et Rennazzi, *Storia dell' Universita di Roma*, t. I, p. 228, qui le disent professeur à l'Université de Rome, ne produisent pas de documents pour confirmer leurs assertions Cf. M. Berti, *Copernico*, p. 58. Reticus pense qu'il donna quelques conférences isolées ou quelques leçons, plutôt qu'il n'eut un titre véritable de professeur. Fra Paolo, dans

noine, Copernic ne se contenta pas d'affirmer l'ancienne opinion du mouvement de la terre, il montra la simplicité de ce système et son utilité.

Quelques esprits adoptèrent son opinion, et un Allemand, Jean Albert Widmanstadt, venu à Rome en 1533, exposa la nouvelle doctrine, la nouvelle hypothèse, comme on disait, en présence du pape Clément VII, des cardinaux Orsini et Salviati, de l'évêque de Viterbe Grassi et du médecin Mathieu Corte. Le pape, en témoignage de sa satisfaction, admit Widmanstadt au nombre de ses secrétaires, et lui donna un manuscrit grec qui, déposé aujourd'hui à la bibliothèque de Munich, conserve encore sur un feuillet, avec la preuve du bienfait, le souvenir des circonstances qui le motivèrent [1].

Dix ans après cette séance donnée au Vatican, le cardinal Schomberg, évêque de Capoue et re-

---

un mémoire donné en 1616, appelle Copernic *pubblico lettor nello studio di Roma*, pièce publiée par M. Berti, *Il processo di Galileo*, p. 152.

[1] Voir Tiraboschi, *Storia della letteratura italiana*, éd. 1797, t. X, p. 372. Sur ce manuscrit on lit : «Clemens VII, P. M., hunc codicem mihi dono dedit anno 1533, Romæ, postquam presentibus Franciotto Ursino, Jo. Salviati, cardinalibus, Jo. Petro, episcopo Viterbiense, et Matthæo Curtio, medico physico, in hortis vaticanis copernicanam de motu terræ sententiam explicavi. Johannes Albertus Widmanstadius cognomento Lucretius, S. S. D. N. secretarius domesticus ac familiaris. »

ligieux dominicain, triomphant avec l'évêque de Culm des répugnances de Copernic, amena ce grand homme à publier le traité *De Revolutionibus orbium cœlestium*, auquel il travaillait depuis plus de trente-cinq ans. L'ouvrage était dédié au pape Paul III[1], dont Copernic, qui avait éprouvé ses bontés, invoquait l'autorité pour se mettre à couvert contre les attaques de ses calomniateurs. Copernic, en effet, rencontrait déjà des calomniateurs, et les péripatéticiens attaquaient sa doctrine en invoquant contre elle des textes de l'Écriture sainte. Auprès du même pape Paul III, un protégé du cardinal Hippolyte d'Este, Calcagnini, protonotaire apostolique, publiait en 1544 une édition de ses Œuvres, et en tête d'une dissertation on lisait : « Commentaire sur le mouvement de la terre et l'immobilité du ciel : *Quod cœlum stet et terra moveatur commentatio.* » Calcagnini fut le premier à propager en Italie les idées de Copernic.

Voilà donc quels furent les promoteurs de la

---

[1] Copernic dédie son livre au pape : « Est facile, dit-il, tua authoritate et judicio calumniantium morsus reprimere possis. » Ailleurs il dit : « Si fortasse erunt ματαιολογοι, qui cum omnium mathematum ignari sint, tamen de illis judicium sibi sumunt, propter aliquem locum Scripturæ male ad suum propositum detortum, ausi fuerint meum hoc institutum reprehendere atque insectari ; illos nihil moror, adeo ut etiam illorum judicium tanquam temerarium contemnam. »

réforme astronomique : un cardinal, Nicolas de Cusa, dans un livre dédié à un autre cardinal, président d'un concile ; un chanoine, Copernic, publiant avec l'aide d'un moine cardinal et d'un évêque un livre dédié au pape Paul III ; un autre protégé du souverain pontife et d'un cardinal, Calcagnini, protonotaire apostolique, initiant ses compatriotes aux théories nouvelles.

Galilée, comme Kepler, son contemporain et son ami, embrassa de bonne heure l'opinion du mouvement de la terre. Dans une lettre écrite le 30 mai 1597, il déclarait nettement qu'il considérait l'opinion de Pythagore comme beaucoup plus probable que l'opinion d'Aristote, et il réfutait une objection formulée contre ce système. Kepler lui ayant fait parvenir son ouvrage, publié en 1596, Galilée lui répondit qu'il le lirait avec empressement, ayant depuis plusieurs années déjà adopté cette doctrine. Il aurait même publié, ajoutait-il, un grand nombre de démonstrations et de preuves, s'il n'avait été effrayé par le sort de Copernic, notre maître : « car, disait-il, si Copernic s'est acquis auprès de quelques-uns une gloire immortelle, il n'est, pour une infinité de gens, qu'un sujet de raillerie et de mépris [1]. » Cette lettre résume la situation.

[1] *Opere di Galileo*, éd. de Florence, 1842-1856, t. VI, p. 11.

Galilée ne paraît pas un instant redouter l'hostilité de l'Église, car les papes ont soutenu Copernic, mais il craint l'opinion ennemie, l'opinion des philosophes péripatéticiens furieux de voir la nouvelle cosmographie contredire tous leurs principes. En effet, si la doctrine nouvelle était embrassée par quelques esprits d'élite, elle était repoussée et honnie par la foule des professeurs et des érudits.

Qu'on réunisse maintenant les deux ordres de faits que nous venons d'indiquer et dont la corrélation est manifeste : d'une part les doctrines nouvelles de Copernic et de Galilée qui renversaient les théories d'Aristote, et d'autre part les clameurs soulevées très-généralement contre ces doctrines, et l'on trouvera encore ici une nouvelle explication de ce fameux décret de 1616 dont nous racontons l'histoire.

II

Revenons à Padoue où Galilée continuait ses études[1].

Le télescope, inventé en Hollande, mais, d'après la seule notion de l'effet obtenu, fabriqué en Italie par Galilée sur une plus grande dimension, permit à ce dernier de consolider par de nouvelles preuves l'édifice de Copernic et d'agrandir les espaces célestes — c'est M. Biot qui parle[2] — au delà de tout ce que pouvait supposer l'imagination. Le 7 janvier 1610, Galilée découvrit les satellites de Jupiter, et dans un écrit in-

---

[1] Galilée connut alors Maria Gamba : malgré le désordre où l'entraîna son amour illégitime pour cette femme dont il eut trois enfants, Galilée conserva toujours des sentiments de foi sincère. Après avoir quitté Padoue, Galilée ne revit plus Maria, qui épousa un nommé Bartolucci : Galilée lui fit toujours servir une pension. Cf. une lettre de Liceti dans *Opere di Galileo*, suppl., p. 34, note 3.

[2] *Biographie universelle* de Michaud, art. *Galilée*, p. 323.

titulé *Nuntius sidereus* (mars 1610), il enregistra ses découvertes en signalant ce qu'elles apportaient de force à l'opinion du mouvement de la terre. Cet écrit eut un immense retentissement.

Le 15 avril, Martin Hasdale annonçait le succès du livre, et comment Kepler affirmait que Galilée avait ainsi montré la sublimité de son esprit[1]. Ce compliment n'était pas une parole vaine, car Kepler s'empressa de donner à l'œuvre l'appui de son nom en la faisant imprimer à Prague avec une préface sous forme de dissertation[2]. Le grand-duc de Toscane conféra à Galilée le titre de premier professeur de mathématiques et de philosophie, en le déchargeant du soin d'enseigner; le roi de France sollicita la faveur de voir appeler Bourbon la première étoile qui serait découverte, et le 28 avril le cardinal del Monte envoya à Galilée un tableau auquel le pape avait concédé des indulgences, en le priant de le garder par dévotion et en témoignage de son amitié[3].

Si le *Nuntius sidereus* obtint des applaudisse-

---

[1] *Opere*, Suppl., p. 25; ib., t. VIII, p. 59.

[2] *Joannis Kepleri, mathematici cæsarei, Dissertatio cum nuntio sidereo nuper ad mortales misso a Galilæo, mathematico patavino.*

[3] *Opere*, Suppl., p. 250.

ments, il souleva aussi de nombreuses réclamations : les habitués des universités de Pise et de Padoue, ainsi que tous les péripatéticiens, s'élevèrent contre l'ouvrage ; tel professeur, du haut de sa chaire s'évertua, à force de syllogismes, à chasser du ciel les nouvelles planètes ; tel autre, comme Cremonino, traita les observations de Galilée d'illusions extravagantes. Sizzi écrivit contre lui et le luthérien Martin Horky, à l'instigation peut-être de l'astronome Magini de Bologne, publia, à Modène en 1610, un pamphlet violent intitulé : *Peregrinatio contra Nuncium sidereum*[1].

Galilée et ses amis tournèrent alors les yeux vers Rome où ils espéraient trouver des défenseurs. Sans doute l'opposition des péripatéticiens s'y montrait aussi très-active, car Cingoli, en suppliant Galilée de venir dans cette ville, lui disait que sa présence était bien nécessaire pour éclairer l'esprit de « ces satrapes et grands bacheliers[2]. » Sans doute on lui rapportait que le premier astronome de Rome, le jésuite Clavius, avait plaisanté avec un de ses amis au sujet des quatre étoiles de Jupiter nouvellement décou-

---

[1] Cf. M. Th.-H. Martin, p. 29.
[2] *Opere*, t. VIII, p. 120.

vertes[1] par Galilée. Mais le 17 décembre 1610, ce même P. Clavius écrivait à Galilée lui-même pour lui annoncer qu'il avait vu plusieurs fois les nouvelles planètes, et il ajoutait : « En vérité, Votre Seigneurie mérite une grande louange pour avoir été le premier à les observer.[2]. »

Le témoignage de Clavius était précieux et, fort de cet appui, Galilée se décida à venir à Rome. Dès le 15 janvier 1611 il annonçait à un ami son intention d'aller y montrer ses nouvelles observations[3]. Le 19 mars il regardait ce voyage comme nécessaire, afin de fermer une bonne fois la bouche aux envieux[4], et quatre jours après, le 23 mars, il se mettait en route pour la ville des papes.

Le prince Cesi qui avait réuni autour de lui quelques savants[5] et le cardinal del Monte ac-

[1] *Opere*, t. VIII, p. 109.
[2] Ib., t. VIII, p. 120.
[3] Ib., t. VI, p. 140.
[4] Ib., t. VI, p. 140. « Mi pareva che fussi necessario per serrare una volta la bocca ai maligni. »
[5] Le 25 avril, Galilée était agrégé aux *Lincei*, nom que se donnaient les savants groupés autour de Cesi en une académie dont la première règle était le respect de la loi de Dieu et les pratiques religieuses. Voir *Præscriptiones Lynceæ academiæ*, Interamnæ 1624, plaquette de six pages réimprimée à la fin de *Considerazioni sopra la notizia degli Academici lincei*, par Vandelli, Modène, in-8°, 1745, p. 49-57. On y lit entre autres : « Commonentur insuper Deo O. M. (quod et principium ab ejus sancto amore et coronis, atque corona proveniat) omnia posthabere

cueillirent Galilée à bras ouverts. Les entretiens que celui-ci put avoir avec plusieurs personnages distingués lui donnèrent la ferme espérance de recevoir une entière satisfaction et de se justifier complétement au sujet de toutes les vérités qu'il avait démontrées, observées et exposées[1]. Cette espérance était partagée par ses amis ; le cardinal del Monte, l'un des plus dévoués, écrivait le 31 mai, au grand-duc de Toscane, Cosme II : « On a été très-satisfait de Galilée, et Galilée de son côté est, je crois, très-satisfait de son voyage, car il a eu occasion de montrer si bien ses découvertes, qu'ici tous les hommes instruits les estiment, non-seulement très-vraies et très-réelles, mais encore véritablement merveilleuses[2]. » Galilée constatait lui-même le succès qu'il avait obtenu en disant : « J'ai été reçu avec bienveillance par beaucoup de cardinaux, de prélats et divers princes qui ont voulu voir mes observations ; tous en sont restés contents, comme moi de mon côté je l'ai été en voyant leurs magnifiques statues, leurs

---

debere, eumque unum super omnia amabilia diligere, illi servire supplicareque, uti pias Lynceorum mentes respicere Spiritus sancti numine et lumine illustrare.... dignetur. »

[1] *Opere*, t. VI, p. 147.
[2] *Ib.*, t. VIII, p. 145.

peintures, palais et jardins¹. » Le pape Paul V, ce Borghèse qui élevait le palais du Quirinal et construisait la façade de Saint-Pierre, encourageait les arts et n'était point si ennemi des lettres qu'on s'est plu à le représenter, Paul V avait traité avec distinction l'auteur du *Nuntius sidereus*, et, contrairement au cérémonial usité, il n'avait point voulu que Galilée lui parlât à genoux.

Le cardinal Farnèse avait reçu à sa table le savant florentin, et après son départ de Rome il devait lui faire encore les honneurs de son château de Caprarola². Le cardinal Maffeo Barberini, qui depuis ceignit la tiare sous le nom d'Urbain VIII, parlait avec éloge des découvertes de Galilée et lui adressait parmi plusieurs lettres (il y en a sept), toutes plus affectueuses les unes que les autres, un billet en date du 11 octobre 1611, où l'on lisait : « Je prie Dieu de vous rendre la santé, car les hommes de grande valeur comme vous, méritent de vivre longtemps pour rendre service au public; » et il ajoutait : « je parle aussi dans l'intérêt de l'affection que je vous porte et vous garderai toujours³. »

---

[1] *Opere*, t. VI, p. 157.
[2] Ib., t. VIII, p. 154.
[3] « Gli uomini, com' Ella' è di gran valore, meritano di vivere

Galilée, nous l'avons dit, se plaisait à raconter à ses amis le bon accueil qu'il avait obtenu de tout le monde, et en particulier des Pères jésuites[1]. Ceux-ci étaient sincères dans leurs compliments, car l'un d'eux, le cardinal Bellarmin, désireux de préciser la valeur des découvertes de Galilée, ayant demandé (le 19 avril) l'avis de ses confrères les astronomes du Collége romain, touchant les étoiles fixes, la voie lactée, la nature de Saturne, le changement de figure de Vénus, la superficie inégale de la lune et le nombre des étoiles mobiles autour de Jupiter, quatre astronomes, les Pères Clavius, Griemberger, van Maelcote (Malcozzo) et Lembo, avaient donné, le 24 avril, deux jours par conséquent après la lettre de Galilée que nous venons de citer, une réponse conforme aux observations du savant professeur. Toutefois, Clavius faisait ses réserves au sujet de l'inégalité de la lune, et il lui semblait plus probable qu'elle n'avait pas une densité uniforme[2]. Comme le nom de Galilée est

lungo tempo a beneficio del pubblico, oltra che a ciò mi muove ancora il mio particolare interesse dell' affezione che le porto et le comprobarò sempre. » (Abbé Sante-Pieralisi, *Urbano VIII*, p. 42). *Opere*, t. VIII, p. 173.

[1] « Circa il mio particolare tutti gl'intendenti sono a segno, e in particolare i padri Gesuiti. » *Opere*, Suppl., p. 250.

[2] *Opere*, t. VIII, p. 160 et 161.

omis dans la demande de Bellarmin, il parle seulement d'*un valente mattematico* (un mathématicien de valeur), et dans la réponse de Clavius on a vu dans ce fait une preuve de jalousie, tandis qu'il peut prouver uniquement qu'on s'occupait surtout des doctrines et qu'on voulait les juger indépendamment de toute question de personne.

Les Pères jésuites du Collège romain donnèrent alors une grande séance académique dans laquelle un Père de la Compagnie lut un discours latin sur les nouveautés apparues dans les cieux : « Le nom de Galilée, disait-on, devait être justement cité parmi ceux des astronomes contemporains les plus célèbres et les plus heureux ; les observations des astronomes mes collègues, disait le Père, ont confirmé ses découvertes. » Ce discours, dont la trace avait été perdue, retrouvé en 1873 par M. Govi dans la bibliothèque Barberini[1], révèle les dispositions des esprits distingués de Rome.

Galilée pouvait donc, à juste titre, être satis-

---

[1] *Galileo e i matematici del collegio Romano nel* 1611, extr. de *Atti della reale Accad. dei Lincei*, 2ᵉ série, t. II, p. 8. Le discours, où il n'y a ni date ni nom d'auteur, est intitulé : *Nuncius sidereus collegii romani*. Il a huit pages. M. Govi l'attribue peut-être à Van Maelcote ou à Lembo. Après ce témoignage, M. Govi dit avec raison : « cosi poteva dirsi veramente che in allora i Gesuiti non gli si mostrassero tutti contrarii. » P 5.

fait de son séjour à Rome, aussi Paul Gualdo, apprenant de plusieurs côtés les honneurs qui avaient été rendus à son ami et en lisant le récit transmis par Galilée lui-même, ne pouvait s'empêcher de lui écrire (27 mai 1611) : « Je conclus de votre lettre que la conversation des prêtres n'est pas si à dédaigner qu'on le croit en mon pays. »

Si à Rome le succès avait été grand et l'estime réciproque, en Toscane la jalousie des péripatéticiens n'était point désarmée. Il s'élevait une grande clameur contre Galilée. Cingoli lui écrivait de redouter des adversaires qui derrière ses épaules préparaient leurs mines : « il y en a partout de ces méchants, ajoutait-il, mais ceux-ci dépassent de beaucoup les autres par les raffinements de leur méchanceté. » Six mois après, il lui signalait encore une certaine bande de malveillants et d'envieux, qui, « réunis dans la maison de l'archevêque, Mgr Marzi-Medici, se montaient la tête, et comme des enragés cherchaient s'ils pouvaient trouver un argument contre le mouvement de la terre, » à ce point même que l'un d'eux était allé trouver un prédicateur pour le prier de déclarer du haut de la chaire que Galilée disait des choses extravagantes. Le prêtre auquel on s'adressa, pénétrant aisément les intentions de ses interlocuteurs, répondit, selon le témoignage de Cingoli, comme il convenait à un bon chrétien et à un bon religieux[1]. Toutefois, c'étaient là de fâcheux symptômes et les premiers pas d'une opposition qui essayait ses forces.

Pour le moment, Galilée, qui se tenait encore sur le terrain de la science pure, était honoré et encouragé par les hommes les plus éminents. Si un jésuite à Mantoue avait attaqué son opinion sur les montagnes de la lune, le P. Griemberger à Rome et à Parme le P. Biancani, professeur de mathématiques, soutenaient la doctrine du savant florentin ; si le P. Scheiner contestait à Galilée la gloire de les avoir découvertes, le P. Adam Tannoro et le P. Guldin lui en assuraient la priorité.

Mais un jour de l'été 1611, à la table du grand-duc de Toscane, une discussion s'engagea où Galilée, appuyé par le cardinal Maffeo Barberini, rencontra pour contradicteurs le cardinal de Gonzague et quelques péripatéticiens, Louis della Columba, Vincent di Grazia, George Coresio, Thomas Palmieri, etc.[2]. Frappé de l'intérêt des questions agitées, le grand-duc pria Galilée de résumer par écrit les points traités et la réponse

---

[1] *Opere*, t. VIII, p. 188. Lettre du 16 décembre 1611.
[2] Abbé Sante-Pieralisi, *Otto lettere* a. Lettre du 2 juin 1612.

à cette demande fut le discours sur les corps flottants, publié en août 1612[1]. Le cardinal Barberini se déclara en tous points de l'avis de Galilée : « Votre opinion, lui écrivait-il, m'y paraît être admirablement soutenue par de très-bonnes raisons philosophiques et mathématiques[2]. » Le cardinal Bellarmin le remercia de son envoi[3] et le cardinal Conti, sollicité d'exprimer son avis sur diverses questions, envoya bientôt à Galilée une consultation en règle où la situation était bien précisée (7 juillet 1612). « Les questions traitées dans le livre, écrivait-il, sont appuyées sur de très-solides raisons et des expériences certaines. Cependant, comme ce sont là des choses nouvelles, elles ne manqueront pas de rencontrer des contradicteurs. » Puis, comme Galilée, déjà inquiet des murmures de ses adversaires, avait demandé positivement au cardinal si l'Écriture sainte favorisait les principes d'Aristote sur la constitution de l'univers, le cardinal répondit que l'Écriture était plutôt contraire au principe péripatéticien de l'incorruptibilité du ciel, car les Pères croyaient communément que le ciel était corruptible. « Quant au mouvement de la

---

[1] *Discorso intorno alle cose che stanno in su l'acqua o che in quella si muovano.* In-4°. Firenze, 1612.
[2] *Opere*, t. VIII, p. 208.

terre ou du soleil, disait-il, on observe que les mouvements de la terre peuvent être de deux sortes, l'un direct provoqué par le changement du centre de gravité ; or, celui qui soutiendrait un tel mouvement ne dirait rien contre l'Écriture ; l'autre mouvement circulaire, selon l'opinion de Pythagore et de Copernic, paraît moins conforme à l'Écriture ; car si les passages où il est dit que la terre est stable et ferme peuvent s'entendre seulement de sa perpétuité, néanmoins les passages de l'Écriture relatant que le soleil tourne et que les cieux se meuvent ne peuvent recevoir une autre interprétation, à moins que l'on admette que l'Écriture a simplement employé ici le langage ordinaire du peuple ; or, cette manière d'interpréter ne doit pas être admise sans nécessité majeure. Diégo Stunica a bien dit qu'il était plus conforme à l'Écriture de soutenir que la terre se meut, mais son opinion n'est pas communément suivie. » Dans une autre lettre, le cardinal Conti répétait à Galilée que l'Écriture ne favorisait point l'opinion d'Aristote sur la question de l'incorruptibilité du ciel, et lui était opposée au sujet de ses idées sur l'éternité et le gouvernement de l'univers. « Au surplus, écrivait à Galilée son éminent correspondant, précisez-moi davantage les points sur lesquels vous désirez obtenir des éclaircissements[1]. » Mais le témoignage transmis déjà par le cardinal que l'Écriture n'était point contraire à son opinion suffisait à Galilée, qui était plein de confiance dans la droiture de ses intentions et l'issue de la lutte engagée.

Oui, la lutte était déjà engagée.

Les péripatéticiens, comprenant bien qu'il leur serait difficile de défendre en tous points la doctrine scientifique du maître, avaient, depuis longtemps déjà, cherché tantôt à concilier les observations de Copernic avec le système de Ptolémée (Gaspard Penzer, imité par Antoine Magini, professeur à Bologne[2], avait publié en ce sens ses *Hypotheses astronomicæ*)[3], tantôt à combattre et à discréditer le système du chanoine de Thorn, en lui opposant l'autorité de la sainte Écriture. Tycho-Brahé, le premier peut-être, dans une lettre à Rothman, avait invoqué comme des arguments contre la théorie nouvelle des textes de la Bible[4]. Kepler, en discutant ces textes en 1596 dans son *Prodromus* et dans sa *Nova dissertatiuncula* en 1602, les avait expliqués au contraire au profit

[1] *Opere*, t. VIII, p. 222.
[2] Dans *Novæ cœlestium orbium theoricæ congruentes cum observationibus Copernici*. 1589.
[3] Wittemberg, 1571.
[4] Lettre du 24 novembre 1589.

du système nouveau. Mais le mouvement était donné. Il devait se continuer d'un côté avec le P. Foscarini (1615), le P. Baranzano (1617), Lansberg (1633), Herigonius (1647), etc.; de l'autre avec Sizzi, Morin, Fromond, Riccioli, etc.[1]. Chacun selon ses besoins faisait ainsi de l'exégèse en interprétant à son gré les passages des Livres saints. Rien ne pouvait être plus fâcheux.

Dans un livre, *Dianoia astronomica*, publié à Venise en 1611, pour démontrer l'inanité du bruit causé par le *Nuntius sidereus* et l'inutilité des télescopes, Sizzi invoqua le témoignage de l'Écriture sainte, afin de prouver que les satellites de Jupiter ne pouvaient exister[2]. Des Pères jésuites se prirent à rire en lisant ces puérilités. Mais Sizzi amenait ainsi le débat sur un terrain plein de périls. « Vous êtes en contradiction avec les textes de l'Écriture sainte! » criait-on au professeur de Padoue, et ce mot à l'instant jetait l'alarme parmi les catholiques.

Galilée ne s'en effraya pas et continua ses travaux. Bien que l'Académie des Lincei dont il était membre fût à peine organisée, elle pu-

---

[1] Arth. Wolynski. *Arch. storico italiano*, 1ª dª, 1873, p. 14.
[2] *Dianoia astronomica optica Physica quæ siderei Nuncii rumor de quatuor planetis a Galilæo Galilæo mathematico celeberrimo, recens perspicilli cujusdam ope conspectis vanus redditur, autore Francisco Sitio florentino.*

blia à ses frais en 1613 l'*Istoria e dimostrazioni intorno alle macchie solari* en forme de lettres, où le savant florentin portait un coup terrible à la philosophie péripatéticienne. En effet, disait-il au cardinal Maffeo Barberini en lui adressant son livre, « tout indique ici que le ciel peut changer et abandonner ses anciens aspects pour en prendre de nouveaux, ce qui est le contre-pied de la théorie ancienne. » Il priait le cardinal de lui communiquer ce que pourraient dire à ce sujet les péripatéticiens, et Barberini répondit en promettant de lui faire connaître l'avis « des personnes intelligentes » de Bologne, ville où il se trouvait alors. Quant à Son Éminence, elle trouvait dans cet écrit des choses neuves, curieuses, établies sur de bons fondements[1].

Le cardinal Frédéric Borromeo lut aussi « un ouvrage recommandé, disait-il, par l'intérêt du sujet et l'excellence d'un auteur pour lequel il éprouvait beaucoup d'estime[2]. » Le secrétaire des brefs du pape Grégoire XV, Mgr. J.-B. Agucchi, alors principal ministre du gouvernement de Sa Sainteté, que dirigeait cependant en titre le neveu

---

[1] *Opere*, t. VIII, p. 208.
[2] Ib., t. VIII, p. 271. « Per l'eccellenza dell' autore da me stimato quanto conviene. »

du pape, le cardinal Ludovisi, Mgr Agucchi, disons-nous, déclara le 8 juin 1613, après avoir lu le travail de Galilée, qu'il se rangeait à son avis. Toutefois il annonçait à l'auteur des contradictions, « car le sujet était une nouveauté, l'envie était partout excitée et on sait, ajoutait-il, l'obstination avec laquelle on persiste dans une opposition à la vérité. » Néanmoins, continuait Mgr Agucchi, « je suis très-certain qu'avec le temps tout le monde approuvera ce que vous avez avancé[1]. » Disons encore que le cardinal Bandini, après avoir fait accorder aux deux filles naturelles que Galilée avait malheureusement eues à Padoue, la permission de se faire religieuses, priait leur père d'avoir toujours confiance en lui pour le service de ses intérêts[2].

Ces témoignages de bienveillance venus de Rome et de l'entourage même du pape étaient précieux. Galilée, qui les recueillait avec bonheur, devait saisir la première occasion pour tenir tête à ses adversaires. Or, un jour, à la table de la grande-duchesse Christine de Lorraine, en présence du grand-duc son fils, de l'archiduchesse, d'Antoine et Paul Giordani, etc., une discussion s'engagea entre quelques profes-

---

[1] *Opere*, t. VIII, p. 274.
[2] Ib., t. VIII, p. 288.

seurs et le moine bénédictin dom Castelli, ami dévoué de Galilée : on y parla des divers systèmes astronomiques, et la grande-duchesse, ainsi que les professeurs, reproduisant les objections présentées par Sizzi, soutinrent que l'Écriture sainte était contraire au système du mouvement de la terre ; le P. Castelli le nia énergiquement. Des objections furent émises, des répliques furent données, et finalement la grande-duchesse parut satisfaite des explications de Castelli. Instruit aussitôt par Nicolas Arrighetti d'une discussion qui fit du bruit, Galilée s'en réjouit et dans une lettre à Castelli il revint sur le débat afin de préciser quelle pouvait être la valeur de la sainte Écriture dans les controverses sur les phénomènes de la nature ; il expliqua en particulier le passage de Josué, que la grande-duchesse et les professeurs avaient opposé à la doctrine du mouvement de la terre et de l'immobilité du soleil. « Il est évident, disait Galilée en reproduisant les observations de saint Jérôme et de saint Augustin, il est évident que la sainte Écriture ne peut ni mentir, ni se tromper : seulement ses interprètes peuvent errer dans les explications qu'ils en donnent. Si on voulait s'arrêter toujours à la signification littérale des paroles, on serait entraîné en bien des contradictions, absurdités et hérésies, car il faudrait dire que Dieu a des mains, des pieds, etc. » Galilée prenait exemple du texte même de Josué qu'on lui objectait pour montrer combien le système d'Aristote et de Ptolémée répugnait, et combien au contraire le système de Copernic s'accommodait aux paroles du texte sacré. La lettre était datée du 21 décembre 1613[1]. Elle ne fut pas alors imprimée, mais plusieurs copies circulèrent. Quelque temps après, le 8 mars 1614, Campanella, qui avait peut-être lu cette lettre, écrivait à Galilée : « Tous les philosophes se dirigent d'après vos écrits, car en vérité on ne peut philosopher sans un vrai système du monde, et on l'attend de vous[2]. » Au mois de juin 1614, un patricien de Florence érudit, Jean Bardi des comtes de Vernio, se préparait à lire au Collége romain une dissertation pour appuyer les conclusions du précédent ouvrage de Galilée sur les corps qui se tiennent sur l'eau. Bardi ayant communiqué son dessein au P. Griemberger, le savant jésuite lui avait

---

[1] Les *Pièces du procès*, p. 11. M. Alberi a donné un texte d'après une copie qu'il avait entre les mains. M. Targioni-Tozzetti en a donné un différent dans *Atti dell' accademia del Cimento;* il se rapproche plus du nôtre que celui donné par M. Alberi. Nous croyons la copie que nous avons transcrite meilleure que les deux premières : c'est sans doute celle que Mgr Ciampoli montra au cardinal Barberini.

[2] *Opere*, t. VIII, p. 305.

avoué que son avis était conforme au sien. « Si je n'avais dû respecter Aristote, ajoutait-il, car l'ordre du général est de ne lui présenter aucune objection et de toujours sauvegarder son opinion, j'aurais parlé plus clairement de ce qu'a fait Galilée, parce que sur ce point il a parfaitement raison ; du reste il n'est point étonnant qu'Aristote soit d'un avis opposé au sien, car il s'est évidemment trompé plusieurs fois. » Le P. Griemberger chargeait en même temps Bardi de présenter ses salutations à Galilée[1].

[1] *Opere*, t. VIII, p. 521.

III

Avec des dispositions aussi bienveillantes chez des hommes instruits comme le P. Griemberger, influents comme Mgr Agucchi, les cardinaux Borromeo, Conti, del Monte, etc., on pouvait espérer que la grande révolution scientifique, commencée par Copernic, s'accomplirait sans entraves. Toutefois, les péripatéticiens, nous le savons, élevaient bien des clameurs et le P. Griemberger y faisait allusion, lorsqu'en faisant adresser de nouveaux compliments à Galilée le savant jésuite disait que : « s'il avait pu parler à son aise, il aurait dit plus encore ; mais, ajoutait-il, il ne pouvait faire plus qu'il n'avait fait et peut-être avait-il déjà fait plus qu'il ne pouvait[1]. » On savait effectivement que Georges Coresio, que Vincent di Grazia, que Louis delle Columbe, avaient

[1] *Opere*, t. VIII, p. 325. Juillet 1614 : « Se egli avesse potuto parlare a suo modo, auria detto ancora piu, ma che non poteva far altro, ed aveva forse fatto piu di questo che poteva. »

publié des écrits pour défendre et expliquer l'opinion d'Aristote délaissée par Galilée[1]; on ne pouvait ignorer qu'un « académicien inconnu » avait, sous l'inspiration et avec la collaboration d'Arthur Dannechieschi, des comtes d'Elce, provéditeur de l'Université de Pise, commencé une réfutation de l'ouvrage de Galilée par l'énoncé du crime qui soulevait l'indignation des philosophes : « *Fu impugnato Aristotile dal discorso del s^r Galileo....* Aristote a été attaqué dans le discours de Galilée[2]! » on avait lu dans les *Disquisitiones mathematicæ* du P. Scheiner une critique contre le système de Copernic; on connaissait la défense faite par le provéditeur de l'Université de Pise au P. Castelli de parler dans son cours du mouvement de la terre[3]; on avait entendu un professeur de cette Université, Boscaglia, traiter le mouvement de la terre de chose incroyable et contraire à l'Écriture[4], juste au

---

[1] *A difesa e dichiarazione della opinione d'Aristotile contro l'opposizione del signor Galileo Galilei.* In-4°. Firenze, 1612. — *Considerazioni di Vincenzo di Grazia sopra il discorso di Galileo.* In-4°. Firenze, 1612. — *Discorso apologetico di Lodovico delle Columbe intorno al discorso del Galileo.* In-4°. Firenze, 1612.

[2] *Considerazione dell' academico incognito sopra il discorso di Galilei.* In-4°. Pisa, 1612.

[3] *Opere,* t, VIII, p. 290.

[4] Ib., t. VIII, p. 292 : « Il moto della terra aveva dell' incredibile e non poteva essere, massime che la sacra scrittura era manifestamente contraria a questa sentenza. »

moment où Laurent Pignoria écrivait de Padoue à Paul Gualdo : « on parle de Galilée, et quelques-uns trouvent sa nouvelle doctrine périlleuse[1]. »

Enfin, deux prélats, Gherardini, évêque de Fiésole, et Bardi, évêque de Cortone, ne trouvaient-ils pas dans la lettre de Galilée à la grande-duchesse des propositions étranges et opposées à la sainte Écriture[2] ?

Ainsi l'orage se préparait : il éclata.

Dans le couvent de S. Maria Novella à Florence, la conversation s'engageait souvent sur ce sujet entre le P. Ximenès et plusieurs élèves de Galilée, un ecclésiastique, curé de Castel Fiorentino, nommé Attavanti, et un chevalier de S.-Étienne nommé Ridolfi. La cellule voisine de celle du P. Ximenès était occupée par le P. Caccini. Un jour donc, ayant entendu la discussion soutenue par Attavanti, le P. Caccini sortit de sa chambre et vint dans celle de Ximenès déclarer que l'opinion de Copernic touchant l'immobilité du soleil était une proposition hérétique ; « du reste, ajoutait-il, je veux en parler publiquement du haut de la chaire[3]. »

[1] Lettre du 20 juin 1614, dans Targioni-Tozzetti, *Atti e memorie*, t. I, p. 59,

[2] Ms., f° 355 v°. Interrogatoire de Caccini. *Les pièces du procès*, p. 23.

[3] Ms., f° 373. Interrog. d'Attavanti. *Les pièces du procès*, p. 37.

Ce qu'il avait dit, il le fit. Ce religieux expliquait alors dans l'église S. Maria Novella le livre de Josué. Or, le quatrième dimanche de l'Avent, arrivé à ce passage du chapitre x, où l'écrivain sacré rappelle le miracle opéré par Dieu : *sol, ne movearis, etc...*, l'orateur, après avoir montré le sens littéral et anagogique du texte, saisit l'occasion pour combattre l'opinion de Copernic, « soutenue et enseignée à Florence, ainsi que tout le monde le savait, — c'est lui-même qui parle ainsi dans sa déposition, — par le mathématicien Galilée, à savoir que le soleil était le centre du monde et par conséquent immobile. » Appuyé sur la doctrine d'auteurs très-graves, disait-il, Caccini fit remarquer que cette opinion était opposée à la foi catholique, parce qu'elle contredisait plusieurs textes de la divine Écriture, dont le sens littéral, suivi par les Pères, énonçait justement le contraire. En terminant son discours, le P. Caccini s'appuya sur l'autorité de Nicolas Serrario qui, en confrontant les textes de la sainte Écriture voyait dans la thèse de Copernic une doctrine quasi hérétique[1].

Ces paroles, dites du haut de la chaire, furent applaudies par un grand nombre d'auditeurs,

---

[1] Ms., f° 354. Interrogatoire de Caccini. *Les pièces du procès*, p. 21.

mais elles déplurent singulièrement aux amis de Galilée. Quelques-uns d'entre eux vinrent alors trouver un jésuite napolitain qui prêchait à la cathédrale de Florence, pour lui demander de réfuter également du haut de la chaire la doctrine soutenue par le P. Caccini. Le jésuite ayant demandé conseil à un religieux de son ordre, le P. Emmanuel Ximenès, celui-ci le dissuada de parler. Mais le P. Caccini connut cette démarche et alors raconta au P. Inquisiteur de Florence ce qu'il avait entendu au couvent, ce qu'il avait dit en chaire et comment il fallait mettre un frein à l'audace de certains disciples de Galilée. Ne leur avait-on pas entendu soutenir en outre ces trois propositions : que Dieu n'était pas une substance, mais un accident, que Dieu avait des sens, que les miracles opérés par les saints n'étaient pas de vrais miracles? Le P. Ferdinand Ximenès, disait Caccini, avait recueilli ces propositions de la bouche même des disciples de Galilée[1].

Ainsi ce n'était pas une doctrine d'astronomie pure que dénonçait le P. Caccini; il signalait à la censure ecclésiastique des propositions philosophiques et des interprétations du texte biblique contraires à l'opinion des saints Pères.

---

[1] *Les pièces du procès*, p. 22.

Galilée, surpris de l'attaque dont il avait été publiquement l'objet du haut de la chaire, s'en plaignit au P. Maraffi, qui avait alors le titre de prédicateur général de l'ordre des Dominicains; mais il se plaignit en termes si mesurés et avec tant de modération, dit ce religieux[1], que l'on eût dit qu'il ne s'agissait point de lui. Le P. Maraffi, dans une lettre du 10 janvier 1615, témoigna à Galilée l'extrême déplaisir qu'il avait ressenti du scandale causé par le religieux domicain, « puisque pour son malheur, disait-il, il devenait responsable de toutes les sottises (*bestialità*) que pouvaient faire ou que faisaient trente ou quarante mille religieux. Encore que je susse, continuait-il, le caractère de l'individu très-prompt à changer d'opinion, et le rang de celui qui l'a peut-être engagé à parler, je n'aurais jamais cru à tant de folie. Cette inconvenance a été universellement réprouvée par les gens sages et elle empêchera, je crois, le P. Caccini d'être nommé théologien du cardinal Arrigoni, charge que ses parents voulaient lui faire obtenir. J'en suis informé par le cardinal Justiniani, qui, lors de sa légation de Bologne, fut obligé d'envoyer la police pour forcer ce même religieux à rétracter

---

[1] *Opere*, t. VIII, p. 357.

une semblable sortie faite du haut de la chaire dans l'église Saint-Dominique[1]. » En même temps l'archevêque de Pise disait à dom Castelli que le P. Geri, prédicateur à la cathédrale de Pise avait blâmé et blâmait le mauvais procédé du P. Caccini.

La désapprobation de cette violence ne pouvait donc être plus formelle, mais les amis de Galilée pensèrent qu'elle devait être publique. Le prince Cesi aurait voulu voir l'archevêque de Florence châtier le P. Caccini et un religieux dominicain réfuter ce que Caccini avait avancé. Le prince aurait désiré en outre que l'on s'adressât à la Congrégation des Cardinaux pour les Évêques et Réguliers où, croyait-il, on ne rencontrerait pas beaucoup de partisans du délinquant. Cependant, comme il savait que toute opinion en apparence contraire à Aristote était proscrite, le prince conseillait de ne pas parler du système de Copernic et de se plaindre seulement des invectives lancées contre les mathématiques[2].

Galilée et ses amis songeaient ainsi à accuser leurs adversaires, lorsque ceux-ci, prenant l'avance, dénoncèrent les doctrines de Galilée et de ses amis au tribunal de l'Index.

---

[1] *Opere*, t. VIII, p. 337.
[2] Ib., t. VIII, p. 340. Lettre du 18 mars 1615, non 18 mai, comme dit M. Libri, *Journal des Savants*, t. VIII, p. 365.

Caccini, blâmé peut-être par ses supérieurs, ne dit plus mot, mais le P. Lorini parla pour lui. Lorini connaissait la lettre à Castelli et les propositions philosophiques émises, disait-on, par les disciples de Galilée. Son sentiment n'était pas douteux : dès le 5 novembre 1612, n'avait-il pas écrit à Galilée que l'opinion d'Ipernic (ainsi écrivait-il le nom de Copernic) lui paraissait contraire à la sainte Écriture ? Il allait faire davantage. Le 5 février 1615 il écrivit au cardinal Mellini, président de la Congrégation de l'Index, pour lui dénoncer un écrit de Galilée qui circulait à Florence[1]. — C'était la lettre à Castelli. — La raison qui le déterminait à agir ainsi était que dans cet écrit, où la thèse de Copernic sur le mouvement de la terre, était affirmée, il se rencontrait des propositions regardées par tous les Pères du couvent comme suspectes ou téméraires ; on y disait par exemple que certaines manières de parler de la sainte Écriture ne devaient pas être prises à la lettre, que dans les discussions sur les effets naturels l'autorité de la sainte Écriture venait en dernier lieu, que bien souvent les interprètes de la sainte Écriture se trompaient dans leurs explications, que la

---

[1] Ms., f° 342. *Les Pièces du procès*, p. 9.

sainte Écriture ne devait être invoquée que dans les questions concernant la foi, et que dans les problèmes de la nature l'argument tiré de la philosophie et de l'astronomie avait moins de force que l'argument tiré d'un texte sacré et divin. Ainsi lorsqu'il était dit que Josué commanda au soleil de s'arrêter, on ne devait pas entendre que le commandement fut fait à un autre qu'au premier mobile, c'est-à-dire au soleil lui-même. Le P. Lorini se déclarait convaincu que de telles explications de l'Écriture étaient des explications fantaisistes (*a lor modo*), contraires à l'interprétation ordinaire des saints Pères, inventées pour défendre une opinion qui paraissait entièrement opposée à la sainte Écriture. « On parle avec peu de respect des anciens Pères et de saint Thomas, écrivait Lorini, et on foule aux pieds toute la philosophie d'Aristote si employée par la théologie scolastique, puis pour faire le bel esprit on dit mille inconvenances qui se répandent dans la ville jusqu'alors si catholique de Florence. » Du reste, Lorini reconnaissait hautement que les partisans de Galilée étaient hommes de bien et bons chrétiens, quoiqu'un peu tranchants dans leurs opinions. Aussi n'entendait-il point faire en ce moment une déposition judiciaire, mais donner en secret un avis amical. L'occasion de l'écrit de Galilée, ajoutait-il en terminant (et cela est une erreur), est une ou deux conférences publiques faites dans l'église S. Maria par le P. Caccini[1].

Cette lettre de Lorini est la première pièce qui figure au procès. Elle en est le point de départ, et il est donc important d'en fixer exactement le caractère.

Ce caractère est évident. Lorini ne se préoccupait point d'une question scientifique. La doctrine du mouvement de la terre et de l'immobilité du soleil n'était introduite dans le débat qu'à cause de ses conséquences. Ce qui poussait Lorini à parler, c'était la question philosophique et la question d'exégèse. L'inquisiteur de Florence le dira tout à l'heure, c'est là le fondement principal de la cause. Lorini venait, la doctrine d'Aristote d'une main, les écrits des saints Pères de l'autre, demander le maintien des principes de l'école foulés aux pieds et le maintien de l'explication traditionnelle du texte sacré, sanctionnée par les docteurs. SI CALPESTA TUTTA LA FILOSOFIA D'ARISTOTILE : ne l'oublions pas, voilà ce qui émeut, ce qui passionne. C'est là le grand grief.

---

[1] S'il en était ainsi, il faudrait reporter au mois de décembre 1614 la lettre de Galilée à Castelli.

IV

La lettre à laquelle Lorini se défendait de vouloir attacher un caractère judiciaire parut assez grave au cardinal Mellini. Vingt jours après, le 26 février, le cardinal ordonna au secrétaire de la Congrégation de l'Index d'écrire à l'archevêque de Pise et à l'inquisiteur de cette ville de se procurer l'original de la lettre de Galilée à dom Castelli, afin de l'envoyer à la Congrégation. Les deux lettres furent datées du lendemain 27[1]. L'inquisiteur répondit le 7 mars, et l'archevêque écrivit le 8 que le P. Castelli n'avait plus la lettre entre les mains, qu'il l'avait rendue à Galilée, mais qu'il offrait de la lui demander et de

---

[1] On demandait sans doute cette lettre de divers côtés, car, le 24 juillet, l'inquisiteur de Bellune répondait qu'il n'avait ni l'original de l'écrit, ni une copie; qu'il avait su seulement que le doyen de Bellune avait lu un écrit envoyé, disait-on, de la part de Galilée (Ms., f° 367. *Les pièces du procès*, p. 31.)

la remettre. L'archevêque accepta l'offre de Castelli et le pria de la lui envoyer le plus tôt possible, « simple motif de curiosité de la part d'un ami », disait-il, car il ne voulait pas se découvrir davantage sans l'ordre du cardinal. Galilée, averti sans doute, refusa de se dessaisir de l'original et la Congrégation n'eut jamais qu'une copie de la lettre.

L'écrit fut soumis à l'examen d'un consulteur qui ne le trouva point très-répréhensible. Trois passages seulement pouvaient au premier aspect être mal interprétés ; mais si les propositions sonnaient désagréablement à l'oreille, cependant on pouvait selon lui les ramener à un sens très-acceptable. Dans tout le reste du travail, et bien que parfois des termes impropres eussent été employés, l'écrit ne s'écartait pas, disait-il, du langage catholique[1].

Si on se fût tenu à cet avis, évidemment la censure n'eût pas été prononcée. Mais ces premières appréciations ne furent pas conservées, et l'opposition des péripatéticiens frappés au cœur par l'écrit de Galilée fit reprendre l'affaire. Le 19 mars 1615, le Pape, saisi de la question, donna l'ordre d'interroger le P. Caccini, alors maître et

---

[1] Ms., f° 341. *Les pièces du procès*, p. 17.

bachelier au couvent de la Minerve, que le cardinal de l'Ara-Cœli désignait comme étant plus particulièrement informé des erreurs soutenues par Galilée [1]. En conséquence, le lendemain vendredi 20 mars, le P. Caccini, prévenu par le cardinal, vint déposer judiciairement dans la grande salle du palais du saint Office, devant le frère Michel-Ange Seghezzi, commissaire général de l'Inquisition. Le P. Caccini raconta ce qu'il avait dit dans l'église Santa Maria Novella au sujet du texte de Josué; il s'étendit sur les faits qui avaient suivi et comment le P. Lorini lui avait communiqué une lettre de Galilée au P. Castelli, lettre qui ne lui avait pas paru contenir une saine doctrine théologique. « Je déclare donc au saint Office, disait Caccini, qu'il est de notoriété publique que ledit Galilée soutient ces deux propositions : « la terre se meut et le soleil est immobile », propositions qui, selon ma conscience et mon intelligence, répugnent aux saintes Ecritures expliquées par les saints Pères, répugnent par conséquent à la foi qui enseigne que l'on doit tenir pour vrai le texte de l'Écriture. » Le commissaire lui ayant demandé alors comment il savait que Galilée enseignait et sou-

---

[1] Ms., f° 352. *Les pièces du procès*, p. 19.

tenait l'immobilité du soleil et le mouvement de la terre, Caccini répondit : « Le bruit public me l'a d'abord appris, puis je l'ai su de l'évêque de Cortone ; je l'ai appris également au mois d'août dernier, dans la chambre du P. Ximenès, d'un gentilhomme florentin de la famille Attavanti, qui m'a dit que, grâce à l'interprétation donnée par Galilée, l'Écriture n'était point opposée à son opinion. De plus, j'ai lu cette doctrine dans un livre sur les taches solaires, imprimé à Rome, que me prêta le P. Ximenès ». Interrogé sur la réputation dont Galilée jouissait à Florence, Caccini, — qui donnait généreusement à Galilée soixante ans passés, alors que celui-ci n'en avait que cinquante et un, — répondit que beaucoup le regardaient comme un bon catholique, tandis que d'autres le tenaient comme suspect dans les choses de la foi, « car il est très-lié avec le frère Paul (fra Paolo), religieux servite, si fameux à Venise par son impiété, et il correspond avec lui. — Et qui donc vous a donné ces renseignements, demanda le commissaire? — C'est le P. Nicolas Lorini, et le prieur des chevaliers de saint Étienne, nommé Ximenès, cousin du P. Ferdinand Ximenès : tous deux tiennent Galilée pour suspect à cause de ses propositions sur l'immobilité du soleil et le mouvement de la terre, et à cause de ses interprétations de la sainte Écriture contraires au sens ordinairement admis par les saints Pères. » Puis Caccini ajouta : « Galilée et ses partisans sont réunis dans une académie qui a pour titre les *Lincei* et ils sont en correspondance, comme son livre le prouve, avec des habitants de la Germanie. » Caccini en lançant ce mot voulait sans doute émouvoir le tribunal en lui rappelant que la Germanie était le pays des hérétiques, de Luther! Il fut ensuite interrogé au sujet des propositions philosophiques sur la nature de Dieu, et les sens qu'on lui attribuait, mais il n'entra dans aucun détail, et déclara en terminant qu'il n'avait contre Galilée, contre Attavanti et tout autre disciple de Galilée, aucune haine, voire même qu'il priait Dieu pour eux[1].

Le 2 avril, ordre fut donné d'envoyer à Florence une copie de la déposition du P. Caccini, et d'interroger les personnes désignées comme témoins, telles que le P. Ximenès et Attavanti. Le 3, la copie était envoyée, et le 4 le cardinal Mellini écrivit à ce sujet à l'inquisiteur[2].

Mais le P. Ximenès n'était point alors à Florence. Il était parti pour Milan à la fin de mars et ne devait revenir qu'après les trois fêtes de

---

[1] Interrogatoire de Caccini; *les Pièces du procès*, p. 20-26.
[2] Ibid., p. 26.

Pâques. Son absence se prolongea, et à la date du 11 mai l'inquisiteur écrivait que le retour de Ximenès n'était point encore prochain. Cependant sa présence était nécessaire pour avoir des explications au sujet des trois propositions philosophiques soutenues chez lui, disait-on, par les disciples de Galilée, propositions qui devaient être le fonds du procès, s'il y avait lieu à l'intenter contre Galilée, mais propositions qu'il fallait prouver[1]. Le 27 mai on adressait à l'inquisiteur de Milan l'ordre d'examiner le P. Ximenès : la lettre partait le 29, mais le P. Scaglia (l'inquisiteur de Milan) répondait le 24 juin que le P. Ximenès, après avoir soutenu des actes publics à Bologne dans le chapitre général de son ordre, devait se rendre à Florence pour y passer quinze jours avant de revenir à Milan[2]. Quatre mois après, le 21 octobre, le même P. Scaglia écrivait que Ximenès n'était pas encore de retour à Milan. Il ne devait pas y venir, et le 4 novembre le cardinal Mellini donna à l'inquisiteur de Florence l'ordre d'examiner le P. Ximenès, alors rentré au couvent de Santa Maria

[1] « Che è il fondamento principale di quanto si possa pretendere contro Galileo e che solo ha bisogno di prova. » (Ms., f° 363. *Les pièces du procès*, p. 28.) Pour l'inquisiteur la question scientifique n'était pas la question.
[2] *Les pièces du procès*, p. 29.

Novella. Le 7 la lettre partait et le P. Ferdinand Ximenès, se déclarant âgé de quarante ans, et religieux dominicain, comparut le 13 novembre 1615, devant l'inquisiteur.

Interrogé par le chancelier du saint Office de Florence, frère Louis Jacobini, de Trévi, il déclara que l'opinion du mouvement de la terre était diamétralement opposée à la vraie théologie et à la vraie philosophie ; il ajouta qu'il avait entendu Gianozzio Attavanti et Ridolfi avancer — mais il ignorait si c'était leur opinion ou l'opinion de leur maître — que Dieu était un accident, qu'il n'y a ni substance des choses, ni quantité continue, mais seulement désagrégée, formée de choses abstraites[1], que Dieu est sensible en tant que Dieu, qu'il rit et pleure en tant que Dieu. Le P. Ximenès ne se souvenait pas d'avoir entendu dire à ses interlocuteurs que les miracles des saints ne fussent pas de vrais miracles ; du reste, selon lui, Attavanti n'attachait pas d'importance à ces propositions : Ximenès l'avait entendu déclarer qu'il s'en remettait à l'Église et agitait ces questions seulement pour discuter, car Attavanti n'avait fait aucune étude de théologie, ni de philosophie ; il n'était pas docteur

---

[1] « Non dari substantiam rerum nec quantitatem continuam, sed tantum discretam ex vacuis. »

et répétait seulement ce qu'il avait entendu dire[1].

Le lendemain 14 novembre Gianozzio Attavanti fut interrogé[2]; il déclara être âgé de trente-trois ans, revêtu des ordres mineurs, et curé de Castel Fiorentino. Il avait étudié les lettres sous deux religieux dominicains, le P. Vincent de Civitella et le P. Vincent Populeschi; la grammaire et les humanités lui avaient été enseignées par M° Simon della Rocca et M° Jean-Baptiste, alors précepteur des fils du grand-duc de Toscane; il y a un an il étudiait les cas de conscience avec le P. Ximenès. Jamais il n'avait été l'élève de Galilée, mais il avait eu avec lui une correspondance sur des question philosophiques; jamais il n'avait entendu dire à Galilée rien qui fût contraire à la sainte Écriture et à la foi catholique : quant à la philosophie et aux mathématiques, il lui avait entendu avancer que la terre était en mouvement, et que le soleil mobile à son centre n'avait cependant pas de mouvement. Cela n'empêchait pas que Galilée n'admît le miracle de Josué, car à ses yeux Galilée était un très-bon catholique, puisque autrement il ne serait pas admis auprès du grand-duc. Attavanti rappela sa conversation dans la

---

[1] *Les pièces du procès*, p. 32.
[2] Ibid., p. 35.

chambre de Ximenès sur les absolus de saint Thomas, conversation entendue de la chambre voisine où habitait le P. Caccini, qui s'imagina alors que lui Attavanti parlait de ces choses comme si elles étaient vraies et exprimaient l'opinion de Galilée, ce qui n'était point exact. Il ne se rappelait nullement qu'on eût parlé des miracles des saints, mais en suivant la doctrine de saint Thomas, on avait conclu que Dieu n'était pas doué de sensations, qu'il ne riait ni ne pleurait, car autrement il serait un corps organique, alors qu'il est une substance très-simple.

Tel fut le résultat de l'interrogatoire des témoins après la lettre introductive d'instance. Revenons sur nos pas, et voyons ce qu'avaient fait pendant ce temps Galilée et ses amis.

V

Au moment même où le P. Lorini envoyait sa lettre à Rome, Galilée, instruit peut-être de cette démarche, recommandait à son ami, Mgr Dini, de faire prendre des copies de sa lettre à Castelli, de la porter aux cardinaux del Monte, Bellarmin, Barberini, et de la lire avec le P. Griemberger; car, disait-il, il faut la faire connaître aux jésuites comme « aux personnes les plus instruites[1] ». Puis, de concert avec Mgr Ciampoli, Mgr Dini parla longuement de Galilée, au cardinal Bellarmin[2]. Le cardinal ne pouvait croire qu'il fût question de proscrire l'opinion de Copernic. « Le pis qui pourrait arriver, croyait-il, c'était qu'on mît à son ouvrage quelque avertissement pour déclarer que sa doctrine était présentée afin de

---

[1] *Opere,* t. II, p. 13.
[2] Ib., p. 17. Lettre du 7 mars 1615.

sauver les apparences, ou toute autre phrase semblable, comme dans le système opposé on avait introduit les Épicicles. Avec une semblable précaution, ajoutait le cardinal, Galilée pourra en toute circonstance traiter de ces matières[1]. » Mgr Dini en rapportant à son ami sa conversation avec Bellarmin écrivait : « Il n'y a pas à présent de plus grande objection contre le nouveau système du monde que le texte de l'Écriture : *exultavit ut gigas ad currendam viam*, et ce qui suit. — Mais on peut assurer que le passage s'accorde très-bien aussi avec notre opinion, » avait répliqué Mgr Dini, et Bellarmin avait répondu : « Il ne faut point agir à la hâte, et inconsidérément, ni condamner aucune opinion. » Le cardinal, qui avait eu sur ces matières un entretien avec le P. Griemberger, avait ajouté à Mgr Dini qu'il lirait bien volontiers les explications présentées à ce sujet par Galilée, mais que du moment où celui-ci, comme on le lui assurait, était disposé à accepter la décision de l'Église, il ne pourrait certainement lui arriver rien de fâcheux. Quant au P. Griemberger, il

---

[1] *Opere*, t. VIII, p. 354. « Quanto al Copernico dice S. S. Illustrissima, non poter credere che si sia per proibere, ma il peggio che possa accadere per quanto eo gli crede sara il mettervi qualche postilla. »

croyait que les arguments de Galilée étaient plus plausibles que vrais, car plusieurs passages de l'Écriture lui faisaient peur et il eût préféré que Galilée présentât d'abord sa démonstration avant d'expliquer les passages de l'Écriture[1]. C'était la marche à suivre, et le tort de Galilée est de ne l'avoir pas compris.

Il semble cependant qu'à Rome presque personne n'attachait à cette question la même importance que le P. Lorini dans sa lettre du 5 février. « Je ne sache pas qu'on en ait parlé, écrivait Mgr Ciampoli le 21 mars 1615, et j'imagine que les premiers auteurs de ce bruit se croient être une grande partie de la ville[2]. ». Et alors, afin de rassurer Galilée, Mgr Ciampoli lui parlait de ses nombreux amis et de ses admirateurs : c'étaient les cardinaux del Monte, Conti, Barberini, etc. ; c'était le prince Cesi, qui, le 7 mars 1615, signalait à Galilée comme un nouveau partisan de son système le savant jésuite Torquatus de Cuppis, professeur au Collège romain ; c'était surtout Mgr Dini qui, à la date du 14 mars, assurait lui aussi qu'à Rome personne ne pensait mal sur le compte de Galilée. Toutefois, comme l'archevêque de Pise multipliait ses efforts pour faire condamner

---

[1] *Opere*, t. VIII, p. 354.
[2] Ib., t. VII, p. 5.

une doctrine déclarée par lui scandaleuse, téméraire et opposée à la sainte Écriture, la prudence pouvait sembler nécessaire. Aussi Mgr Ciampoli écrivait-il à Galilée, le 28 février 1615 : « Le cardinal Maffeo Barberini (depuis Urbain VIII) m'a dit hier soir qu'à son avis il serait plus prudent de ne pas s'écarter des raisonnements de Ptolémée ou de Copernic, de ne pas franchir en fin de compte les limites de la physique ou des mathématiques, parce que les théologiens soutiennent que c'est à eux de déterminer le sens des Écritures, et si on exprime une opinion nouvelle il ne manque pas de gens pour amplifier et dénaturer ce qui a été dit[1]. » Trois semaines après, le 21 mars, Ciampoli allait avec Dini voir le cardinal del Monte qui dans le courant du mois avait eu une conversation avec le cardinal Bellarmin ; tous deux avaient été du même avis que le cardinal Barberini : pour éviter les difficultés, Galilée devait, s'il était amené à parler du système de Copernic, n'entrer dans aucune explication des textes de la sainte Écriture, car leur interprétation devait être réservée aux seuls professeurs de théologie approuvés par l'autorité ecclésiastique. Si Galilée agissait autrement, disaient les

---

[1] *Opere*, t. VIII, p. 351.

cardinaux, ses explications du texte sacré, si ingénieuses qu'elles fussent, ne pourraient être admises, car elles s'éloigneraient trop de la commune opinion des Pères de l'Église[1].

Ainsi tous les avis concordaient : un religieux carme, le P. Foscarini ne les entendit pas et lança un écrit brûlant. C'était une lettre apologétique sur le système de Copernic, dédiée au P. Fantoni, général de son ordre[2]. Elle fut imprimée à Naples, et Foscarini, en l'adressant au cardinal Bellarmin, lui demanda de vouloir bien lui exprimer son opinion sur ces matières. La réponse du cardinal est du 12 avril 1615 : « Je crois que vous et Galilée, disait-il, agiriez prudemment, si vous vous contentiez de présenter votre opinion comme une hypothèse et non comme une vérité absolue ; vouloir affirmer que réellement le soleil est immobile au centre du monde et que la terre tourne autour du soleil est une chose très-périlleuse, car c'est

---

[1] « E ci conchiudeva che quando Ella trattera del sistema Copernicano e delle sue dimostrazioni, senza entrare nelle scritture, la interpretazione delle quali vogliono che sia reservata ai professori di Teologia approvati con pubblica autorità, non ci dovrà essere contrarietà veruna, ma che altrimenti difficilmente si ammetterebbero dichiarazioni di Scrittura, benche ingegnose, quando dissentissero tanto della comune opinione dei Padri della Chiesa. » (*Opere*, t. VIII, p. 366.)

[2] La lettre est dans *Opere di Galileo*, t. V, p. 455-494.

irriter tous les philosophes et les théologiens scolastiques, c'est en même temps porter préjudice à la foi, puisque c'est dire que l'Écriture sainte énonce des choses fausses. Tous les Pères ont interprété dans le sens littéral les passages où il est parlé du soleil qui est dans le ciel et tourne autour de la terre, de la terre qui est immobile au centre du monde. Considérez donc avec votre esprit prudent si l'Église peut supporter qu'on donne aux Écritures un sens contraire à celui des saints Pères et de tous les interprètes grecs et latins. Ne répondez pas que cela n'est pas matière de foi, car si l'objet n'est pas un article de foi, nous devons avoir foi en celui qui parle. Cette opinion du mouvement de la terre et de l'immobilité du soleil au centre du monde devînt-elle vraiment démontrée, il faudrait alors expliquer avec beaucoup de prudence les passages qui paraissent la contredire et avouer plutôt l'ignorance où nous sommes de leur sens qu'affirmer leur fausseté. Pour moi, je ne croirai pas à une telle démonstration avant qu'elle ne soit prouvée : démontrer que l'hypothèse du soleil immobile et de la terre mobile sauvent les apparences, ce n'est pas la même chose que de démontrer la réalité de l'immobilité du soleil et du mouvement de la terre : car si je crois que l'on peut prouver le premier point, je doute très-fort que l'on prouve le second, et en cas de doute on ne doit pas abandonner le sens de l'Écriture, tel que les saints Pères l'ont expliqué [1]. »

La citation a été longue, mais elle est importante pour fixer le point en question. Ainsi, après la dénonciation de Lorini, trois cardinaux éminents, del Monte, Barberini et Bellarmin, viennent, par leurs paroles et leurs écrits, expliquer la nature du débat qui s'engage. Parlez science, disent-ils, on n'a rien à y voir ; mais si en parlant science vous donnez aux textes de l'Écriture des interprétations nouvelles, vous laïque, vous rencontrerez de graves difficultés. — « Un point est gagné, écrivait à ce sujet le 2 mai Mgr Dini, faisant sans doute allusion à l'avis donné par les cardinaux, un point est gagné : on peut écrire comme mathématicien et sous forme d'hypothèse, comme a fait, dit-on, Copernic ; on peut écrire en toute liberté, pourvu qu'on n'entre pas, comme on l'a dit, dans la sacristie [2]. »

Aussi le même Mgr Dini, sans rien craindre pour Galilée, aurait voulu le voir garder le silence

---

[1] Publié par M. Berti, *Copernico*, p. 125, qui parle de la légèreté et de l'ignorance qu'à ses yeux dénote cette lettre.
[2] *Opere*, t. VIII, p. 351.

et fortifier sa thèse par de bonnes et solides raisons qui plus tard seraient publiées[1]. Le prince Cesi conseillait également le silence jusqu'après la publication de la seconde édition de l'écrit du P. Foscarini. Mais Galilée s'inquiétait des bruits qui circulaient; il voulait venir à Rome; et comme on le voit par une lettre du 12 décembre écrite au secrétaire du grand-duc, Picchena, il était enchanté d'obtenir pour ce voyage l'approbation de tous ses amis[2]. Il n'ignorait pas les difficultés de la situation, mais celles qu'il pourrait rencontrer ne dépasseraient pas son attente, et, tout en reconnaissant qu'on avait été très-vivement impressionné, il espérait avec la douceur apaiser une émotion que le temps ferait oublier.

Le 8 janvier 1616 Galilée était déjà à Rome, et en écrivant à Picchena il s'applaudissait d'être venu dans cette ville parce qu'on lui tendait de nombreux piéges où, victime des calomnies répandues contre lui, il aurait été pris[3]. En effet, le P. Lorini était arrivé également à Rome, et sa présence devait aviver l'espoir secret des péripatéticiens.

[1] *Opere*, t. VIII, p 376
[2] Ib., t. VI, p. 211.
[3] Ib., t. VI, p. 215.

Le grand-duc de Toscane tenu au courant des affaires, et sachant sans doute les interrogatoires que l'on avait fait subir au P. Ximenès et à Attavanti, écrivit aux cardinaux Borghèse, Orsini, del Monte, pour leur recommander Galilée. Le cardinal del Monte, dans sa réponse, assurait que celui-ci était son grand ami. Grâce à ces protecteurs, Galilée fut reçu par tous les personnages distingués de la ville. Admis dans les réunions les plus brillantes, chez les Cesarini, les Ghislieri, etc., il développa souvent devant ses auditeurs étonnés et ravis, nous dit Mgr Querenghi, le système nouveau de la constitution du monde[1]. Là Galilée discutait, s'animait, et toujours cherchait à réfuter l'ancienne doctrine.

Le P. Caccini, également à Rome, lui fit demander un entretien qui se prolongea pendant quatre heures. Le religieux chercha d'abord à excuser les paroles qu'il avait prononcées du haut de la chaire, et offrit de les excuser ou de les rétracter, puis il avoua qu'il avait été poussé à agir ainsi; mais en même temps il s'efforça de démontrer l'erreur de l'opinion de Copernic. Cette tentative, au moins singulière, n'ébranla pas Galilée qui, peu séduit par le langage du P. Cac-

[1] *Opere*, t. VIII, p. 383.

cini, crut reconnaître chez son interlocuteur une grande ignorance et un esprit plein de fiel[1].

Cependant Galilée voulait aller droit au but, il voulait savoir à quoi aboutirait la dénonciation portée contre lui, et il se plaignait de ces délais. « Pourquoi, disait-il, fallait-il toujours avoir recours à des tiers, sans pouvoir traiter directement avec les personnes saisies de la question, et écrire des mémoires au lieu de s'expliquer de vive voix? » Les obstacles irritaient son ardeur : il s'emportait contre l'implacable obstination de ceux qui, pour maintenir une première erreur, ne rougissent pas, disait-il, d'avoir recours à toutes les ruses et à tous les stratagèmes afin d'égarer le jugement des supérieurs. « Je n'ai rien à craindre pour moi, ajoutait-il, mais ils en poursuivent d'autres. J'arriverai toutefois à dévoiler leurs fraudes; je m'opposerai à eux, et j'empêcherai toute déclaration dont il pourrait résulter un scandale pour l'Église[2]. » — « Ignorance, envie, impiété, voilà les trois puissants ouvriers qui ont fabriqué les incroyables histoires que je vous raconterai », écrivait-il à Picchena.

Galilée croyait avoir fait toucher du doigt aux

[1] *Operc*, t. VI, p. 226.
[2] Ib, t. VI, p. 225.

cardinaux la droiture de ses intentions, comme aussi la méchanceté diabolique et le mauvais vouloir de ses persécuteurs[1]; il trouvait même les paroles des cardinaux si précises, qu'en les rapportant il ajoutait : « si je les croyais, je pourrais m'en retourner à l'instant chez moi[2]. » Son irritation toutefois était visible, et cette irritation était regrettable; en vain ses amis lui conseillaient d'avoir du calme, Galilée ne voulait point les écouter. « Il a fait plus de cas de son opinion que de celle de ses amis », écrivait le 4 mars Guicciardini, ambassadeur à Rome du grand-duc de Toscane. Ce dernier prince, joint au cardinal del Monte et à plusieurs autres membres de la Congrégation du saint Office, l'avait engagé à se tenir en repos et à ne pas envenimer cette affaire, à cesser ses récriminations et à ne rien brusquer. S'il voulait garder son opinion, qu'il la gardât tranquillement sans faire tant d'efforts pour amener les autres à l'embrasser[3].

Voilà ce qu'on lui répétait sans cesse, et cha-

---

[1] *Opere*, t. VI, p. 227.
[2] Ib., p. 221.
[3] Ib., p. 221. M. Alberi, le savant éditeur des *Œuvres de Galilée*, fait cette remarque : « Noi crediamo col Tiraboschi.... che il fervore e l'impetuosità sua contribuissero ad irritare gli avversari del sistema Copernicano », t. VIII, p. 579, note 1.

que jour la vivacité de ses expressions blessantes augmentait, dit Targioni, le nombre de ses ennemis ; mais Galilée ne savait point s'arrêter : « Il prend feu, écrivait Guicciardini, il a dans l'esprit une extrême violence et peu de force et de volonté pour la vaincre[1]. » Aussi craignait-il que la venue de Galilée à Rome lui portât à la fin préjudice, et que loin de s'être justifié et de triompher de ses émules il ne reçût un affront.

Guicciardini était bien instruit. Le souverain Pontife n'avait-il point conseillé au cardinal Orsini, qui parlait en faveur de Galilée, de persuader à son ami d'abandonner son opinion ; et comme Orsini, auquel Galilée venait d'adresser, le 8 janvier 1616, une lettre sur le flux et le reflux de l'eau, où le mouvement de la terre était posé *ex hypothesi;* comme Orsini, disons-nous, insistait, le pape n'avait-il point coupé court à l'entretien en disant que cette affaire était remise entre les mains des cardinaux de la Congrégation du saint Office ? Et en effet, lorsque le cardinal Orsini se fut retiré, le pape fit appeler le cardinal Bellarmin, et tous deux tombèrent d'accord que l'opinion soutenue par Galilée était erronée et hérétique. C'était l'avis émis par les

---

[1] *Opere*, t. VI, p. 227.

qualificateurs du saint Office. Le 19 février, une copie de la proposition jugée digne de censure, à savoir que le soleil était le centre du monde et par conséquent immobile, que la terre n'était pas le centre du monde, ni immobile[1], avait été envoyée à ces théologiens[2]. Le 23 février, les qualificateurs se réunirent à huit heures et demie du matin, et le lendemain 24 prononcèrent la censure, qui fut signée par onze d'entre eux. La première proposition (le soleil est le centre du monde) était jugée insensée, absurde en philosophie, et formellement hérétique, puisqu'elle contredisait expressément des textes nombreux de l'Écriture sainte, pris dans leur sens littéral, selon l'interprétation ordinaire des saints Pères et des docteurs théologiens. Tous déclarèrent que la seconde proposition (la terre n'est pas le centre du monde, ni immobile) méritait la même censure en philosophie, et que par rapport à la vérité théologique elle était au moins erronée dans la foi[2].

Cette censure des théologiens employait ainsi les mêmes expressions que Tycho-Brahé, lorsque celui-ci avait appelé l'hypothèse de Copernic

---

[1] Ms., f° 376. *Les pièces du procès*, p. 38.
[2] *Les pièces du procès*, p. 39.

« absurde et contraire à la sainte Écriture[1] »; les mêmes expressions qu'Alexandre Tassoni, lorsque celui-ci avait regardé cette opinion de Copernic comme « contraire à la nature, au témoignage des sens, aux raisons naturelles, contraire à l'astronomie et aux mathématiques, contraire à la religion[2]. » Serrario avait également écrit : « Je ne vois pas comment elle peut être absoute du reproche d'hérésie; et Jerome da Sommaia, provéditeur de l'université de Pise, dans ses *Ricordi* pour l'année 1616, venait de dire : « L'opinion de Copernic et de Galilée détruit toute la philosophie, et il en découle des conséquences extravagantes[3]. »

C'était là, on peut le dire, une opinion générale parmi les savants.

Le lendemain, 25 février, le cardinal Mellini notifia à l'assesseur et au commissaire du saint Office la censure portée par les théologiens sur les propositions de Galilée. Le souverain Pontife ordonna ensuite au cardinal Bellarmin d'appeler par-devant lui Galilée et de l'avertir d'abandonner son opinion. S'il refusait d'obéir, le commissaire

---

[1] *Ép.* 147.
[2] *Div. contempl.*, l. IV, 9.
[3] Targioni-Tozzetti, *l. c.*, t. I, p. 56. « L'opinione del Copernico e del Galileo distruggono tutta la filosofia.... e fanno stravaganti conseguenze. »

du saint Office devait, en présence d'un notaire et de témoins, lui intimer l'ordre de s'abstenir entièrement d'enseigner ou de soutenir cette opinion, et même d'en parler ; s'il ne s'y conformait pas, Galilée devait être mis en prison [1].

Le vendredi 26, le cardinal Bellarmin fit venir Galilée dans le palais qu'il occupait ordinairement, et en présence du commissaire du saint Office il l'avertit que son opinion était erronée et qu'il fallait l'abandonner. Puis « dans la même séance [2] », en présence du notaire et des témoins, comme aussi devant le cardinal Bellarmin, qui se trouvait encore là, le P. commissaire prescrivit à Galilée d'abandonner entièrement l'opinion sur le soleil centre du monde et immobile, et sur le mouvement de la terre, de ne plus la tenir, ni l'enseigner, ni la défendre, en quelque manière que ce fût, de vive voix ou par écrit, sous peine de se voir intenter un procès devant le saint Office. Galilée acquiesça à cet ordre et promit d'obéir [3].

Le 3 mars, Bellarmin, sans parler spécialement de l'intervention du P. commissaire-inquisiteur, rendit compte à la Congrégation du saint

---

[1] Ms., f° 378. *Les pièces du procès*, p. 40.
[2] Voir à la seconde partie, § III.
[3] Ms., f° 378. *Les pièces du procès*, p. 40.

Office de l'avertissement qu'il avait transmis à Galilée pour exécuter l'ordre du souverain Pontife[1]. Le 5 mars, on publiait un décret de la Congrégation de l'Index portant défense de lire cinq ouvrages de droit et de théologie émanant d'auteurs protestants. A la suite des ouvrages condamnés on lisait le paragraphe suivant[2] :

« Et parce qu'il est venu à la connaissance de la Sacrée Congrégation que cette fausse doctrine de Pythagore, tout à fait contraire à la divine Écriture, touchant le mouvement de la terre et l'immobilité du soleil, que Nicolas Copernic dans son ouvrage sur les Révolutions des globes célestes, et Diego de Zunica dans son ouvrage sur Job, ont enseignée, s'est déjà répandue et a été adoptée par beaucoup de personnes, ainsi qu'il apparaît d'une lettre d'un Père carme, dont le titre est : « Lettre du R. P. Maitre P. A. Foscarini, carme, sur l'opinion des pythagoriciens et de Copernic, touchant le mouvement de la terre et l'immobilité du soleil et le nouveau système du monde, » imprimée à Naples par Lazzare Scariggio, en 1615, dans laquelle ledit Père s'efforce de montrer que la dite doctrine est d'accord avec la vérité et n'est point opposée à l'Écriture,

---

[1] Riccardi. *Alcune memorie*, docum. VI.
[2] *Les pièces du procès*, p. 42.

la Congrégation, afin que cette opinion ne se répande plus dorénavant au détriment de la vérité catholique, est d'avis de suspendre les deux ouvrages de Copernic et de Diego de Zunica, jusqu'à ce qu'ils soient corrigés, de prohiber entièrement et de condamner le livre du P. Foscarini, de prohiber également tous les livres enseignant la même doctrine, comme par le présent décret elle les défend, tous et chacun, les condamne et les suspend[1]. »

Le décret ne citait ni le nom de Galilée, ni le titre d'aucun de ses ouvrages ; ceux-ci pouvaient seulement se trouver compris dans la condamnation générale.

« L'issue de cette affaire, écrivait Galilée le 6 mars, a montré que mon opinion n'a pas été acceptée par l'Église. Elle a seulement fait déclarer qu'elle n'était point conforme aux saintes Écritures, d'où il suit que les livres voulant prouver *ex professo* que cette opinion n'est pas opposée à l'Écriture sont seuls prohibés. » Les adversaires de Galilée auraient voulu et avaient espéré davantage : ils répandirent donc le bruit qu'on avait exigé de lui une rétractation et qu'on lui avait imposé une pénitence. Voilà ce que l'on

---

[1] Venturi, t. I, p. 268. *Les pièces du procès*, p. 41.

disait à Venise, écrivait Sagredo le 23 avril[1]. Galilée s'adressa alors au cardinal Bellarmin, pour avoir une attestation écrite qui pût donner un démenti à ces bruits malveillants. « Galilée, disait Bellarmin dans cette note du 26 mai, n'a abjuré entre nos mains ni entre celles de nul autre, à Rome, ou ailleurs que nous sachions, aucune de ses opinions et doctrines : il n'a pas non plus reçu de pénitence salutaire ; seulement on lui a dénoncé la déclaration faite par le pape et publiée par la Congrégation de l'Index où il est dit que la doctrine attribuée à Copernic, que la terre tourne autour du soleil et que le soleil reste au centre du monde sans se mouvoir d'orient en occident, est contraire à la sainte Écriture et ne peut en conséquence ni se défendre ni se soutenir[2] ».

Le 11 mars, six jours après la publication du décret, Galilée était admis à l'audience du souverain Pontife : il allait quitter Rome, et le pape sembla vouloir lui témoigner — ce qui d'ailleurs avait toujours été évident — que l'intérêt de la religion (bien ou mal compris) mais le seul intérêt de la religion, et non une basse jalousie, avait inspiré le décret. Pendant trois quarts

[1] *Opere.* Suppl., p. 109.
[2] *Les pièces du procès,* p. 72.

d'heure, Galilée eut avec Paul V un entretien que lui-même déclara avoir été des plus bienveillants, *benignissima udienza.* Galilée revint sur les motifs de son voyage, et comme il insistait sur la haine de ses persécuteurs et les calomnies répandues contre lui, le pape répondit qu'il connaissait parfaitement la droiture de ses intentions et la sincérité de son esprit. Puis, comme Galilée témoignait quelque inquiétude d'être toujours poursuivi par la malveillance, le pape le consola en lui disant de vivre l'esprit en repos, parce que lui-même et toute la congrégation des cardinaux de l'Index, avaient conçu de sa personne une telle opinion qu'on ne donnerait pas facilement créance aux calomniateurs. « De mon vivant, ajouta Paul V, vous pouvez en être sûr. » Avant de le congédier le pape lui répéta plusieurs fois qu'il était disposé à lui montrer en toute occasion et par des effets certains sa bonne volonté de le protéger [1].

Galilée quitta Rome « emportant, écrivait le cardinal del Monte, les éloges de tous ceux qui avaient été en relations avec lui » [2]. Il passa par Loreto, et se retira dans la villa Segni à Bellosguardo, près de Florence. Là, il travailla, il

---

[1] *Opere*, t. VI, p. 236.
[2] Ib., t. VIII, p. 385.

écrivit, il publia des ouvrages, demeurant toujours honoré à Rome et comblé par tous de marques d'estime. Nous n'aurions pas à nous arrêter sur cette époque de la vie de l'illustre savant, si nous n'y rencontrions plusieurs faits intéressants, utiles à connaître, pour expliquer tout à la fois la période que nous venons de parcourir et celle où nous allons entrer.

VI

Le 1er juin 1616, un médecin napolitain, membre de l'Académie des Lincei, philosophe et mathématicien, Nicolas-Antoine Stelliota, traçait nettement à Galilée un plan de conduite en ces termes : « Ceux qui cultivent les sciences doivent montrer les calomnies des sophistes. La pensée des supérieurs est sainte et juste, mais, comme le décret de 1616 a été rendu sans avoir entendu les parties, il faudrait revoir la cause qui intéresse tout le monde ; il faudrait que les professeurs de mathématiques étrangers présentassent un mémoire. » Et avec un grand sens il ajoutait : « Faites prévenir ceux qui gouvernent le monde que les personnes qui cherchent à mettre la discorde entre les sciences et la religion sont peu amies de l'une et de l'autre[1]. »

[1] *Opere*, t. VIII, p. 586.

Ainsi, en deux mots, il disait : un intérêt religieux a pu faire porter le décret, mais la science, en éclairant la question, peut le faire reviser. C'est ce qui a été fait plus tard, mais, en attendant, le 10 mars 1619, le tribunal de l'Index prohiba l'*Abrégé de l'Astronomie* de Copernic, fait par Kepler, et, en 1620, il publia les corrections à l'ouvrage de Copernic, en y joignant cet avertissement aux lecteurs : « Comme il y a dans ce livre beaucoup de choses très-utiles, le tribunal, d'un consentement unanime, a décidé de permettre l'impression des œuvres de Copernic, en modifiant seulement plusieurs passages où il est parlé du mouvement de la terre d'une manière absolue et non comme d'une hypothèse[1]. » Cinq passages étaient supprimés, six étaient corrigés. On pouvait donc dorénavant parler du mouvement de la terre comme d'une hypothèse astronomique, et, en fait, elle n'était encore que cela : aucune preuve n'avait été donnée.

Dans sa lutte contre la doctrine d'Aristote dont le cardinal del Monte disait au grand-duc que Galilée s'était tiré avec honneur, le savant florentin avait rencontré plus d'un ami. L'ardent domini-

---

[1] Le P. Riccioli, *Almagestum*, t. II, p. 496-497.

cain, Campanella, voulait écrire pour prouver que le nouveau système du monde était plus conforme que l'ancien à la divine Écriture. A Naples, le P. Placido Mirto, religieux théatin et grand théologien, ne tarissait pas d'éloges sur les mérites et la valeur de Galilée. « Le livre de Copernic est suspendu, disait-il, mais l'opinion n'est pas condamnée, ni condamnable. » Il ne faisait nulle difficulté de reconnaître qu'Aristote s'était trompé en cette circonstance comme en beaucoup d'autres. En face de ces amis nouveaux qui venaient se ranger à côté du P. Castelli, du prince Cesi, de Mgr Ciampoli, de Mgr Dini, etc., Galilée rencontrait pour adversaires, d'une part, ces hommes convaincus, mais à esprit étroit, dont la maladresse ou la violence compromettent souvent les causes qu'ils prétendent servir; tel était sans doute le P. Caccini, qui s'en allait répétant, dit-on, que sans la protection des princes de Toscane Galilée eût passé devant l'Inquisition[1] : puis d'autre part il trouvait les hommes d'études, instruits, mais élevés dans l'inviolable respect de la science traditionnelle, qu'ils défendaient avec une ardeur sincère contre des innovations qu'ils estimaient téméraires; tel était, paraît-il, le

---

[1] *Opere*. Suppl., p. 155, 5 décembre 1623.

P. Grassi. Dans son livre *Libra astronomica*, imprimé à Pérouse et publié sous le pseudonyme de Sarsi, le P. Grassi combattit les doctrines soutenues par Galilée, avec plus de ménagement que l'on n'avait fait jusqu'alors. C'est le jugement même d'un ami de ce dernier, de Ciampoli. Cette modération était un heureux symptôme. Aussi lorsque Galilée écrivit en réponse à l'ouvrage de Grassi son *Saggiatore* (Essayeur), il le fit paraître à Rome, sachant qu'il y rencontrerait toujours estime et affection[1]. L'autorisation d'imprimer, délivrée le 2 février 1623, contenait ces mots : « J'ai lu par ordre du maître du sacré Palais cet ouvrage du *Saggiatore*, et, outre que je n'y ai rien trouvé de contraire aux bonnes mœurs ou qui s'éloigne de la vérité surnaturelle de notre foi, j'y ai reconnu de si belles considérations sur la philosophie naturelle que notre siècle, je crois, pourra se glorifier dans les siècles futurs non-seulement d'un héritier des travaux des philosophes passés, mais aussi d'un révélateur de beaucoup de secrets de la nature qu'ils furent impuissants à découvrir; ainsi le démontrent les ingénieuses et sages théories de l'auteur dont je

---

[1] *Il Saggiatore, nel quale con bilancia esquisita e giusta si ponderano le cose contenute nella Libra astronomica e filosofica di Lothario Sarsi sigensano.*

suis heureux d'être le contemporain, puisque ce n'est plus avec le peson et à peu près, mais avec des balances les plus sensibles que se mesure l'or de la vérité[1]. »

Le P. Riccardi, dominicain, rédacteur de cette note, devenu depuis cinq ans qualificateur du saint Office, offrait ainsi à Galilée une éclatante réparation des propos tenus dix ans auparavant par des religieux de son ordre, les PP. Caccini et Lorini. Galilée dut en être heureux, car dans le *Saggiatore* il prenait contre certaines attaques maladroites la défense de Copernic et de Kepler : il disait que si leur système était condamné par la foi, cela ne dispensait pas les savants qui le rejetaient de lui opposer de bonnes raisons scientifiques et de justifier ainsi la condamnation. Il montrait que ce système était en parfait accord avec les observations du télescope qui mettaient à néant les hypothèses des adversaires. Mais comme il pouvait être dangereux d'avoir trop raison, Galilée concluait que ce système étant condamné par l'autorité ecclésiastique, il fallait en chercher un autre qui ne fût ni l'hypothèse désormais insoutenable de Ptolémée et des péripatéticiens, ni le système trop incomplet sui-

[1] *Opere*, t. IX, p. 26.

vant lui de Tycho-Brahé. Galilée entrait ensuite dans l'examen de plusieurs questions spéciales, toutes importantes pour la science. Le livre parut sous la forme d'une lettre écrite à Mgr Cesarini, un ami du prince Cesi, un collègue de Galilée à l'Académie des Lincei, devenu *maestro di camera* du nouveau souverain, Urbain VIII. L'Académie des Lincei, chargée de l'impression, avait dédié l'ouvrage au pape lui-même, car Maffeo Barberini en ceignant la tiare ne s'était pas départi de ses sentiments d'estime pour Galilée. Mgr Ciampoli devenu un de ses camériers secrets l'entretenait souvent de l'illustre Florentin et Urbain VIII exprimait son désir d'avoir une occasion de lui témoigner son affection. Aussi, Ciampoli, se reportant par la pensée à quelques années en arrière, écrivait à Galilée : « Si vous aviez eu, en 1616, les amis que vous avez à présent ici, il eût été inutile de chercher des détours pour écrire vos pensées[1]. »

Galilée désirait mettre à profit ces bonnes dispositions, et à la nouvelle de l'exaltation d'Urbain VIII son esprit ardent formait bien des projets. Il songeait à venir à Rome et consultait à cet égard le prince Cesi. « Je roule dans ma tête,

---

[1] *Opere*, t. IX, p. 30. Lettre du 27 mai 1623.

lui écrivait-il, un projet de quelque importance pour la république des lettres; l'occasion est unique : si nous la laissons échapper, on n'en retrouvera pas une semblable [1]. » Songeait-il à faire rapporter ou modifier le décret du 5 mars 1616 ? Peut-être. Le prince Cesi lui conseilla un voyage qu'il jugeait même nécessaire : « Il sera en outre, lui disait-il, très-agréable au pape qui plus que jamais montre pour vous son estime et son affection [2]. » Thomas Rinuccini, frère de l'archevêque de Fermo, ayant prononcé devant Urbain VIII le nom de Galilée, en lui disant de sa part qu'il aurait grand désir, si sa santé le lui permettait, de venir lui rendre hommage, Urbain VIII avait aussitôt répliqué qu'il en éprouverait un grand contentement. « Oui, ajouta le souverain Pontife, pourvu que le voyage ne porte pas préjudice à sa santé ; car les grands hommes comme lui doivent se soigner extrêmement pour vivre le plus longtemps possible. [3] » Ces paroles n'étaient pas des compliments en l'air, car Urbain VIII était en mesure d'être bien renseigné sur les récents travaux de Galilée. Son *maestro di camera*, Cesarini, écrivait que le pape se faisait

---

[1] *Opere*, t. VI, p. 289. Lettre du 9 octobre 1623.
[2] Ib., t. IX, p. 40.
[3] Ib., p. 41.

lire à table le *Saggiatore*[1], et Rinuccini écrivait également : « on m'a rapporté que le pape a lu tout le livre avec grand plaisir[2]. » En fait, dans le monde savant il n'y avait qu'une voix sur cet ouvrage, et bien que Rinuccini parlât de la défense sévère faite, disait-on, aux jésuites de discuter entre eux sur les ouvrages de Galilée et du P. Grassi, on citait le jugement d'un Père du Collége romain, affirmant que le livre du *Saggiatore* était très-beau[3].

Tout semblait donc préparé pour la réussite du projet, quel qu'il fût, formé par Galilée.. « Le pape, le cardinal Barberini et vos nombreux amis désirent ici votre présence, lui écrivait Guiducci, le 18 décembre 1623. Elle est aussi désirée par le P. Grassi : il veut se lier d'amitié avec vous ; mais je crois, ajoutait Guiducci, que cette amitié est un mensonge[4]. » « Tout le monde vous attend, écrivait trois mois plus tard Mgr Ciampoli[5], et vous trouverez dans Sa Sainteté une affection extraordinaire pour vous. »

Galilée se décida et arriva à Rome au commencement du mois d'avril 1624, muni entre autres

---

[1] *Opere*, t. IX, p. 43. — 28 octobre 1623.
[2] Ib., p. 50. — 2 décembre 1623 « con gran gusto ».
[3] Ib., p. 44.
[4] Ib., t. IX, p. 51.
[5] Ib., 55. Lettre du 16 mars 1624.

recommandations d'une lettre de la grande-duchesse Christine de Lorraine pour son fils le cardinal de Médicis. Le 8 juin, Galilée, ravi de son séjour, écrivait au prince Cesi, retenu à Acquasparta par les affaires très-embarrassées de sa famille[1] : « Sa Sainteté m'a accordé de très-grands honneurs et j'ai eu avec Elle, jusqu'à six fois, de longues conversations. Hier, Elle m'a promis une pension pour mon fils et trois jours auparavant j'avais reçu en présent un beau tableau, deux médailles dont l'une d'or et l'autre d'argent, et une quantité d'*Agnus Dei*[2]. »

Le même jour (7 juin 1624), Urbain VIII adressait au grand-duc de Toscane, Ferdinand II, un bref qui contenait les phrases les plus élogieuses pour Galilée : « Récemment, disait-il, notre cher fils Galilée, pénétrant dans les espaces éthérés, a signalé la lumière d'astres inconnus et pénétré dans les profondeurs où se cachent les planètes. Aussi, tant que l'astre de Jupiter brillera dans le ciel accompagné de ses quatre nouveaux satellites, il redira la gloire de Galilée associée à sa destinée. Depuis longtemps nous

---

[1] Voir sur ce point *Memorie storico-critiche dell' accademia de' Lincei*, raccolte e scritte da D. Baldassare Odescalchi, duca di Ceri. Roma, 1806, in-4°, p. 140.

[2] *Opere*, t. VI, p. 295.

avons une affection paternelle pour cet homme illustre dont la renommée resplendit dans les cieux et se répand par toute la terre, car nous avons reconnu en lui, non-seulement l'illustration de l'étude, mais aussi une évidente piété, et ces mérites éclatants auxquels la bienveillance d'un souverain Pontife est facilement acquise. Et maintenant que, pour nous féliciter de notre élévation au pontificat, il est revenu à Rome, nous l'avons reçu avec amour et l'avons entendu avec plaisir rehausser par de savantes discussions les beautés de la langue de Florence [1]. »

Urbain VIII ne voulait pas laisser partir Galilée sans lui donner une marque de plus d'affection, et il ajoutait, en s'adressant au grand-duc : « Et afin que vous sachiez combien il est cher à notre cœur de Pontife, nous voulons lui donner ce témoignage honorable de vertu et de piété. Nous vous déclarons donc que ce sera une consolation pour nous si, par une munificence paternelle, vous continuez et augmentez même tous les bienfaits dont vous l'honorez. » Le même jour, le cardinal Barberini, en écrivant à la grande-duchesse douairière, parlait de la sincère affection qu'il portait, lui aussi, à Galilée [2].

[1] *Opere*, t. IX, p. 60
[2] Ib., p. 61.

Galilée recevait également les plus affectueuses paroles de Piccolomini, le futur archevêque de Sienne, et les cardinaux de Sainte-Suzanne, Buoncompagni et Hohen Zollern le voyaient avec grand plaisir.

Mais comment faire réussir son projet? Il avait conversé longuement, après un dîner chez le cardinal de Sainte-Suzanne, avec plusieurs érudits, sans toutefois aborder la question. Du reste, le temps allait lui manquer, et beaucoup d'autres affaires estimées, disait-il, plus importantes, allaient absorber l'attention. Le cardinal Zollern avait paru comprendre à merveille ce qu'il y avait à faire pour entrer dans les desseins de Galilée, et il avait promis d'en parler au pape avant son départ pour l'Allemagne, fixé au 7 juin. Il le fit en effet, et, dans sa conversation avec Urbain VIII, au sujet de l'opinion de Copernic, le cardinal ayant dit que les hérétiques tenant cette opinion pour trèsvraie, il fallait procéder avec beaucoup de circonspection, sans en venir à aucune décision, le pape répondit alors que « l'Eglise n'avait pas condamné et ne condamnerait pas cette opinion comme hérétique, mais seulement comme téméraire, puisqu'il n'y avait pas à penser que quelqu'un démontrât jamais sa vérité absolue[1] ». Cependant, sur les instances du Père Tarquinio Galluzzi, de la Compagnie de Jésus, Guiducci s'était rencontré avec le P. Grassi, et tous deux avaient parlé du mouvement de la terre. « Quand il se trouvera une démonstration de ce mouvement, avait dit le P. Grassi, il conviendra d'interpréter autrement qu'on ne l'a fait les passages de l'Écriture où il est parlé de l'immobilité de la terre ; c'est l'opinion du cardinal Bellarmin. » Et Guiducci de répliquer aussitôt : « C'est également la mienne[2]. » Quelques jours après (13 septembre 1624), Guiducci écrivait encore : « Je ne vois pas que le P. Grassi ait beaucoup de répulsion à accepter le mouvement de la terre. »

Les péripatéticiens ne se rendaient pourtant pas. Le P. Spinola fulminait au Collège romain (8 déc. 1624) contre les opinions nouvelles si contraires à celles d'Aristote. Le P. Grassi lui-même allait publier, à Paris, en 1626, et à Naples, en 1627, une réplique au *Saggiatore*, où il s'efforçait de prouver que la physique de Galilée tendait à la négation de la présence

---

[1] *Opere*, t. VI, p. 296. « Fu da S. Santità risposto, come S. Chiesa non l'avea dannata, ne era per dannarla per eretica, ma solo per temeraria. »
[2] Ib., t. IX, p. 65-67.

réelle dans l'Eucharistie. Enfin le *Saggiatore*, si bien accueilli au commencement, était à la veille d'être poursuivi. De même que le P. Lorini avait dénoncé la lettre au P. Castelli, une personne voulut faire prohiber le *Saggiatore* par le tribunal de l'Index, ou du moins provoquer sa correction, car, disait-on, la doctrine de Copernic sur le mouvement de la terre y est approuvée. Un cardinal eut même mission, si on en croit Guiducci, de procéder à un examen et de faire un rapport. Ce cardinal choisit pour consulteur le P. Guevara, général des théatins, qui, après avoir lu attentivement l'ouvrage, le trouva fort bon, en parla avec éloge au cardinal, et lui remit une note pour établir que quand même la doctrine du mouvement y eût été soutenue, il ne lui semblait pas qu'elle dût être condamnée[1]. L'affaire fut ainsi étouffée à son début.

Il eût été difficile qu'il en fût autrement en ce moment où le souverain Pontife, instruit par Mgr Ciampoli, lisait la réponse faite par Galilée à Ingoli dans une lettre où l'opinion de Copernic était défendue. Ingoli était un avocat de Ravenne, partisan de l'ancien système du monde, mais admirateur de Galilée. En 1616, il avait adressé

---

[1] *Opere*, t. IX, p. 78. Lettre du 18 avril 1625.

à ce dernier une série d'objections contre le nouveau système; mais Galilée n'avait rien répondu. Campanella voulait se charger de le réfuter, et Kepler, en 1618, avait, dans son livre sur l'astronomie de Copernic, combattu les objections d'Ingoli. Celui-ci, devenu secrétaire de la Propagande, avait alors répliqué : Galilée, pendant son séjour à Rome, au printemps de 1624, avait cru devoir prendre la parole afin d'établir que si le système de Copernic fut condamné en 1616, ce ne fut pas par ignorance des vraisemblances philosophiques sur lesquelles il pouvait s'appuyer; mais en vertu de raisons théologiques supérieures. Urbain VIII avait particulièrement remarqué dans cet écrit, qui ne fut pas alors imprimé, les exemples du crible et des corps pesants peu aptes au mouvement, avec les conséquences que Galilée en tirait [1].

Le pape ne cessait d'ailleurs de donner à Galilée des marques de bienveillance. Le P. Castelli, nommé professeur à l'Université de Rome, ayant prononcé devant lui le nom de son ami, Sa Sainteté aussitôt lui demanda de ses nouvelles avec beaucoup d'affection. En 1627, Urbain VIII accordait une pension de soixante écus au fils de

---

[1] *Opere*, t. IX, p. 97. — 28 déc. 1625.

l'illustre Florentin, et, lorsque le prince Cesi eut dédié au souverain Pontife son ouvrage *Intorno alle Api*, Ciampoli reçut d'Urbain VIII l'ordre d'en envoyer un exemplaire à Galilée. « Sa Sainteté, lui écrivait Ciampoli, vous nomma avant tout autre[1]. » Galilée aurait voulu davantage, et il songeait encore à revenir à Rome; mais le prince Cesi l'en dissuadait, car la cour romaine, disait-il, est pour le moment absorbée dans des affaires politiques dont le pape se montre très-ennuyé. Galilée n'insista pas et se hâta d'achever la composition du grand ouvrage sur les systèmes du monde, qui le préoccupait déjà depuis plusieurs années. Cesarini, Ciampoli, Castelli, Cavalieri, Marsili, Cesi, etc., l'avaient encouragé au travail[2]. Au mois de janvier 1630, le livre était achevé[3]; mais pourrait-il être publié? Galilée n'en doutait pas, et c'était à Rome même qu'il voulait l'imprimer[4]. De Florence, où il était, il fit sonder le terrain par son savant ami, le P. Castelli. Celui-ci demanda donc un jour, dans le mois de février 1628, au P. Riccardi, en présence de Piccolomini, le futur

---

[1] *Opere*. Suppl., p. 181. Lettre du 30 août 1625.
[2] Ib., t. IX, passim et Suppl., p. 231.
[3] Ib., p. 335 et 336.
[4] Ib., p. 337 et 339.

archevêque de Sienne, ce qu'il pensait des objections présentées par le P. Grassi dans sa réponse au *Saggiatore*. Le nouveau maître du sacré Palais, *maestro del sacro Palazzo*, que ses contemporains, par un jeu de mots, nommaient *il maestro mostro*, le maître prodige, répondit que les opinions de Galilée n'étaient pas précisément contre la foi, puisqu'elles concernaient seulement la philosophie naturelle [1].

Déjà le P. Riccardi s'était offert pour éclaircir les doutes de Galilée et lui rendre les services que celui-ci pouvait réclamer ; mais il ne voulait pas, disait-il, se mettre en avant, afin de pouvoir lui venir en aide dans le cas où le tribunal du saint Office, dont il était alors qualificateur, lui donnerait de l'ennui [2]. Le prince Cesi rappelait que, selon un avis donné par Bellarmin, le 25 août 1618, l'opinion du ciel fluide qu'on devait adopter si l'on croyait au mouvement de la terre, n'était pas contraire à l'Écriture [3]; et, en février 1630, le cardinal Barberini, ayant dit dans une discussion avec le P. Castelli que si on admettait le mouvement de la terre il serait

---

[1] « Essendo semplicemente filosofiche. »
[2] *Opere*, t. IX, p. 124.
[3] La lettre du prince Cesi du 15 août et la réponse de Bellarmin du 25, ont été publiées par le P. Scheiner dans *Rosa Ursina* et dans Odescalchi, *Memorie istor. crit.*, p. 139.

nécessaire de la ranger au nombre des étoiles, proposition par trop contraire à la théologie, « mais non certainement, répondit le P. Castelli, la terre n'est pas une étoile. — Il faudrait alors que Galilée le prouvât, » répliqua le cardinal Barberini[1]. Nous saisissons une fois de plus ici le sujet des préoccupations continuelles d'un grand nombre d'hommes religieux : ils ne s'inquiètent de la théorie astronomique qu'en vue de ses conséquences possibles, et il leur répugne de voir diminuer l'importance et le rang de cette terre où Notre-Seigneur descendit pour racheter les hommes. Comment croire que l'Incarnation et la Rédemption divine se soient passées dans une planète secondaire, et non au centre même du monde? Il n'y avait pas de parti pris contre la doctrine scientifique.

On discutait, on provoquait les explications, et les explications amenaient l'entente. Seulement, à Rome, comme à un point central, se portaient aussi les efforts tentés par les péripatéticiens pour maintenir dans toute son intégrité la doctrine du maître. Le P. Riccardi racontait qu'il avait eu « à supporter un peu de bourrasque » de la part de ses religieux au sujet

[1] *Opere*, t. IX, p. 175. « E cosi mi disse che V. S. dovesse provar questo, che nel resto le cose potevano passare. »

de Galilée. Quoi d'étonnant, lorsqu'à Pise, où le professeur avait été autrefois sifflé par des écoliers trop ardents à défendre les vieilles doctrines scientifiques, on cabalait, à la fin de 1629, pour faire perdre à Galilée la pension dont il jouissait sur l'Université [1] ? Il fallut une consultation de jurisconsultes pour réfuter les sophismes sur lesquels s'appuyait la jalousie. Mais ces basses intrigues disparaissaient au milieu de la foule des témoignages d'estime prodigués à Galilée. Aussi Mgr Ciampoli trouvait-il le moment favorable pour l'impression de l'ouvrage auquel il travaillait depuis si longtemps [2]. Des difficultés...., il y en aurait sans doute, mais Galilée saurait les surmonter.. Ciampoli n'en doutait pas, et Ciampoli voyait deux et trois fois par jour le pape, dont il était très-aimé. Le prince Cesi venait également de rapporter au P. Castelli, qui l'écrivit aussitôt à Galilée (16 mars 1630), une conversation du souverain Pontife avec Campanella. Ce religieux, ayant dit que des Allemands, très-disposés à se convertir, avaient reculé en apprenant la condamnation portée contre la doctrine de Copernic, le pape l'avait interrompu en disant ces paroles textuelles :

---

[1] *Opere*, t. IX, p. 163. Note de M. Alberi.
[2] Ib., p. 173.

« Ce ne fut jamais notre sentiment, et si cela eût dépendu de nous, le décret n'eût pas été rendu [1]. » Le cardinal François Barberini avait dit également à Buonarotti que Galilée n'avait pas de plus grand ami que lui et le souverain Pontife.

La publication des Dialogues se présentait donc comme devant être la chose la plus facile.

---

[1] *Opere*, t. IX, p. 176. « Non fu mai nostra intenzione e se fosse toccato a noi non si sarebbe fatto quel decreto. »

VII

Encouragé par ses amis, Galilée partageait leurs espérances, s'il ne les excitait. Dès le mois de février il écrivit à Marsili son projet d'aller à Rome pour publier ses Dialogues[1], et quittant sa villa de Bellosguardo il y arriva au mois de mai 1630. Le pape était alors à Castel-Gandolfo : à son retour il reçut Galilée et leur entretien fut long et très-bienveillant. Urbain VIII éleva alors spontanément de soixante à cent écus la pension qu'il faisait à son fils, et le cardinal Barberini le retint à dîner[2]. Galilée se félicitait de sa réception et exprimait l'espoir que la négociation pour ses affaires, engagée dès son arrivée à Rome, aurait une issue favorable.

Galilée en effet était allé porter son ouvrage au

[1] *Opere*, t. VI, p. 337.
[2] Ib., t. IX, p. 193 et 200.

maître du sacré Palais, afin d'obtenir l'autorisation de l'imprimer[1]. Le P. Riccardi reconnut aisément à la lecture que Galilée, oubliant le décret de 1620 et tous les avertissements qui lui avaient été donnés, ne se contentait pas de présenter le système de Copernic comme une hypothèse, mais qu'il en parlait en termes absolus. Il chargea alors un professeur de mathématiques, le P. Raphaël Visconti, de lire attentivement l'ouvrage, pour lui signaler les passages où une correction pourrait être nécessaire.

D'après la demande formelle de Galilée, l'examen fut minutieux. Le P. Visconti rendit compte au P. Riccardi, en l'avertissant qu'outre les corrections désignées il y avait plusieurs points à discuter avec l'auteur. On les discuta : et le P. Visconti écrivit à Galilée (16 juin)[2] : « le P. Maître, vous baise les mains; il dit que l'ouvrage lui plaît, qu'il parlera au pape dès le lendemain pour le frontispice, et que du reste en arrangeant quelques petites choses semblables à celles dont nous étions convenus ensemble le livre vous sera remis. »

[1] Par un décret du 18 septembre 1625, Urbain VIII avait défendu d'imprimer aucun livre sans approbation du cardinal-vicaire ou du maître du sacré Palais. (Le texte du décret est dans del Bene, t. II, p. 697.)
[2] Supplém., p. 235.

Cependant le P. Riccardi aurait voulu revoir de nouveau l'ouvrage avant de le rendre à Galilée, et comme celui-ci allait partir, il lui donna *l'imprimatur* pour Rome, afin qu'il pût traiter avec les imprimeurs. Seulement Galilée, pressé de retourner à Florence avant les chaleurs de l'été, promit de revenir à l'automne, afin d'ajouter à la préface et dans le corps de l'ouvrage des passages propres à ramener la thèse à une hypothèse. Le prince Cesi, président de l'Académie des Lincei, devait prendre soin de l'impression du volume, comme il l'avait fait pour le *Saggiatore*; mais le prince mourut le 1 août 1630 et cette mort, en privant Galilée d'un ami puissant et dévoué, menaçait en même temps d'une prompte dissolution cette Académie des Lincei, si célèbre, mais dont les réunions, très-éloignées les unes des autres, n'offraient encore rien de fixe et de régulier.

Un autre malheur se joignit à celui-ci : la peste se déclara à Florence[1]. Le commerce cessa et les communications furent peu à peu interrompues avec Rome. Le P. Castelli donna alors à Galilée le conseil d'imprimer l'ouvrage à Florence.

---

[1] Targioni-Tozzetti a donné une longue liste d'ouvrages publiés au sujet de cette peste de 1630 à 1633. *Atti e memorie inedite dell' Acadcmia del Cimento*, t. III, p. 141-146, et il a indiqué les mesures prises à ce sujet, ibid., p. 298-316.

« Beaucoup de considérations dignes d'attention, que je ne veux pas mettre ici sur le papier, disait-il, me font croire qu'il serait bien d'y faire imprimer l'ouvrage le plus tôt possible. » Le savant religieux si dévoué à Galilée avait même demandé au P. Visconti si ce changement pouvait donner lieu à quelque difficulté. « Il n'y a aucune difficulté », répondit Visconti, qui manifesta son extrême désir de voir publier l'ouvrage[1]. Aussi Galilée, voyant l'impossibilité de communiquer avec Rome, chercha à prendre d'autres mesures ; il songea peut-être à faire imprimer le livre à Gênes, car Baliani répondait le 26 octobre 1630[2] qu'il n'y avait dans cette ville qu'un imprimeur et il lui envoyait quelques pages, afin de juger les différents caractères que l'on pourrait fournir.

Galilée se mit bientôt en rapports avec Landini, célèbre imprimeur de Florence, et obtint la permission du vicaire général et de l'inquisiteur général (11 septembre 1630); puis, jugeant convenable de rendre compte à Rome de ce qui se passait, il écrivit au maître du sacré Palais les empêchements survenus pour l'impression, et son dessein d'imprimer l'ouvrage à Florence. Le

[1] *Opere*, t. IX, p. 201.
[2] Ib., p. 210.

P. Riccardi pria alors l'ambassadeur de dire à Galilée qu'il désirait donner un nouveau coup d'œil à l'ouvrage et qu'il le priait de lui en envoyer une copie. Le 21 septembre 1630, le P. Castelli demandait également à Galilée d'envoyer le manuscrit à Rome, afin que de concert avec Mgr Ciampoli le P. Riccardi pût y faire les modifications jugées nécessaires [1]. Mais comment envoyer à présent l'ouvrage à Rome? Le bailli Cioli, ministre du grand-duc, consulté par Galilée, répondit que l'envoi d'un livre n'était pas prudent, car les fumigations que l'on était obligé de faire à la frontière, à cause de la peste, pouvaient le détériorer. C'est à peine, disait-il, si les simples lettres passaient. Galilée fit alors exposer la situation au P. Riccardi, par la femme de l'ambassadeur Niccolini, Catherine Riccardi, en offrant d'envoyer le commencement et la fin du manuscrit, comme aussi de faire toutes sortes de concessions, d'appeler par exemple ses pensées sur le système du monde, des songes, des chimères, des paralogismes, de vaines imaginations. Quant à la révision de l'ouvrage, elle pourrait, disait-il, avoir lieu à Florence [2].

La femme de l'ambassadeur se chargea de la

[1] *Opere*, t. IX, p. 205.
[2] Ib., t. VI, p. 375.

négociation. Elle parla au maître du sacré Palais et elle le trouva, comme à son ordinaire, très-bien disposé pour Galilée. Que Galilée, s'il le veut, répondit-il, n'envoie pas ici le livre entier, mais seulement le commencement et la fin, à la condition que tout l'ouvrage soit revu à Florence par un théologien de notre ordre, habitué à ces sortes de révisions et nommé à cet effet par les supérieurs. Le père proposa de confier ce soin au P. Clément, l'inquisiteur de Florence, et si ce religieux ne plaisait pas à Galilée, on pouvait, disait-il, en nommer un autre. Galilée, n'ayant pas accepté le P. Clément, proposa le P. Hyacinthe Stefani, consulteur du saint Office, homme de grande valeur. Agréé par les supérieurs, le P. Stefani soumit l'ouvrage à une révision minutieuse. Galilée se montra très-prompt à accorder et très-soumis à recevoir les corrections, c'est le témoignage de l'inquisiteur de Florence, et le P. Stefani pleura d'émotion, c'est Galilée qui le dit, en voyant en cette circonstance l'humilité du savant et sa respectueuse soumission à l'autorité des supérieurs[1].

Cependant le maître du sacré Palais, à Rome, ne se pressait pas d'envoyer à Florence la préface

---

[1] *Opere*, t. VI, p. 375

et la conclusion, ce qui contrariait beaucoup Galilée, puisque, sans attendre la fin de ces pourparlers, il avait fait commencer l'impression. Sans doute, cette impression allait lentement, car on tirait à mille exemplaires, nombre alors considérable [1] ; mais le 20 mars 1631, il y avait six feuilles terminées : il devait y en avoir en tout plus de cinquante. Galilée, écrivit de Bellosguardo, le 7 mars 1631 [2], au bailli Cioli, à Florence, pour le mettre au courant de l'affaire, et le grand-duc averti aussitôt fit écrire à son ambassadeur à Rome de presser le P. Riccardi de tout terminer le plus promptement possible.

L'ambassadeur et l'ambassadrice plaidèrent longuement et chaudement les intérêts de Galilée. Finalement on convint que Riccardi donnerait l'*imprimatur*, en gardant par devers lui, pour sa décharge, une déclaration convenue entre lui et Niccolini, déclaration que l'on devait envoyer par écrit, afin que le sens fût exact et que Galilée ne pût altérer aucun mot [3]. Au lieu d'une déclaration le P. Riccardi envoya le 28 avril une longue lettre à l'ambassadeur Niccolini.

« Sans doute, disait le maître du sacré Palais,

---

[1] *Opere*, t. VI, p. 378.
[2] Ib., t. VI, p. 374.
[3] Ib., t. IX, p. 242.

le P. Stefani avait lu le manuscrit avec attention; mais comme il n'est pas instruit de la pensée du pape, il ne peut donner une approbation qui me suffise pour donner l'autorisation d'imprimer ; nous pourrions en effet avoir à le regretter, Galilée et moi, si ses envieux venaient à trouver dans son livre le moindre mot qui s'écartât des ordres prescrits[1]. » — Ils surent trop bien le trouver ! — « Je n'ai pas de plus grand désir, ajoutait Riccardi, que d'être agréable au grand-duc, mais je voudrais que le protégé d'un aussi grand prince ne courût aucun danger. La permission d'imprimer, qui ne me regarde pas, ne suffirait point, il faut que je m'assure que le livre est conforme aux ordres du pape. En lisant la préface et la fin de ce livre, je le verrai facilement, puis je donnerai une attestation disant que j'ai approuvé l'ouvrage. Si on ne peut envoyer la copie que je demande, j'écrirai alors à l'inquisiteur, en lui notifiant les ordres que j'ai reçus, afin qu'après avoir vérifié s'ils ont été observés, il laisse imprimer en toute liberté. » Niccolini communiqua la lettre à Florence. — « Mais il n'y a dans ce billet, s'écria Galilée, ni ordre, ni déclaration : on n'y voit que de nouveaux

---

[1] « Non sapendo i sensi di N. S.... se egli emoli si troveranno cosa che disdica agli ordini prescritti. » *Opere*, t. IX, p. 243.

délais fondés sur des demandes et des prétentions auxquelles depuis bien des mois on a déjà répondu. » Galilée demanda donc au bailli Cioli si le grand-duc ne voudrait pas un jour lui donner audience avec l'inquisiteur et le P. Stefani : « J'arriverai avec les corrections qui sont très-légères, disait-il, et tous deux verront que je n'ai jamais eu, en cette matière, une autre opinion et une autre intention que celles qu'ont eues les plus saints et vénérables Pères et docteurs de l'Église, saint Augustin et saint Thomas [1]. » Ce rendez-vous n'eut pas lieu ; mais d'après les nouvelles instances de Galilée le grand-duc écrivit encore à son ambassadeur de presser le P. Riccardi pour terminer cette affaire. Le 24 mai, Riccardi donna pouvoir à l'inquisiteur de Florence d'user de son autorité, pour, à son gré, permettre ou défendre l'impression de l'ouvrage de Galilée. « Vous vous rappellerez seulement, écrivait l'inquisiteur, que l'intention du pape est que le titre et le sujet n'indiquent aucune décision sur le flux et le reflux de la mer (titre que devait avoir l'ouvrage), mais présentent seulement les considérations mathématiques de la thèse de Copernic, sur le mouvement de la terre,

---

[1] *Opere*, t. VI, p. 583.

afin de prouver que la révélation divine et la doctrine sacrée étant mises de côté, on pourrait sauver les apparences de cette thèse, en réfutant toutes les raisons contraires que l'expérience et la philosophie d'Aristote pourraient présenter ; en sorte que on ne concédera jamais la vérité absolue, mais seulement la vérité hypothétique, et on ne mêlera pas les Écritures à cette question. On doit encore faire remarquer que cet ouvrage est composé seulement pour montrer que l'on n'ignore aucune des raisons qui peuvent être produites, et que ce n'est pas faute de les connaître qu'à Rome on a rendu la sentence ; pensée qui sera conforme aux paroles de la préface et de la conclusion de l'ouvrage que j'enverrai d'ici toutes préparées. Avec cette précaution, le livre n'éprouvera aucun obstacle à Rome. Vous pourrez de cette manière complaire à l'auteur et être agréable à S. A. le grand-duc qui montre un grand intérêt pour cette affaire[1]. »

Cette lettre importante marque clairement la pensée des docteurs de l'Église, et cette pensée, nous ne nous lasserons pas de le répéter, est celle des cardinaux Bellarmin et del Monte dans

---

[1] Ms., f° 390 r°. *Les pièces du procès*, p. 48.

leur entretien avec Mgr Ciampoli, celle de la Congrégation de l'Index, dans son décret de 1620; celle enfin du pape Urbain VIII. La théorie que vous soutenez, nous la jugeons contraire au sens littéral de l'Écriture et à l'explication des anciens docteurs. Nous connaissons vos raisons scientifiques, elles ne nous paraissent pas suffisantes pour la démonstration de votre thèse qui est encore discutable et discutée. Ne présentez donc pas votre doctrine comme une vérité absolue; puisque scientifiquement vous ne pouvez l'établir et que nous serions forcés de changer l'interprétation du sens littéral de l'Écriture; mais exposez-la, si vous le voulez, comme une hypothèse. Voilà, si nous ne nous abusons, l'interprétation fidèle du sentiment qui jusqu'à présent a dicté la conduite des cardinaux et des papes : cela est établi par tous les textes. Mais d'une part la passion mise dans cette affaire par les péripatéticiens, de l'autre la hardiesse ou l'imprudence de Galilée rendit inutiles ces sages tempéraments : les consulteurs, les cardinaux, le pape lui-même, entraînés par le courant de l'opinion et en subissant l'irrésistible puissance, furent amenés, nous le verrons, à perdre de vue, au milieu de l'animosité générale, les mesures de prudence réclamées par les circonstances. Mais au moment où nous sommes arrivés il convient de faire remarquer ces deux courants contraires : celui des hommes de l'Église, inquiets de voir modifier l'interprétation des textes de l'Écriture; celui des hommes de l'école, résolus à n'admettre aucun fait qui vienne contredire la doctrine du maître dans lequel ils ont foi, Aristote. Galilée ne voulut comprendre aucune inquiétude, ni ménager aucune susceptibilité.

Il faut que chacun demeure responsable de ses actes.

Le 12 juillet 1631, l'ambassadeur Niccolini écrivit à Galilée que jusqu'à présent il n'avait pas, comme il le désirait, réussi dans son affaire[1]. Mais le 19, le maître du sacré Palais, rassuré par l'inquisiteur de Florence qui, le 31 mai, lui avait promis d'exécuter ses ordres, envoyait la préface destinée à être mise en tête de l'ouvrage[2]. Il accordait toutefois à Galilée la liberté de changer les mots pour donner à la phrase une tournure plus élégante, pourvu que le fond fût conservé. A la fin du livre, les mêmes observations devaient être reproduites.

« En vérité, écrivait Niccolini à Galilée, le

---

[1] *Opere*, t. IX, p. 245.
[2] Ib., p. 247.

P. Riccardi mérite d'être plaint, car pressé, harcelé, ayant déjà éprouvé bien des désagréments au sujet d'autres récents ouvrages, il a été, comme on le dit, tiré par les cheveux, et les égards que le maître du sacré Palais a pour le grand-duc ont seuls permis de tout terminer [1]. »

L'impression du livre se poursuivit sans embarras, et le 3 janvier 1632 Galilée écrivait que le *Dialogo* serait achevé dans dix ou douze jours. Il fit aussitôt relier et dorer un certain nombre d'exemplaires pour être distribués. Le 22 février Galilée présentait son ouvrage au grand-duc, aux princes de Toscane et au duc de Guise, qui aussitôt le fit partir pour la France en l'adressant à un ami. Le 23, trente exemplaires étaient envoyés à Marsili alors à Bologne. Mais comme la peste continuait de sévir à Florence, la difficulté des communications était toujours extrême. Pour faire passer des livres, il fallait purifier les exemplaires au lazaret, les endommager peut-être. Enfin deux exemplaires parvinrent à Rome, l'un au cardinal François Barberini, qui le prêta de suite à Castelli, l'autre au *maestro di camera* de Sa Sainteté, Mgr Ciampoli. Baliani reçut un exemplaire de la part de Galilée par les mains du P. François des *Scuole pie*. Tous les amis de

---

[1] *Opere*, t. IX, p. 246.

Galilée attendaient l'ouvrage avec impatience, et tous en furent ravis. Baliani y trouvait des choses neuves et très-belles expliquées si clairement que tout le monde pouvait très-bien les comprendre[1]. Un religieux olivetain le signalait comme le livre le plus important qu'on eût jamais publié[2]; le P. Cavalieri en parlait avec enthousiasme[3]. Campanella, qui se plaignait le 1er mai de n'avoir pas encore vu le *Dialogo*[4], reçut enfin un exemplaire au mois de juillet par Magalotti; il put donc le lire, et le 5 août il adressait tous ses éloges à Galilée[5]. Le P. Griemberger avouait, dit Torricelli, avoir eu très-grand plaisir à lire l'ouvrage : il y trouvait beaucoup de belles choses sans pour cela, disait-il, approuver une opinion que malgré les apparences il ne regardait pas comme vraie[6]. Castelli écrivait le 26 septembre 1631 qu'il ne voulait plus lire que son bréviaire et les Dialogues.

Qu'allait en dire le P. Scheiner, l'auteur de *Rosa ursina*, cet ouvrage tenu en très-médiocre estime par le P. Castelli qui assurait qu'à Rome

---

[1] *Opere*, t. IX, p. 265.
[2] Ib., p. 274. Lettre du 19 juin 1632.
[3] Ib., p. 254. Lettre du 22 mars 1632.
[4] Ib., p. 268.
[5] Ib., p. 280.
[6] Ib., p. 287. Lettre du 11 sept. 1632.

tout le monde en avait été révolté[1]? Le P. Scheiner en faisait aussi l'éloge tout en secouant la tête, écrivait Torricelli, car les digressions le fatiguaient, disait-il, et il ajoutait : « Je ne veux pas en parler, car Galilée s'est mal conduit envers moi[2]. » Le même P. Scheiner expliquait ensuite d'un mot toutes les oppositions qui s'étaient élevées et allaient s'élever contre l'auteur du *Dialogo*. « Il a écrit son livre, disait-il à Gassendi, contre le commun sentiment des péripatéticiens[3] ». En effet ce furent les adeptes de cette école blessée à mort qui s'élevèrent si violemment contre la publication de Galilée : « Je vois qu'on élève des difficultés, des scrupules, écrivait celui-ci le 17 mai, et surtout j'entends les péripatéticiens faire grand fracas. » Les plus perspicaces l'avaient prévu. Paul Aproino, qui n'était pas au courant des actes de Galilée, mais connaissait son dessein d'imprimer un ouvrage, lui avait écrit d'y bien réfléchir. Ne serait-il pas plus à propos d'en faire des copies en plusieurs langues de l'Europe, afin de les mettre

---

[1] *Opere*, t. IX, p. 255.
[2] Ib., p. 287.
[3] « Contra communem peripateticorum scholam. *Opere*, t. IX, p. 275, Lettre du 23 février 1633, et dans *Œuvres de Gassendi*, t. VI, p. 56. Nous mettons Gassendi pour nous conformer à l'usage, mais on sait que le nom est Gassend, en latin Gassendus et non Gassendius. (Cf. M. Tamizey de la Roque, dans la *Revue des questions historiques*, octobre 1877.)

à la disposition des savants? Car si on imprimait ne pouvait-on pas craindre un éclat fâcheux [1]?

Ce que Paul Aproino prévoyait arriva. Fra Fulgence Micanzio s'attristait alors des oppositions, que déjà il entendait s'élever [2]; fra Cavalieri s'en plaignait. L'archevêque de Sienne, Piccolomini ne pouvait y croire [3] et Campanella apprenait avec le plus grand regret (car, disait-il, il redoutait la violence des gens qui [ne savent rien,) que des théologiens irrités voulaient faire prohiber le *Dialogo*. Ainsi la situation se dessinait : à côté de l'opposition des Aristotéliciens qui se produisait au grand jour [4], il y avait l'opposition d'un grand nombre de catholiques. Colères des péripatéticiens en déroute ; scrupules des hommes pieux, stricts observateurs du décret du 5 mars 1616, scrupules habilement soulevés, perfidement entretenus dans l'esprit du souverain Pontife par les vaincus de la philosophie d'Aristote, voilà l'origine du procès. Nous sommes arrivés au moment où l'opposition longtemps contenue triomphe et emporte tout.

[1] « Per circospezione di qualche stravaganza che potesse avvenire. » *Opere*. Suppl., p. 242.
[2] *Opere*, t. IX, p. 283.
[3] Ib., p. 285 et Suppl., p. 245.
[4] Venturi, t. II, p. 122-142, a donné une liste des auteurs qui écrivirent contre les Dialogues.

VIII

Au mois d'août 1632, le maître du sacré Palais, jugeant que Galilée n'avait pas observé pour l'impression de son livre les ordres donnés par le souverain Pontife, avait commandé à l'imprimeur de Florence de suspendre la distribution des exemplaires [1], il priait en même temps Magalotti, un parent des Barberini, de lui remettre tous ceux qu'il avait apportés de Florence en lui disant qu'il les lui restituerait dans dix jours. Mais Magalotti répondit qu'il n'en avait eu que huit et qu'il les avait déjà distribués.

Cette défense parut à Galilée extrêmement grave. Fra Micanzio instruit aussitôt transmit à Galilée, avec le témoignage de l'admiration que

[1] *Opere.* Suppl., p. 318.

Mgr Contarini, procurateur de Saint-Marc de Venise, manifestait pour son livre, l'expression aussi de leur commune indignation au sujet de la saisie qui venait d'être opérée. De son côté le grand-duc de Toscane s'étonnait qu'après toutes les précautions prises pour examiner l'ouvrage il devînt suspect à Rome : il y aurait donc, pensait-il, animosité personnelle contre l'auteur.

Cependant dès la première quinzaine du mois d'août, le *Dialogo* dénoncé au pape avait été, contrairement à l'usage suivi en pareil cas, soumis à l'examen d'une commission extraordinaire. On voulait ainsi marquer de la déférence pour le grand-duc et pour Galilée, afin d'éviter, s'il était possible, de porter l'affaire devant le saint Office. « Aucun des membres de cette commission, disait Campanella, qui se plaignait de n'en pas faire partie, n'est mathématicien, et tous passent pour être peu disposés en faveur de Galilée », en sorte que l'ambassadeur Niccolini, influencé par ces propos, présenta à ce sujet quelques observations au cardinal Barberini. Celui-ci promit d'en parler au pape, car, dit-il, « il s'agit de quelqu'un que Sa Sainteté aime et estime. » — « Mais les membres de la commission, répondit Urbain VIII, sont des personnes versées dans les sciences, d'un jugement droit, d'un esprit juste[1]. » Et Niccolini écrivait alors[2] : « elles sont versées en ces matières, mais toutes ont peu d'affection pour Galilée ».

Il est certain qu'Urbain VIII éprouvait le plus grand mécontentement. Le 5 septembre, pendant qu'on parlait devant lui de cette affaire, il aperçut Niccolini, et se tournant vers lui : « Votre Galilée, lui dit-il, a, lui aussi, eu la hardiesse de pénétrer là où il ne devait pas pénétrer et d'aborder les matières les plus graves et les plus dangereuses que l'on puisse agiter en ce moment-ci. — Mais son livre a été imprimé avec autorisation, fit observer l'ambassadeur. — Oui, reprit Urbain VIII avec la même animation, Ciampoli et Galilée m'ont trompé, ils se sont mal conduits. Ciampoli a osé me dire que Galilée voulait se conformer en tout aux ordres du souverain Pontife et que tout était bien[3]. » Le pape se plaignait également du maître du sacré Palais.

---

[1] « Persone versate in diverse scienze, gravi e di santa mente. » *Opere*, t. IX, p. 422.

[2] « Persone versate in queste materie, tutte poco affette al Sr Galileo. » Ib., p. 419.

[3] Ib., p. 420, 450, 421. Ciampoli avait-il, comme l'affirme Buonamici (*Opere*, t. IX, p. 45), envoyé au maître du sacré Palais un billet écrit, disait-il, en présence du pape, disant que celui-ci lui ordonnait d'approuver le livre? On sait que la relation de Buonamici a été déclarée apocryphe par M. Th. H. Martin; mais M. Cesare Guasti en a démontré l'authenticité : seulement cette relation est parfois inexacte.

« Il y a une congrégation réunie, reprit Niccolini, on n'a qu'à donner à Galilée le temps de se justifier. — En matière du saint Office, répondit le pape, on ne fait que censurer, puis on demande une rétractation. — Galilée ne pourrait-il pas savoir auparavant ce qu'on lui reproche? objecta l'ambassadeur. — Je vous le dis, répliqua vivement le pape, le saint Office ne procède pas ainsi : jamais on ne prévient personne auparavant ; d'autant plus que Galilée sait très-bien, s'il le veut savoir, en quoi consistent les difficultés, car nous en avons causé ensemble et nous le lui avons dit nous-même[1] ». Paroles qui se rapportent peut-être aux conversations restées ignorées que Galilée put avoir avec le pape en 1624[2]. « Il a été mal conseillé, de publier ses opinions, dit une autre fois Urbain VIII, et c'est là le fait de Ciampoli, qui a ainsi fait un plat de son métier[3]. On peut causer à la religion de grands préjudices, plus grands que jamais il y en eut[4]. » « Ainsi, concluait Niccolini en rapportant ces conversations dans ses dépêches, le pape

---

[1] *Opere*, t. IX, p. 420. Lettre du 5 septembre 1632.
[2] Cf. Pieralisi, p. 115.
[3] « Era stato mal consigliato a dar fuori queste sue opinioni e che stata una certa ciampolata cosi fatta. » *Opere*, t. IX, p. 435.
[4] Ib., p. 421.

est on ne peut plus mal disposé envers notre pauvre Galilée ».

Néanmoins Magalotti, à la parole duquel sa parenté avec les Barberini donnait de l'autorité, cherchait à rassurer. Il avait vu diverses personnes habituées à intervenir dans ces examens du saint Office, et, d'après leur opinion, il pensait pouvoir dire qu'on ne paraissait pas disposé à trancher en ce moment cette question, ni aucune autre controversée entre les catholiques.

Si Urbain VIII se plaignait de Ciampoli et du maître du sacré Palais, celui-ci se plaignait de Galilée : il lui reprochait de ne s'être pas conformé à la lettre écrite à l'inquisiteur de Florence ; il trouvait fort mauvais certains détails typographiques, comme par exemple d'avoir employé pour la préface des caractères plus petits que ceux de l'ouvrage, ce qui semblait enlever toute liaison entre le préambule et le corps du livre ; les paroles de la fin ne correspondaient pas non plus, disait-il, à celles du commencement. Le P. Riccardi paraissait aussi très-intrigué de voir au frontispice trois dauphins, dont l'un tenait la queue de l'autre. « Je me mis à rire, écrit Magalotti, lorsque le Père me fit part de cette observation. Galilée, dis-je, n'y a sûrement pas fait attention, et je vous assure que c'est un emblème continuellement employé par l'imprimeur Landini ». Il fallut encore expliquer à Riccardi les trois ou quatre fleurons insérés dans le texte. « En somme, disait Magalotti, on est très-fâché que l'ouvrage n'ait pas été imprimé à Rome et qu'il y manque deux ou trois arguments par lesquels le pape prétend avoir réduit un jour Galilée au silence et lui avoir démontré la fausseté de la thèse de Copernic. Ces arguments qui se réduisent à un seul étaient bien à la fin de l'ouvrage, mais ils sont mis dans la bouche de Simplicius, personnage ridicule, disait le P. Riccardi[1]. » Magalotti avait bien répliqué que la réponse faite par Salviati à cet argument montrait assez l'importance attachée à l'objection. Mais voilà ce qui apparaît, concluait Magalotti, et le fond doit être que « les Jésuites travaillent sous main vigoureusement afin de faire prohiber l'ouvrage. Le maître du sacré Palais m'a dit lui-même ces mots : les Jésuites le persécuteront ardemment[2]. »

A la vue de toute cette émotion, Magalotti était d'avis de ne point faire de bruit et de parler seulement au cardinal Barberini, « que je crois, disait-il, rempli d'affection pour l'au-

---

[1] Voir sur Simplicius la seconde partie, § II.
[2] *Opere.* Suppl. p. 320.

7.

teur et faisant grand cas de l'ouvrage. » Le 11 septembre, l'ambassadeur Niccolini donnait le même conseil que Magalotti de ne rien brusquer et de gagner du temps. Le maître du sacré Palais recommandait également d'aller doucement et sans bruit, « car, disait-il, la défense faite à Galilée, il y a seize ans, suffit à présent pour le perdre ». Riccardi avouait pourtant à Magalotti que, s'il y a quelques années, on avait bien tout examiné, on n'aurait peut-être pas rendu ce décret (de 1616), et il ajoutait : « Si alors j'avais été dans la Congrégation, je ne l'aurais quant à moi jamais permis, puisque Galilée avait montré que les textes de l'Écriture ne pouvaient causer aucun préjudice. En même temps, le P. Riccardi demanda à voir la lettre de Galilée à la grande-duchesse et il fut étonné d'y trouver tout ce qu'on pouvait dire de plus fort à ce sujet; aussi Magalotti croyait-il pouvoir assurer que « le maître du sacré Palais inclinait beaucoup vers l'opinion de Copernic[1]. »

Après un mois d'examen minutieux, la commission extraordinaire, qui s'était réunie cinq fois, remit son rapport au souverain Pontife. Les faits que nous connaissons étaient résumés, et

---

[1] *Opere*. Suppl., p. 524.

voici quelles étaient les conclusions présentées :

1° Galilée a désobéi aux ordres qui lui avaient été donnés en abandonnant l'hypothèse pour affirmer d'une manière absolue le mouvement de la terre et l'immobilité du soleil ; 2° il a mal rattaché l'existence du flux et du reflux à la stabilité du soleil et à la mobilité de la terre qui n'existent pas ; 3° de plus il a frauduleusement gardé le silence sur l'ordre que le saint Office lui avait donné en 1616 d'abandonner complétement l'opinion du mouvement de la terre, de ne pas la soutenir ou la défendre en quelque manière que ce soit, par la parole ou par la plume, sous peine d'être poursuivi, ordre auquel Galilée acquiesça et promit d'obéir.

Il y avait dès lors à délibérer sur la manière de procéder tant contre la personne de Galilée que contre l'ouvrage déjà imprimé.

Voici comment, dans le rapport, on développait ces points :

En fait Galilée vint à Rome, en 1630, apporter son manuscrit ; il avait reçu l'ordre de ne parler du système de Copernic que comme d'une pure hypothèse mathématique ; or, le livre n'était pas conçu dans cette donnée ; on y parlait d'une manière absolue. Alors le maître du sacré Palais, pour ramener le livre à l'hypothèse, avait résolu d'écrire une préface et une péroraison auxquelles se rapporterait le corps de l'ouvrage ; il avait prescrit en outre de n'employer dans toute la discussion contre le système de Ptolémée que l'objection *ad hominem* pour montrer que la sainte Congrégation, en rejetant le système de Copernic, avait compris toutes les raisons produites en sa faveur.

Dans l'ouvrage on pouvait considérer comme corps du délit les huit points suivants :

1° Avoir mis en tête du livre la permission d'imprimer délivrée à Rome sans avoir averti celui qui l'avait souscrit ;

2° Avoir imprimé la préface avec un caractère distinct, l'avoir ainsi rendue inutile et comme étrangère au corps de l'ouvrage ; avoir mis la saine doctrine (*medicina*) de la fin dans la bouche d'un sot, et encore ne la trouvait-on qu'avec difficulté, appuyée faiblement par l'autre interlocuteur, présentée d'une manière superficielle, qui ne mettait pas en relief le bien que l'on semblait dire de mauvaise volonté ;

3° Être tombé très-souvent en faute dans le cours de l'ouvrage et être sorti de l'hypothèse, soit en affirmant d'une manière absolue le mouvement de la terre et la stabilité du soleil, soit en qualifiant les arguments sur lesquels on s'appuie de démonstratifs et de nécessaires, soit en regardant comme impossible la négation de cette opinion ;

4° Avoir traité le sujet comme s'il n'était pas décidé à l'avance, ainsi que pourrait le faire une personne qui attendrait une définition et ne supposerait pas qu'elle ait été donnée ;

5° Avoir méprisé les auteurs contraires à l'opinion soutenue, bien que ce fussent ceux employés le plus souvent par l'Église :

6° Avoir faussement affirmé et déclaré qu'une certaine égalité existerait pour comprendre les données géométriques entre l'intellect humain et l'intellect divin ;

7° Avoir présenté comme une vérité que les partisans de Ptolémée se rangeaient du côté des partisans de Copernic, tout en niant que la réciproque fût vraie ;

8° Avoir mal rattaché l'existence du flux et du reflux de la mer à la stabilité du soleil et au mouvement de la terre qui n'existent pas.

Tous ces passages, ajoutait le rapport, pourraient être corrigés si l'on jugeait qu'il y eût quelque utilité à conserver l'ouvrage.

Enfin on rappelait que Galilée avait reçu, en 1616, l'ordre de ne soutenir, enseigner et défendre, de quelque manière que ce fût, l'opinion du mouvement de la terre, sous peine de se voir faire un procès devant le saint Office.

Voilà le travail de la commission. On a examiné les faits de la cause et précisé les chefs d'accusation ; ils peuvent ainsi être ramenés à deux principaux : — Galilée n'a point tenu compte des instructions qui avaient été données en cessant de présenter l'immobilité du soleil et le mouvement de la terre comme une hypothèse, pour l'affirmer d'une manière absolue ; — Galilée a contrevenu à l'ordre donné en 1616, qui lui défendait, sous peine d'être traduit devant le saint Office, de soutenir la susdite opinion.

Le 18 septembre, Urbain VIII chargeait un de ses secrétaires, Pierre Benessi, de prévenir l'ambassadeur du grand-duc que d'après le rapport qui lui avait été présenté il ne pouvait se dispenser de déférer le livre de Galilée à la Congrégation du saint Office ; qu'il l'avait fait examiner auparavant, contrairement à l'usage, par une congrégation de personnes très-versées en théologie et en d'autres sciences, pour voir si on pourrait éviter cette extrémité ; mais, après un examen minutieux, on avait reconnu l'impossibilité de le soustraire au tribunal de l'Inquisition [1].

[1] *Opere,* t. IX, p. 425. Lettre du 18 sept. 1632.

Le pape résumait ensuite tout le procès lorsque dans sa conversation avec l'ambassadeur il disait : « Quoique Galilée déclare vouloir traiter la question du mouvement de la terre comme une hypothèse, néanmoins il procède par voie d'affirmation et de conclusion, ce qui est contraire au décret de 1616 et à l'ordre auquel il avait promis d'obéir. » Le cardinal Barberini avait ajouté : « Cette matière est très-délicate, car on peut ainsi introduire quelque dogme bizarre dans le monde, et en particulier à Florence où les esprits sont très-subtils et aiment les nouveautés. »

Il est donc ici bien établi, d'une part, que l'opinion astronomique n'est poursuivie qu'en raison des conséquences philosophiques ou théologiques auxquelles on se croyait nécessairement conduit; d'autre part, que l'on voulait punir la désobéissance de Galilée à l'ordre qui lui avait été intimé en 1616.

Campanella, instruit de la tournure de l'affaire, écrivait alors à Galilée : « Ils disent, écrivent et font tout leur possible pour prouver que vous n'avez pas tenu compte de l'ordre qui vous fut donné et des corrections qui furent demandées[1]. »

[1] *Opere*, t IX, p. 303.

L'archevêque de Sienne, Piccolomini, apprenait les difficultés soulevées, et il s'en désolait comme d'un malheur public pour les intelligences; il trouvait étrange qu'on vînt incriminer je ne sais quelles conséquences bizarres qu'on pourrait tirer d'un livre dont la lecture, à son avis, ne pouvait que fortifier une conscience timide et scrupuleuse[1]. Toujours est-il que cinq jours après la reprise du rapport, ordre était transmis, le 25 septembre, à l'inquisiteur de Florence, de prescrire à Galilée d'avoir à se présenter à Rome dans le courant d'octobre[2] : l'inquisiteur devait ménager, à l'insu de Galilée, la présence de témoins qui pussent certifier la notification. Le 1er octobre, l'inquisiteur remplit sa commission. Galilée se déclara prêt à venir[3], et « désireux de se montrer tel qu'il était, disait-il, c'est-à-dire très-obéissant à la sainte Église ». Cet ordre lui causa cependant un trouble extrême[4], et tout en protestant de son désir d'obéir il demanda conseil au grand-duc. Puis s'adressant au cardinal François Barberini : « Je

---

[1] Suppl., p. 245. — 29 sept. 1632.
[2] *Les pièces du procès*, p. 52.
[3] Ib., p. 53. « Lui subito si è mostrato prontissimo. »
[4] « Trovomi in gran confusione per una intimazione. *Opere* t. VII, p. 6. « Tale avviso mi afflige gravamente. » Ib., t. VII, p. 13. »

m'attendais à trouver des contradicteurs, écrivait-il le 13 octobre, mais je m'étonne que leurs intrigues aient pu persuader aux supérieurs que mon livre était indigne de la lumière[1]. » Galilée aurait voulu gagner du temps, et il priait le cardinal de représenter à la Congrégation la fatigue du voyage qui, « vu son grand âge (plus de soixante-huit ans) et son état pitoyable, mettrait sans doute un terme à sa vie » ; il ne voulait nullement éviter de rendre compte de ses actions, bien au contraire ; tout ce qu'il désirait, c'était d'avoir le temps de se justifier. « Qu'on me laisse le temps de présenter un mémoire sur cette affaire, disait-il, on y verra mon dévouement et mon zèle pour l'Église ; une personne d'une très-haute doctrine et d'une éminente piété m'a donné un avis, et son sentiment a été pour moi comme un écho de l'Esprit Saint : ce n'est pas par un motif religieux que l'on agit ainsi, mais par haine contre ma personne plus que par zèle contre l'opinion incriminée. » Galilée offrait alors de s'expliquer devant l'inquisiteur, le nonce ou l'archevêque de Florence[2].

---

[1] C'est une des deux lettres publiées par Bigazzi en 1841, d'après une copie du temps. L'abbé Pieralisi l'a publiée plus exactement d'après l'autographe, *l. c.*, p. 172.
[2] *Opere*, t. IX, p. 204.

Le cardinal François Barberini n'était pas à Rome lorsque cette lettre y parvint : l'ambassadeur ne put donc la lui remettre et « à vous parler franchement, écrivait-il à Galilée le 23 octobre, je crains que vos paroles ne soient de nature à gâter l'affaire plus qu'à la rendre facile à terminer. Plus, disait-il, on voudra défendre et justifier l'ouvrage, plus on donnera de force au dessein formé de le condamner en tout et pour tout. »

« Croyez-bien, écrivait toujours l'ambassadeur, qu'il sera nécessaire de ne pas défendre ce que les cardinaux n'approuvent pas, et qu'il faudra en venir à ce qu'ils voudront et se rétracter comme ils le voudront ; autrement vous rencontrerez de très-grandes difficultés. » Au reste, Niccolini annonçait à Galilée le procès comme inévitable et même sa détention pendant quelque temps comme nécessaire[1]. Le frère Micanzio, tout en regrettant l'ordre donné à Galilée de venir à Rome, lui disait d'espérer : « mais ne vous défendez pas, ajoutait-il, ne nous faites pas de chagrin, soumettez-vous entièrement aux désirs de la Congrégation, vous éviterez ainsi bien des embarras. Voyez si une déclaration expresse por-

---

[1] *Opere*, t. IX, p. 304.

tant que vous abandonnez votre livre pour qu'on en fasse ce que l'on jugera à propos ne pourrait pas simplifier l'affaire[1]. »

Le Père Castelli, qui ne cessait de voir le Père Riccardi et tout son entourage, plaidait sans cesse la cause de son ami. « Votre autorité, leur disait-il, ne s'étend pas à faire que la terre tourne ou ne tourne pas, et vous ne pouvez empêcher Dieu et la nature de révéler leurs secrets. » — « Le mouvement de la terre n'importe pas au salut des âmes, disait encore Castelli au commissaire de l'Inquisition. Copernic fut encouragé par le cardinal de Schomberg et par d'autres évêques catholiques : son livre fut dédié au pape Paul III, et c'est d'après ses théories que l'Église réforma son calendrier. Pourquoi donc ne pourrait-on plus les adopter ? » A cet exposé de faits vrais et à cet appel chaleureux d'un ami dévoué à Galilée, le Père commissaire répondait que tel était bien aussi son avis, et que « cette question ne devait pas se décider d'après l'autorité des saintes lettres. » Castelli en rapportant ces mots ajoutait : « Il m'a dit que son intention était de rédiger un mémoire à ce sujet. »

Beaucoup de personnes s'intéressaient à Gali-

---

[1] *Opere*, t. IX, p. 307.

léc. Le petit neveu de Michel-Ange Buonarotti présenta au cardinal François Barberini les mêmes considérations sans craindre, disait-il, d'être importun ni téméraire : « Si l'affaire de Galiléc pouvait se traiter ici, écrivait-il de Florence, quels nombreux remercîments ne recevriez-vous pas de la part de tant de personnes dévouées à Votre Éminence qui gémissent du malheur de cet honorable vieillard[1] ! » Cette lettre pleine de cœur, remise par le cardinal à la Congrégation du saint Office, ne fut cependant pas prise en considération. Il fallait que le procès se dénouât à Rome.

Le grand-duc de Toscane agit de son côté, par l'intermédiaire de son ambassadeur, pour éviter ou du moins pour retarder les poursuites contre Galilée. Niccolini, nous l'avons vu, avait voulu avoir l'approbation de Castelli avant de remettre la lettre de Galilée au cardinal Barberini. Castelli ayant jugé à propos de la donner, elle fut remise, et le cardinal la reçut avec bienveillance. L'ambassadeur alla voir également le cardinal Ginetti, membre de la Congrégation du saint Office, et Mgr Boccabella qui en était assesseur, pour leur représenter à tous deux l'impossibilité où était Galilée de venir à Rome ; il en parla lui-

---

[1] *Les Pièces du procès*, p. 56.

même au pape, en faisant valoir le grand âge et la santé délicate de son ami, les rigueurs de la saison qui s'avançait, les dangers du voyage, les incommodités de la quarantaine. Toutefois, le pape demeura inébranlable. Il était nécessaire, disait-il, que Galilée vînt à Rome pour y être interrogé. On n'avait qu'à prendre pour le voyage toutes les précautions possibles et marcher à petites journées à son aise, en litière; le cardinal Barberini donnerait des ordres pour que la quarantaine fût moins longue et moins pénible, mais il était indispensable de venir.

L'inquisiteur de Florence ayant, le 19 novembre, donné un second avertissement à Galilée, celui-ci déclara, comme la première fois, qu'il était prêt à comparaître; mais se rappelant les conseils de ses amis, il voulait gagner du temps et fit valoir, pour excuser un retard, son âge avancé et l'état de sa santé qui le retenait, au su de tout le monde, entre les mains des médecins. L'inquisiteur lui répondit qu'il fallait néanmoins obéir et se rendre à Rome, puis il lui fixa, en présence d'un notaire et de témoins qu'il avait amenés, le délai d'un mois pour se présenter devant le saint Office. Galilée se montra de nouveau tout disposé à entreprendre le voyage, mais l'inquisiteur ajoutait : « Je ne sais s'il s'exécutera. » Aussi, en réponse à ce doute, le pape fit écrire le 9 décembre à l'inquisiteur, pour lui annoncer que, passé le terme du mois assigné à Galilée, il eût à le contraindre, nonobstant tout empêchement de se rendre à Rome[1]. « Toute demande de délai est du temps perdu, écrivait alors Niccolini qui venait de parler au souverain Pontife, et on ne peut en accorder davantage. » Aussi l'ambassadeur pressait-il Galilée de se mettre en route, et il recommandait à Cioli de lui donner le même conseil[2]. Un des assesseurs du saint Office, ami de Galilée, Mgr Boccabella, y tenait beaucoup[3], et le Père Castelli l'encourageait également à faire un effort pour arriver[4].

Mais le 18 décembre l'inquisiteur de Florence écrivit à Rome que son vicaire avait trouvé Galilée dans son lit, dans l'impossibilité, malgré sa bonne volonté, de se mettre en route avant la fin de la crise. Une attestation de trois médecins de Florence venait confirmer le témoignage de l'inquisiteur : il y avait chez le malade intermittence dans le pouls toutes les trois ou quatre pulsations, la respiration était fatiguée et très-

---

[1] *Les pièces du procès*, p. 56.
[2] *Opere*, t. IX, p. 318. Lettre du 12 décembre 1632.
[3] Ib., p. 430.
[4] Ib., p. 319.

faible; il éprouvait fréquemment des crises de mélancolie hypocondriaque, de la faiblesse, une absence de sommeil, des douleurs partout le corps; de plus il avait une forte hernie inguinale avec relâchement du péritoine. La plus petite cause extérieure pourrait, disait-on, mettre sa vie en danger [1].

A Rome on n'ajouta qu'une foi médiocre à cette consultation; aussi, le 30 décembre, le pape ordonna-t-il d'écrire de nouveau à l'inquisiteur que ni lui, ni la Congrégation, ne pouvaient et ne devaient supporter de tels subterfuges; qu' « il fallait donc vérifier si véritablement Galilée ne pouvait sans péril se rendre à Rome, qu'on enverrait un commissaire assisté d'un médecin pour constater l'état réel du malade, et que si son état lui permettait de venir on l'amènerait prisonnier et lié avec des fers; si au contraire sa santé l'exigeait et qu'il y eût dans le voyage péril pour sa vie, il y aurait sursis; mais une fois le danger passé on l'amènerait prisonnier et lié avec des fers. Le commissaire et les médecins devaient voyager aux frais de Galilée, puisque, disait le mandement, il n'avait pas voulu venir en temps opportun lorsqu'il en avait reçu l'or-

---

[1] *Les pièces du procès*, p. 58.

dre et avait refusé d'obéir. » Dures expressions d'un exploit d'huissier, qui choquent toujours ceux qui les entendent[1]. L'inquisiteur vint lire à Galilée la lettre du cardinal, où ces ordres sévères étaient notifiés. Galilée répondit qu'il viendrait et s'empresserait d'obéir; les médecins verraient son indisposition et on connaîtrait alors qu'il n'avait inventé aucun prétexte.

Enfin, le 15 janvier 1633, Galilée écrivit au cardinal de Médicis qu'il allait se rendre à Rome. Le 20 il quitta Florence, passa vingt jours en quarantaine, à la frontière des États de l'Église, et amené dans la litière que Niccolini lui avait envoyée, il descendit au palais de l'ambassadeur du grand-duc le premier dimanche de carême, 13 février.

Arrêtons-nous un moment, car il est impossible de ne pas être frappé du changement qui s'est opéré dans les paroles et dans les actes du souverain Pontife. Jusqu'alors c'était une extrême courtoisie, une bienveillance affectueuse; à présent le langage est sévère, le procédé est rude. Sans doute il faut faire la part de la ri-

---

[1] *Les pièces du procès*, p. 59. C'était une règle de procédure : « Inquisitus si facta hac verbali citatione non comparet, capi debet si potest (Th. del Bene, t. I, p. 570); citatio unica sufficit (quæ tribus æquivaleat) signato termine competenti et peremptorio ad comparendum. » (Ibid., p. 570.)

gueur des termes de procédure, des exploits d'huissier où la formule, égale pour le grand comme pour le petit, est toujours blessante; mais il n'est pas moins pénible d'entendre adresser à Galilée, à ce savant, à ce vieillard, des paroles dures, des menaces qui ne seront pas toutes exécutées, mais dont le simple énoncé choque tellement nos oreilles, en même temps qu'elles indignent nos cœurs, que chacun est disposé à répondre comme le P. Castelli au cardinal Barberini, qui lui exprimait sa sympathie pour le sort de Galilée : « C'est ce que fait le plus grand nombre des hommes de bien et d'intelligence. »

Mais d'où viennent ces rigueurs et qui les a motivées? Il faut le dire : c'est la conviction dans laquelle on s'affermissait chaque jour que le livre de Galilée causait le plus grand préjudice à la religion. Mais qui donc rendait cette conviction si impérieuse? « J'apprends de bonne source, écrivait Galilée le 15 janvier 1633, à Deodati que les Pères jésuites ont vivement impressionné le souverain Pontife en disant que mon livre est plus exécrable et plus pernicieux pour la sainte Église que les écrits de Luther et de Calvin [1]. »

[1] M. le professeur chevalier Pierre Riccardi a dit à ce sujet : « I Gesuiti sono a torto in generale noverati fra i nemici di Galileo. Le taluni di essi come il P. Riccioli, il Grassi, etc.... si opposero

Nous avons vu que cette source était Magalotti lorsqu'il avait rapporté une parole du maître du sacré Palais, qui accusait les Pères de la Compagnie de Jésus[1]. « Cette impression est entrée si complétement dans l'esprit du pape, écrivait Galilée quelques années après, que mon livre a été et reste prohibé[2]. » Remplacez dans ces deux passages le mot « jésuites » par le mot « péri-« patéticiens », et vous aurez le mot vrai sur la question. »

alle dottrine del Galilei, altri al pari distinti come il Clavio, il Griemberger, in parte le approvavano » *Di alcune*, etc., p. 8, note 9.

[1] *Opere*, t. VII, p. 19.
[2] Ib., p. 190.

IX

Cependant Galilée était à Rome, où il ne manquait pas d'amis puissants et dévoués[1]. D'après sa demande, le grand-duc de Toscane envoyait des lettres de recommandation aux neveux du pape, les cardinaux Barberini, aux cardinaux Scaglia, Bentivoglio, Borgia, Zacchia, Gessi, Ginetti, Verospi, membres de la Congrégation du saint Office[2]. Le cardinal de Médicis écrivait au général des capucins, dans l'espoir que celui-ci aurait quelque influence sur le cardinal Antoine Barberini, qui était religieux de cet ordre. A Florence, Mgr Piccolomini, archevêque de Sienne, parlait à chaque instant de Galilée et de son espérance que l'affaire aurait une bonne issue[3].

[1] *Opere*, t. VIII, p. 20.
[2] Ib., t. IX, p. 336.
[3] Ib., p. 337.

« Il n'y a ici personne, écrivait Nicolas Cini à son ami, qui ne désire, même au prix de son sang, vous délivrer des angoisses que vous supportez, et vous voir honoré selon votre mérite[1]. » A Rome, les amis de Galilée voyaient avec joie l'ancien inquisiteur à Milan en 1615, à présent cardinal Scaglia, lire le *Dialogo*, et, ce qui leur paraissait important, le lire avec l'assistance du P. Castelli, si capable d'expliquer les passages douteux et susceptibles d'être attaqués.

Pendant quelques jours, il ne fut, officiellement du moins, question de rien pour Galilée. Une connaissance et un ami de plusieurs années, Mgr Serristori, consulteur du saint Office, vint seul deux fois le voir. « Il m'a parlé avec beaucoup de bonté, écrit Galilée, en me fournissant habilement l'occasion de dire quelques mots pour affirmer ma sincérité et mon dévouement à l'Église. » Galilée rendit visite à Mgr Boccabella, qui venait de quitter la charge d'assesseur du saint Office, et alla chez le nouvel assesseur et le P. commissaire de l'Inquisition : tous deux lui témoignèrent mille bontés. Aussi, en se rappelant la dure formule dont on lui avait donné

---

[1] *Opere*, t. IX, p. 438.

lecture à Florence : « Cela semble, écrivait-il, un commencement de traitements bien doux, humains et entièrement opposés aux menaces que l'on me faisait en me parlant de cordes, de chaînes et de prison[1]. »

Galilée avait raison ; les menaces de rigueur s'évanouissaient, et on procédait à son égard avec beaucoup de douceur et de bonté. Au lieu d'être en prison au saint Office, *carceratus*, comme disait l'ordre du 30 décembre, Galilée habitait le palais de l'ambassadeur du grand-duc de Toscane, entouré par Niccolini et sa femme de tous les soins, de toutes les prévenances de l'amitié. Galilée n'y parlait que de défendre ses opinions, d'expliquer la défense faite en 1616, et le P. commissaire qu'il était allé voir lui disait au contraire, de la part du cardinal Barberini : « Tenez-vous retiré, ne vous montrez pas, s'il est possible, hors du palais : ce n'est pas un ordre de la Congrégation, c'est un conseil d'ami[2]. » — « Nous tous, écrivait l'ambassadeur, avec nos amis et les personnes que nous recevons, nous nous employons à le consoler, à l'aider[3]. »

---

[1] *Opere*, t. VII, p. 20.
[2] Ib., t. IX, p. 438.
[3] Ib., t. IX, p. 439.

Niccolini comme le P. Castelli cherchaient ainsi à apaiser l'esprit irrité de Galilée; ils lui conseillaient de ne pas sortir afin de ne pas paraître braver l'opinion[1]. Sans doute cette sorte de réclusion pouvait lui peser, et le manque d'exercice pouvait lui être à charge; mais en fait il était libre, il sortait et vivait au milieu de ses amis, et comme l'ambassadeur le remarquait, il n'y avait pas d'exemple de personnes accusées qui n'eussent été mises au secret, fussent-elles évêques, prélats ou titrés[2]. Aussi l'ambassadeur, après avoir lu au souverain Pontife la lettre écrite par ordre du grand-duc en faveur de Galilée, put-il sincèrement le remercier d'avoir permis à celui-ci d'habiter dans son palais au lieu d'être enfermé au saint Office. Le pape répondit qu'il l'avait permis volontiers par égard pour le grand-duc, mais qu'il ne fallait pas croire cependant qu'on pût se dispenser de l'appeler ensuite au saint Office lorsqu'il faudrait l'examiner, car c'est la coutume, ajoutait-il, et on ne peut entièrement s'y soustraire[3]. Le cardinal Barberini en prévint l'ambassadeur le 9 avril, et Urbain VIII donna l'ordre de réserver au nouveau

---

[1] *Opere*, t. IX, p. 439.
[2] Ib., p. 440.
[3] Ib., p. 435.

prisonnier les chambres les meilleures et les plus commodes[1].

Le mardi 12 avril, Galilée appelé au palais du saint Office, dans les appartements du P. commissaire, fut interrogé en présence du P. Vincent Macolano, commissaire général, et du procureur fiscal[2]. Le commissaire général le reçut avec des démonstrations d'amitié[3]. Rien n'avait ici un aspect effrayant. Galilée reconnut être l'auteur du livre du *Dialogo*, et comme on lui demandait le motif de son voyage à Rome en 1616, il répondit qu'en apprenant les doutes élevés au sujet de la théorie de Côpernic, il avait voulu savoir à quelle opinion il fallait se ranger en cette matière afin de rester catholique; qu'il avait vu alors les cardinaux et leur avait expliqué le nouveau système astronomique; qu'enfin la Congrégation de l'Index avait décidé que cette opinion, prise d'une manière absolue, était incompatible avec les saintes Écritures et devait seulement être admise comme une hypothèse, comme l'avait fait Copernic. Galilée reconnut que le cardinal Bellarmin lui avait notifié le décret portant défense de conserver cette opinion, mais il affirma

---

[1] *Opere*, t. IX, p. 437.
[2] Ms., f° 413 r°. *Les pièces du procès*, p. 60.
[3] *Opere*, t. IX. p. 440.

que le cardinal lui avait déclaré qu'on pouvait soutenir l'opinion de Copernic comme une supposition. La lettre écrite par le cardinal au P. Foscarini, ainsi que sa déclaration du 26 mai, en faisaient foi. « Avant de me lire le décret, ajouta Galilée, le cardinal m'a entretenu de certaines particularités que je voudrais dire à l'oreille de Sa Sainteté plutôt qu'à d'autres [1], et il a conclu en me disant que l'opinion de Copernic ne se pouvait soutenir, parce qu'elle était contraire aux saintes Écritures. » Interrogé au sujet de l'ordre qu'il avait reçu de ne point défendre et enseigner cette opinion, Galilée déclara ne point se rappeler qu'on lui eût interdit de la soutenir et de l'enseigner, et qu'on eût employé les mots *quovis modo;* il avait attaché, du reste, très-peu d'importance à ce souvenir d'une conversation, depuis la déclaration écrite le 26 mai par le cardinal Bellarmin.

On passa ensuite à un autre point du procès

---

[1] M. Berti pense que Galilée voulait rappeler au pape l'opinion du cardinal Bellarmin dans sa lettre au P. Foscarini, à savoir que si on démontrait le mouvement de la terre autour du soleil il faudrait interpréter l'Écriture sainte avec plus de prudence; peut-être aussi, dit-il, Galilée voulait rappeler que Bellarmin, comme l'indique une de ses réponses au prince Cesi, trouvait que le mouvement de la terre n'était pas contraire à la sainte Écriture (*Copernico*, p. 12). En tout cas ce devait être des paroles très-favorables à sa cause.

et on interrogea Galilée sur la permission qu'il avait pu obtenir d'écrire son ouvrage. Il déclara que dans sa pensée il n'avait pas cru avoir besoin de permission, et qu'en l'écrivant il ne croyait pas avoir contrevenu à l'ordre reçu : il n'avait à ce sujet aucun scrupule, car dans ce livre il n'avait point embrassé ou défendu l'opinion du mouvement de la terre et de l'immobilité du soleil : « Je montre, dit-il, le contraire de l'opinion de Copernic, et combien les raisons produites par lui sont faibles et nullement concluantes. » Quant à l'autorisation d'imprimer, il répondit que malgré des offres avantageuses au point de vue pécuniaire, transmises de plusieurs endroits de France, d'Allemagne et de Venise, il était venu spontanément porter son ouvrage à Rome pour le soumettre à la censure du maître du sacré Palais, en lui donnant un pouvoir absolu d'ajouter, de retrancher, de changer à son gré. Or cette révision avait été faite, et cette autorisation lui avait été accordée.

L'interrogatoire fut terminé, et on en remit la suite à un autre moment[1].

Trois chambres dans la maison des officiers du

---

[1] Le tribunal lui avait assigné une chambre dans le dortoir de l'officialité, avec défense d'en sortir : on verra comment cet ordre fut mitigé. Niccolini et Galilée vont le raconter tout au long.

saint Office furent assignées à Galilée comme lieu de prison ; c'étaient, dit Niccolini, les propres appartements du fiscal. Galilée avait défense de n'en pas sortir sans une permission spéciale, mais il pouvait se promener en toute liberté jusque dans le jardin du palais, « par de vastes espaces », comme il le dit lui-même. On lui permettait de se faire servir par son domestique. Celui-ci couchait près de lui et était libre d'aller et de venir. « Tous mes serviteurs, écrivait l'ambassadeur Niccolini, peuvent également lui apporter dans sa chambre la nourriture préparée chez moi matin et soir. Je peux lui écrire tous les jours, et tous les jours recevoir ses réponses[1]. » Aussi Bocchineri, parlant du séjour de Galilée au saint Office, écrivait : « Je me figure qu'il aura plus souffert de la quarantaine à Ponte Centino, que de sa prison à Rome[2]. » Seule sa fille pouvait de loin s'en alarmer et craindre que son père n'y eût peut-être pas toutes ses aises ; mais elle se consolait encore à la pensée qu'une grâce spéciale de Dieu retenait son père à Rome, puisque, vu les maladies qui sévissaient à Florence, il y avait péril en ce moment à retourner dans cette ville.

[1] *Opere*, t. IX, p. 440 et 441.
[2] Ib., p. 344.

Les justes égards que l'on avait pour Galilée n'étaient un secret pour personne, et Galilée, dans sa lettre à son ami Bocchineri, les reconnaissait en ces termes : « On a décidé que je me tiendrais retiré ici, mais avec une commodité bien inaccoutumée, dans trois chambres qui font partie de l'appartement de M. le fiscal du saint Office, avec pleine et entière liberté de me promener.... Quant à ma santé, ajoutait-il, je suis bien, grâce à Dieu et à l'exquise attention de l'ambassadeur et de l'ambassadrice, qui sont aux petits soins pour me procurer toutes mes aises, chose bien superflue pour moi. » Le grand-duc, instruit de ces égards, chargeait son ambassadeur d'en remercier Sa Sainteté et le cardinal Barberini. Le 22 avril, Galilée ayant éprouvé à une jambe des douleurs très-vives garda le lit : le commissaire et le fiscal chargés de l'examiner, vinrent le voir, lui donnèrent leur parole de le renvoyer aussitôt qu'il serait levé, et l'engagèrent à plusieurs reprises à rester calme, à ne pas s'attrister.

Cependant le souverain Pontife poursuivait l'enquête et avait fait demander au P. Riccardi et à Oreggi, consulteurs du saint Office, leur avis sur le but de l'ouvrage de Galilée, et sur son intention. Galilée y avait-il soutenu et défendu l'opinion que la terre était en mouvement et que le soleil était immobile ? — Oui, répondirent les consulteurs dans un mémoire remis aux cardinaux. Melchior Incofer remit, de son côté, deux mémoires et les résuma en deux notes précises. Galilée, y dit-il, non-seulement enseigne et défend cette opinion, mais il est très-suspect d'y adhérer, comme le montre la suite de ses raisonnements. Incofer donna dans un premier mémoire les preuves de son affirmation, et dans un second mémoire il montra de plus que Galilée n'admettait pas comme une hypothèse seulement le mouvement de la terre, mais qu'il l'affirmait comme une vérité absolue[1].

La condamnation paraissait donc certaine ; mais si on était résolu de frapper la doctrine, on voulait épargner la personne. Le pape avait ordonné au P. Vincent Macolano de faire un rapport sur la cause de Galilée. Le rapport fut présenté le 27 avril. Les cardinaux approuvèrent ce qui avait été fait jusque-là, mais ils se trouvèrent en présence de plus d'une difficulté. Comment poursuivre la cause? comment la terminer? Galilée ayant nié dans son interrogatoire ce qui, d'après son livre, était évident, ne devenait-il

---

[1] Tous ces documents sont dans les *Pièces du procès*.

pas nécessaire de laisser la justice suivre son cours rigoureux ? Pour sortir de cet embarras, le P. Macolano proposa un expédient et demanda à la Congrégation de lui permettre de l'employer. Il s'agissait d'entrer en rapports extrajudiciaires avec Galilée, afin, dans une conversation intime, de lui faire comprendre son erreur et de l'amener à en faire l'aveu, car le P. Macolano savait très-bien qu'il n'avait guère l'espoir de réussir s'il employait des raisonnements pour convaincre son interlocuteur. La Congrégation lui ayant donné pouvoir d'exécuter son projet, le P. Vincent Macolano vint trouver Galilée, le 27 avril, après son diner, et à la suite d'une longue conférence il obtint, grâces à Dieu, dit-il, ce qu'il désirait, que Galilée avouât son erreur. Celui-ci demanda seulement quelque temps pour réfléchir aux expressions qu'il pourrait employer, mais dès le lendemain le P. Macolano, heureux de la réussite de sa mission, sachant très-bien que le souverain Pontife et le cardinal Barberini éprouveraient la plus grande satisfaction de voir l'affaire ainsi terminée, écrivait à ce dernier pour rendre compte de son succès, et cette lettre, document capital pour l'histoire du procès, selon le mot de l'abbé Sante Pieralisi, qui le premier l'a publiée, atteste la déférence que l'on n'a cessé d'avoir pour Galilée[1]. Le P. Macolano devait, le lendemain, recevoir judiciairement l'aveu qui

---

[1] Abbé Sante Pieralisi: *Urbano VIII e Galileo*, p. 197. « Hieri conforme all' ordine di N. S. diedi parte alli SS^ri Em^mi della S. Cong^no della causa del Galileo, lo stato della quale refferii brevemente. Et avendo questi SS^ri approvato quello che si è fatto sin quà, hanno dall' altro canto considerate varie difficoltà quanto al modo di proseguire la causa et incaminarla a speditione. Massime havendo il Galileo negato nel suo costituto quello che manifestamente apparisce nel libro da lui composto; onde dallo stare cosi negativo ne seguirebbe la necessità di maggior rigore nella giustitia, e di riguardo minore agli respetti che si hanno in questo negotio. Finalmente proposi io un partito, che la S. Cong^no concedesse a me la facoltà di trattare estrajudicialmente col Galileo affine di renderlo capace dell' error suo, e redurlo a termine, quando lo conosca, di confessarlo; parve a prima faccia la proposta troppo animosa, e non si concepiva molta speranza di conseguire questo intento, mentre si teneva la strada di convincerlo con ragioni; ma con haver io accennato il fondamento col quale m'avanzavo a questo me n'hanno data facoltà. E per non perder tempo, hieri dopo il pranzo, mi posi a discorrere col Galileo e dopo molti e molti argomenti e risposte passate fra noi, ottenni per gratia del Sig^re l'intento mio, che gli feci toccar con mano l'error suo, si che chiaramente conobbe di aver errato, et nel suo libro di haver ecceduto, il che tutto espresse con parole di molto sentimento, come che si trovasse consolatissimo della cognitione dell' error suo, e si dispose a confessarlo giuditialmente; mi dimandò però alquanto di tempo per pensare al modo col quale egli poteva honestare la confessione, che quanto alla sostanza spero seguirà nella maniera sodetta. Ho stimato obligo mio darne subito parte a V. E. non havendolo communicato a niun' altro, perchè S. Santità et l'E. V. spero resteranno sodisfatti, che in questo modo si ponga la causa in termine che senza difficoltà si possi spedire. Il tribunale sarà nella sua riputatione col reo si potrà usare benignità; e in ogni modo che si spedisca, conoscerà la gratia che li sarà fatta, con tutte l'altre conseguenze di sodisfatione hec in ciò si desiderano. Hoggi penso di essaminarlo per havere

avait été fait extrajudiciairement, interroger ensuite Galilée sur l'intention, lui donner la parole pour se défendre, et, cela fait, le renvoyer chez lui.

L'interrogatoire n'eut pas lieu le jour indiqué par le P. Macolano, ni le lendemain ; sans doute Galilée qui, le 22 avril, avait, comme nous l'avons vu, éprouvé à la jambe des douleurs assez vives pour lui faire garder le lit, en souffrait encore. Le 30 avril, Galilée ayant demandé à être entendu, dit le procès-verbal, exposa que depuis plusieurs jours il avait réfléchi sur les interrogatoires qu'il avait subis, et en particulier sur la défense qui lui aurait été faite, il y avait seize ans, de ne pas défendre, ni enseigner, de quelque manière que ce fût, la doctrine condamnée du mouvement de la terre, qu'il avait eu alors la pensée de relire son ouvrage, sur lequel depuis trois ans il n'avait pas jeté les yeux. Avait-il, contre son intention très-positive et par erreur, laissé échapper de sa plume quelque proposition susceptible de blâme ? Il devait ainsi le savoir. Lecture faite de son livre, il avait reconnu que des arguments présentés par lui pour être réfutés

---

la detta confessione, et havendosi come spero, non mi resterà altro che interrogarlo sopra l'intentione, e dargli le diffese, e ciò fatto si potrà habilitare alla casa per carcere come mi accennò V. S. alla quale faccio humilissima riverenza. Roma, li 28 aprile 1633. »

ne l'étaient pas suffisamment, et paraissaient même doués d'une certaine force qu'ils n'avaient réellement pas. Le désir de se montrer plus habile que le commun des mortels l'avait ainsi entraîné. « Si j'avais à exposer de nouveau ces arguments, dit-il, je les affaiblirais tellement qu'on verrait bien qu'ils sont dépourvus de toute valeur. » Galilée s'arrêta, signa sa déposition, puis il revint et dit : « Pour prouver surabondamment que je n'ai pas tenu, que je ne tiens pas pour vraie l'opinion condamnée sur le mouvement de la terre et l'immobilité du soleil, je voudrais avoir la permission et le temps d'en présenter une plus claire démonstration ; je suis prêt à l'écrire, et l'occasion se présente d'elle-même, puisque à la fin du livre déjà publié j'annonce que les interlocuteurs doivent se retrouver pour discourir ensemble sur divers problèmes de la nature. En ajoutant un ou deux entretiens, je promets de reprendre les arguments déjà présentés en faveur de cette fausse opinion condamnée, et de les réfuter de la manière la plus efficace qu'il plaira à Dieu de m'enseigner. Je prie donc le tribunal de vouloir bien me mettre à même de remplir cette bonne résolution en m'accordant la permission de l'exécuter[1]. » Ainsi

---

[1] Ms., f° 420 et 421. *Les pièces du procès*, p. 70.

Galilée ne se contentait pas de désavouer son ouvrage, il offrait de le réfuter. Peut-être se souvenait-il alors d'une lettre où le P. Micanzio lui-même avait dit : « Je pense qu'on voudra obtenir de vous non une rétractation, mais une réfutation des arguments de Copernic[1]. »

Le même jour, 30 avril, le P. Vincent Macolano, après en avoir conféré avec le souverain Pontife, renvoya Galilée au palais de l'ambassadeur du grand-duc pour s'y constituer prisonnier, à la condition de voir seulement les familiers et domestiques du palais, et de se présenter devant le saint Office toutes les fois qu'il en serait requis. La mauvaise santé de Galilée et son grand âge étaient les seuls motifs indiqués pour expliquer cette faveur[2]. Le silence au sujet de tout son procès lui fut recommandé sous serment.

Le 10 mai, Galilée fut mandé au saint Office, et le commissaire lui ayant assigné un délai de huit jours pour présenter, s'il le voulait, sa défense, il remit immédiatement un écrit auquel était joint l'original de la déclaration du cardinal Bellarmin, en date du 26 mai 1616.

---

[1] *Opere*, t. IX, p. 299. Lettre du 9 octobre 1632.
[2] L'abbé Picralisi pense que l'aveu fait alors par Galilée, et qui terminait tout, rendait désormais la détention inutile *Urbano VIII*, p. 200.

La défense de Galilée appuyait sur cette affirmation que son intention n'avait pas été de soutenir la vérité du système de Copernic, mais seulement d'exposer les arguments présentés en sa faveur. Il invoquait sa sincérité, donnait des explications sur cet oubli qu'on lui reprochait, de n'avoir pas parlé au maître du sacré Palais de l'ordre reçu en 1616 de ne défendre ni enseigner l'opinion du mouvement de la terre, car il s'en était tenu à la note écrite par le cardinal Bellarmin, où les mots *enseigner en quelque manière que ce soit* ne se trouvaient pas. Le commandement que l'on disait lui avoir été fait était pour lui une chose complétement nouvelle et dont il n'avait jamais entendu parler.

La déclaration de Bellarmin représentant à ses yeux le décret du 5 mars, et rien que cela, on ne pouvait lui faire un reproche de n'en avoir point parlé au maître du sacré Palais. La plus grande preuve de son désir de ne rien faire de malséant était la présentation de son livre au grand inquisiteur, en sorte que la pensée qu'il avait pu désobéir sciemment et volontairement aux ordres qu'il avait reçus devait être écartée de l'esprit des juges. S'il avait erré quelquefois, c'était, comme il l'avait déjà confessé, emporté par un vain orgueil; aussi était-il prêt à réparer son erreur, si on voulait bien le lui permettre. En terminant il exposait l'état misérable de sa santé, ses tourments d'esprit depuis dix mois, les fatigues d'un voyage accompli à soixante-dix ans. « Au surplus, disait-il, je m'en remets en tout et pour tout à la pitié et à la clémence habituelle de ce tribunal [1]. »

Après ces débats, le procès devait-il avoir pour Galilée un résultat favorable ? Le cardinal Capponi, qui s'était mis à étudier avec ardeur les Dialogues de Galilée, en était encore persuadé le 21 mai ; il l'avait toujours cru, et Guiducci, qui espérait lui aussi en la justice de la cause et dans les bonnes dispositions des membres de la Congrégation, avait assuré qu'il en serait ainsi [2]. Galilée se laissait aller à cette espérance : il formait même le projet de se retirer à Sienne pour attendre dans cette ville la fin de la peste qui sévissait à Florence. Ce projet réjouissait Nicolas Cini et l'archevêque Piccolomini. « Vos amis vous attendent, écrivait le prélat, ce lieu est aussi salubre que Rome l'est peu, et je sollicite de nouveau la grâce que vous me promettez [3]. » Piccolomini, qui avait toujours été convaincu de

---

[1] Ms., f° 425. *Les pièces du procès*, p. 72.
[2] *Opere*, t. IX, p. 357.
[3] Ib., Suppl., p. 249.

l'innocence et des excellentes intentions de Galilée, redoutait pour lui les fatigues d'esprit plus qu'un accident malheureux où la persécution de ses ennemis pourrait l'entraîner[1]. Bocchineri suppliait aussi Galilée, s'il partait de Rome après la Saint-Jean (comme il l'espérait, car, lui écrivait-il, il y a danger pour qui sort de Rome après cette époque), de s'arrêter à Sienne pour y attendre la fin du fléau qui était alors dans une période d'accroissement[2]. Piccolomini, impatient de posséder son hôte, offrait déjà d'envoyer ses litières pour que le voyage se fît commodément. En attendant, Galilée continuait de jouir de toutes les permissions : il allait à Castel Gandolfo pour se promener à pied; seulement, en traversant la ville et en se rendant aux jardins il devait se tenir dans son carrosse à demi fermé[3], tolérance tout à fait inusitée et sans exemple pour un accusé devant le saint Office, il ne faut pas l'oublier.

[1] *Operc.* Suppl., 248.
[2] Ib., t. IX, p. 364.
[3] Ib., p. 360 et 443.

X

Cependant Urbain VIII pressait l'expédition du procès afin que tout fût terminé avant les grandes chaleurs. Le 16 juin, la Congrégation se réunit, et le pape ordonna d'interroger Galilée sur son intention, de le menacer même de la torture, et s'il persistait de le condamner à la prison à la discrétion de la Congrégation du saint Office, après lui avoir fait prononcer devant cette Congrégation une abjuration préalable sur le violent soupçon d'hérésie qu'on lui imputait. On devait en outre lui enjoindre de ne plus traiter désormais en quelque manière que ce fût, par écrit ou de vive voix, du mouvement de la terre et de l'immobilité du soleil, sous peine d'être relaps. Son livre le *Dialogo* devait être prohibé, et afin qu'aucun n'ignorât ces choses, on devait transmettre les exemplaires de la sentence à tous les nonces apostoliques et à tous les inquisiteurs de l'hérésie, principalement à l'inquisiteur de Florence qui devait la publier en une grande assemblée, en présence des professeurs de mathématiques [1].

Ainsi tout était décidé et la condamnation était ordonnée. Deux jours après, le pape disait à l'ambassadeur Niccolini : « Il est nécessaire que cette opinion, contraire aux saintes Écritures, soit prohibée, et il faudra que Galilée reste quelque temps prisonnier pour avoir contrevenu aux ordres qui lui furent donnés en 1616; mais, ajoutait-il, je verrai comment cette condamnation pourra être mitigée [2]. » La pensée du Pape s'arrêtait alors à une reclusion temporaire dans le monastère de Santa Croce, à Florence.

Le lundi 20 juin, au soir, Galilée reçut l'ordre de venir au saint Office. Le lendemain 21 juin, il fut interrogé conformément à l'ordre du pape. On lui demanda depuis quel moment il avait professé l'opinion que le soleil et non la

---

[1] Ms., f° 451, v° *Les pièces du procès*, p. 93. J'ai donné le fac-simile de cette pièce : y a-t-il : *ac si sustinuerit* ou *et si sustinuerit?* Y a-t-il : *qui eam intimarent.... publice legi* ou *qui eam sententiam.... publice legat?* On a discuté sur ces diverses leçons provenant d'une assez grande difficulté de lecture. Comment traduire les mots *ac si* ou *et si sustinuerit?* Nous nous expliquerons plus loin à cet égard. (Voir deuxième partie, § 1.)

[2] *Opere*, t. IX, p. 445.

terre était le centre du monde. Il répondit que bien longtemps avant le décret de 1616 il était indifférent entre les deux opinions de Ptolémée et de Copernic, et les croyait également soutenables, parce que l'une et l'autre pouvaient être vraies; mais depuis la décision de 1616, convaincu de la prudence des supérieurs, toute incertitude ayant cessé dans son esprit, il avait alors adopté, comme il adoptait présentement pour très-vraie et indubitable, l'opinion de Ptolémée sur l'immobilité de la terre et le mouvement du soleil. Mais, objecta-t-on, « d'après votre livre il y a présomption que depuis cette époque vous avez soutenu cette opinion : dites-donc la vérité; l'avez-vous soutenue? » Galilée répondit : « Dans le *Dialogo*, je ne me suis pas proposé de soutenir la vérité de l'opinion de Copernic, mais seulement dans l'intérêt commun j'ai expliqué les raisons naturelles et astronomiques qui peuvent militer en faveur de l'une et de l'autre opinion, m'appliquant à rendre évident que ni les unes ni les autres ne pouvaient être assez fortes pour amener une preuve et une conclusion. Aussi je puis dire que dans mon for intérieur je n'ai point soutenu depuis le décret des supérieurs l'opinion condamnée. » On lui objecta encore que d'après son livre et les raisons présentées pour l'affirmative il y avait présomption qu'il adoptait ou du moins qu'il avait adopté un moment la doctrine de Copernic ; qu'en conséquence, s'il ne se décidait pas à avouer la vérité, on en viendrait contre lui aux mesures de droit et de fait qui seraient nécessaires. Galilée répondit pour la seconde fois : « Je ne soutiens pas et n'ai point soutenu cette opinion de Copernic depuis que l'on m'a signifié l'ordre de l'abandonner : du reste je suis ici entre vos mains, faites ce qu'il vous plaira. » Et comme on lui répéta de dire la vérité, ou sinon il serait mis à la torture : « Je suis ici, répliqua-t-il, pour obéir, mais je l'ai dit, depuis le décret je n'ai point soutenu cette opinion. » Comme on ne pouvait rien faire de plus d'après la teneur du décret, on lui demanda de signer l'interrogatoire et il fut renvoyé à sa place.

Le lendemain, mercredi 22 juin, Galilée, qui avait été retenu au saint Office, fut conduit au couvent de Sainte-Marie sur Minerve, pour entendre sa condamnation et prononcer son abjuration, en présence des cardinaux et prélats de la Congrégation. Après un exposé des faits de la cause, l'arrêt indiquait les motifs de l'accusation. On y lisait :

« Tu as été dénoncé en 1615 au saint Office, —

parce que tu soutenais comme vraie une doctrine fausse que beaucoup répandaient, à savoir que le soleil est immobile au centre du monde et que la terre a un mouvement diurne, — parce que tu enseignais cette doctrine à tes disciples, — parce que tu entretenais à ce sujet une correspondance avec des mathématiciens de Germanie, — parce que tu publiais des lettres sur les taches solaires, dans lesquelles tu présentais cette doctrine comme la vérité, — parce qu'aux objections qu'on t'adressait, tirées de la sainte Écriture, tu répondais en expliquant la sainte Écriture d'après ton idée, — ensuite parce que dans un écrit en forme de lettre écrite par toi à un de tes disciples où tu embrassais l'hypothèse de Copernic, tu avançais quelques propositions contre le sens véritable et l'autorité de la sainte Écriture. Le tribunal voulut alors parer aux inconvénients et aux dommages qui en provenaient et s'aggravaient au détriment de la foi ; d'après l'ordre du pape et des cardinaux de l'Inquisition, les théologiens chargés de cette mission qualifièrent ainsi les deux propositions : *le soleil est au centre du monde et immobile*, proposition absurde, fausse en philosophie, et hérétique dans son expression, car elle est contraire à la sainte Écriture ; *la terre n'est pas le centre du monde et n'est pas immobile, mais se meut par un mouvement diurne*, proposition également absurde et fausse en philosophie ; considérée au point de vue théologique, elle est au moins erronée dans la foi.

« Mais comme il nous plaisait de procéder avec toi avec douceur, un décret fut rendu dans la sainte Congrégation, en présence du saint-Père, le 25 février 1616 ; l'éminentissime cardinal Bellarmin dut t'enjoindre d'abandonner entièrement la dite fausse doctrine ; sur ton refus d'obéir, le commissaire du saint Office devait t'ordonner d'abandonner la dite opinion, de ne pas l'enseigner, défendre et traiter. Tu as promis d'obéir. De plus, afin que ta pernicieuse doctrine ne se répandît pas au détriment de la vérité catholique, un décret de la Congrégation de l'Index prohiba les livres qui traitaient de cette doctrine déclarée fausse et en tout contraire à la sainte Écriture. En imprimant ton livre tu as transgressé l'ordre qui t'avait été donné, quoique par des circonlocutions tu t'efforces de persuader que tu abandonnes cette doctrine comme indécise ou probable, ce qui est de même une très-grave erreur, puisqu'une opinion déclarée et définie contraire à la divine Écriture ne peut en aucune manière être probable.

« Nous t'avons donc appelé devant ce saint Office; tu as reconnu avoir écrit ton livre, tu as avoué avoir commencé à l'écrire il y a dix ou douze ans, et, en demandant la permission d'imprimer, tu as gardé le silence sur l'ordre qui t'avait été donné de ne pas soutenir, défendre, enseigner cette doctrine de quelque manière que ce fût; tu as confessé également que les arguments ont été énoncés de telle manière qu'ils peuvent séduire l'intelligence plutôt qu'être facilement réfutés, erreur qui était loin de ton intention, as-tu dit, mais où t'entraîna le désir naturel de briller dans le discussion; tu as présenté l'attestation du cardinal Bellarmin, où il n'est pas fait mention des deux mots : *enseigner de quelque manière que ce soit;* il fallait croire, disais-tu, que depuis quatorze ou seize ans tu n'en avais pas gardé mémoire, et ainsi tu t'es excusé de n'avoir pas parlé de l'ordre qui t'avait été donné. Mais cette attestation du cardinal que tu présentais pour ta défense aggrave plutôt ta cause, puisqu'il y est dit que ladite opinion est contraire à la sainte Écriture : tu as cependant eu l'audace d'en parler, de la défendre, de l'enseigner comme probable, et la permission extorquée par ruse et par artifice ne te sert de rien, puisque tu n'as pas montré la défense qui t'avait été faite. Voyant que tu n'avais pas dit la vérité entière, nous avons jugé nécessaire, pour connaître ton intention, de procéder contre toi à un examen rigoureux, dans lequel (sans préjudice de ce que tu as avoué et de ce qui a été prouvé contre toi au sujet de ton intention) tu as répondu comme un catholique doit le faire[1]. C'est pourquoi étant vus et mûrement considérés les mérites de ta cause et en même temps les susdites confessions et excuses et tous autres moyens de droit, nous avons porté contre toi une sentence définitive. Nous déclarons que tu t'es rendu fortement suspect d'hérésie, parce que tu as cru et soutenu une doctrine fausse et contraire aux saintes et divines Écritures, savoir que le soleil est le centre de l'univers, qu'il ne se meut pas d'orient en occident, que la terre se meut et n'est pas le centre du monde; parce que tu as cru que tu pouvais soutenir et défendre comme probable une opinion qui a été déclarée et définie contraire à la sainte Écriture. En conséquence nous déclarons que tu as encouru toutes les censures et peines portées par les sacrés canons et autres constitutions générales et particulières contre ceux qui désobéissent aux statuts et autres dé-

---

[1] Sur le sens qu'il faut attacher aux mots : *rigoureux examen*, voir la deuxième partie, § 1.

crets promulgués ; desquelles censures il nous plait de t'absoudre, pourvu que préalablement, avec un cœur sincère et une foi réelle, tu abjures devant nous, tu maudisses et détestes, suivant la formule que nous te présentons, lesdites erreurs et hérésies, et tout autre erreur et hérésie contraire à l'Église catholique, apostolique, romaine. Et afin que ta grave et pernicieuse erreur et ta désobéissance ne restent pas impunies, et afin qu'à l'avenir tu sois plus réservé et que tu serves d'exemple aux autres pour qu'ils évitent ces délits, nous déclarons que par édit public le livre des *Dialogues* de Galilée est prohibé, et nous te condamnons à la prison ordinaire de ce saint Office pour un temps qui sera limité à notre gré, et, à titre de pénitence salutaire, nous t'ordonnons de réciter pendant trois ans, une fois par semaine, les sept psaumes de la pénitence, nous réservant le pouvoir de modérer, de changer et de remettre tout ou partie des peines et pénitences ci-dessus [1]. »

Cette abjuration imposée à Galilée afin de le-

---

[1] Ordinairement d'après Eymeric (*Directorium*, p. 494), l'abjuration précède la sentence. Pigna dit qu'à Rome l'Inquisition fait le contraire. C'est ce qui a eu lieu pour Galilée.

ver toutes les censures encourues était obligatoire pour tous les suspects d'hérésie et elle fut effectivement prononcée. D'après les règles elle eût dû être publique, puisque l'acte qui la motivait avait été public[1]. Elle ne l'a pas été. Galilée à genoux devant les cardinaux, la main sur l'Évangile, jura qu'il avait toujours cru, croyait à présent et avec l'aide de Dieu croirait dans l'avenir tout ce que croit et enseigne la sainte Église catholique, apostolique, romaine. » Ici il revenait sur le détail des faits d'après lesquels on l'avait jugé très-fort suspect d'hérésie; voulant donc écarter ce juste soupçon, il abjurait sincèrement, disait-il, et avec une conviction entière ladite erreur et hérésie sur l'immobilité du soleil au centre du monde et le mouvement de la terre; il promettait de ne dire ou écrire rien qui pût lui faire encourir le soupçon d'hérésie, de dénoncer au saint Office ceux qu'il connaîtrait être hérétiques ou suspects d'hérésie; il promettait de faire toutes les pénitences qui lui avaient été imposées, se soumettant en cas de désobéissance à toutes les peines et supplices portés par les canons et

---

[1] Lud. a Paramo, *l. c.*, p. 594. « Tamen ex causa rationabili, dit Del Bene (*l. c.*, t. I, p. 499), fieri possit non publice sed secreta. »

constitutions générales et particulières contre les délinquants. Galilée signa cette abjuration et la lut mot à mot.

Voilà les faits : ils sont graves, et nous en apprécierons la portée, mais la légende les a amplifiés encore. La légende a montré un Galilée subissant la torture, un Galilée auquel on arrachait les yeux, prononçant en chemise son abjuration, et aussitôt après frappant la terre du pied en disant : *E pur si muove.*

C'est Estevius qui, dans son histoire de l'astronomie citée par Fabroni[1], a dit que les inquisiteurs avaient crevé les yeux à Galilée. C'est Nelli[2] qui a cité une note mise sur un livre de la bibliothèque Magliabechiana à Florence, où il est parlé du « *straccio di camicia in dosso, che faceva compassione,* de ce morceau de chemise sur le dos qui faisait compassion. » C'est dans un dictionnaire historique publié à Caen en 1789, que pour la première fois on a lu : « on *prétend* qu'il dit : *Eppur si muove*[3] ». Les écrivains qui ne recherchent dans le récit du passé que

---

[1] *Vitæ Italorum.* Pise, 1778, t. I, p. 144.
[2] *L. c.*, p. 908. M. Cousin lui-même parle du Galilée en chemise, *Journal des savants*, 1842, p. 295.
[3] M. Heis a démontré ce point. (V. son ouvrage à la *bibliographie* qui se trouve à la fin de ce volume.)

les occasions d'attaquer l'Église ont redit à l'envi ces détails, mais aucun homme instruit ne peut les répéter : c'est un roman, ce n'est pas de l'histoire. Nous examinerons dans la seconde partie de ce travail quelques-unes de ces assertions.

XI

Il nous reste, pour achever le récit des faits, à examiner comment fut appliquée la condamnation infligée à Galilée.

Le pape commua immédiatement la peine en une réclusion dans le palais de l'ambassadeur du grand-duc de Toscane au jardin près de la Trinité des Monts. Niccolini y conduisit Galilée le vendredi 24 juin ; puis, à la prière de son ami, il demanda au pape de vouloir bien changer le lieu qui lui était assigné à Rome en un semblable à Florence. La santé chancelante de Galilée et l'arrivée d'Allemagne d'une de ses sœurs avec ses huit enfants que lui seul pouvait aider, motivaient cette demande[1]. Mais comme la peste régnait toujours à Florence, l'ambassadeur solli-

---
[1] *Les pièces du procès*, p. 96.

cita la permission d'un séjour à Sienne dans le palais de l'archevêque Piccolomini ou dans un couvent de la ville, avec la réserve de pouvoir se rendre en Toscane une fois la contagion disparue et d'y prendre pour prison sa propre villa[1]. Mgr Bicchi se chargea d'en parler au cardinal Barberini qui conseilla de s'adresser directement à la Congrégation du saint Office. Mais le 30 juin, le pape avait déjà accordé à Galilée la permission de se rendre à Sienne et de ne pas quitter cette ville[1]; aussi lorsque le 2 juillet Niccolini vit le souverain Pontife, celui-ci, tout en observant que c'était de bonne heure diminuer la peine, répondit qu'il l'avait déjà modifiée en permettant de rester au palais de l'ambassadeur, et ensuite en consentant, par égard pour le grand-duc, à laisser Galilée se rendre à Sienne; c'était un peu trop tôt pour en faire davantage. En attendant, Urbain VIII recommanda de ne pas trop parler à Sienne[2], et dit à Niccolini de prévenir le cardinal Barberini. Celui-ci permit à Galilée de sortir pour assister aux offices religieux de la cathédrale. « Il faut faire les choses petit à petit, dit le souverain Pontife, et le réhabiliter peu à peu. »

---

[1] *Les pièces du procès*, p. 96.
[2] « Che avvertisse di non vi far conversazione in conto alcuno. *Opere*, t. IX, p. 445.

Le jour même, 2 juillet, le P. Vincent Macolano avertit Galilée de la décision du souverain Pontife : quatre jours après (6 juillet), Galilée partit de Rome de grand matin, en très-bonne santé, puisqu'en arrivant à Viterbe il écrivit à Niccolini que pendant la route il avait marché à pied l'espace de quatre milles[1]. Le 9, il arriva à Sienne, et l'archevêque en donna avis au cardinal Barberini[2].

Galilée passa cinq mois dans cette ville, comblé, a-t-il écrit, des inexplicables excès de courtoisie de l'illustre archevêque Piccolomini qui le traita comme un père[3]. Chaque jour il reçut la visite des personnes distinguées de la ville, et il put ainsi engager de longues discussions avec Alexandre Marsili, professeur de philosophie en l'Université de Pise[4].

Cependant Galilée était triste, et le 25 juillet il écrivait à Cioli, secrétaire du grand-duc : « J'aurais grand désir et grand besoin de retourner chez moi et d'être rendu à la liberté. D'après ce que m'ont dit beaucoup de personnes et les ministres mêmes du saint Office, je pense que cette

---

[1] *Opere*, t. IX, p. 447.
[2] *Les pièces du procès*, p. 97.
[3] *Opere*, t. VII, p. 44.
Id., ibid.

faveur ne sera pas refusée si le grand-duc la demande, car nous voyons déjà ce que l'intervention de l'ambassadeur a obtenu. » Galilée priait donc Cioli d'être son interprète auprès du grand-duc pour adresser sa supplique au pape et au cardinal Barberini[1]. Cioli remplit la commission de son ami, et le grand-duc donna l'ordre à Niccolini de presser le souverain Pontife de rendre Galilée à la liberté[2]. Niccolini ne fut pas d'avis de cette démarche, et pensa qu'il fallait attendre au moins deux mois pour parler de nouveau au pape[3]. Le grand-duc l'approuva.

Pendant que Galilée était à Sienne, on communiquait partout, en Italie, en Belgique, en Pologne, en Espagne, en France, etc., la sentence de condamnation et la formule d'abjuration. Le 2 juillet, le cardinal de S. Onufre (Barberini) avait envoyé à tous les inquisiteurs et nonces l'ordre de faire cette publication. La cérémonie eut lieu à Florence le 12 juillet, avec la solennité prescrite par la Congrégation, en présence de plus de cinquante personnes spécialement invitées par le P. Inquisiteur. Partout la joie fut grande dans le camp des péripatéticiens : c'était

---

[1] *Opere*, t. VII, p. 40.
[2] Ib., t. IX, p. 579. Lettre du 28 juillet.
[3] Ib., p. 447. Lettre du 7 août 1633.

leur triomphe. A Florence, Berigard avait déjà imprimé ses *Doutes sur le Dialogue*[1], et Chiaramonti, sa *Défense des principaux dogmes astronomiques d'Aristote*[2]; à Venise, Rocco publiait ses *Exercices philosophiques*, où sont discutées les thèses et objections contenues dans les *Dialogues* de Galilée contre la doctrine d'Aristote[3]; à Pise, Barenghi préparait ses *Considérations sur le Dialogue* pour défendre la méthode du maître[4]; à Anvers, Libert Fromond, professeur à Louvain, publiait une *Défense* du décret contre les pythagorico-coperniciens[5]; à Rome enfin, Inchofer publiait son *Tractatus syllepticus*, et écrivait son *Vindiciæ sedis apostolicæ* resté manuscrit dans la bibliothèque Casanate; mais Inchofer, l'auteur des rapports sur l'ouvrage de Galilée, était encore un modéré auprès des ar-

---

[1] *Dubitationes in dialogum Galilei Galilei;* auctore Claudio Berigardo in gymnasio pisano philosophiam profitente. Florence, 1632.

[2] « Difesa nella quale si defende Aristotele ne' suoi principali dogmi del cielo. »

[3] *Esercitazioni filosofiche*, di Ant. Rocco, filosofo peripatetico. Venise, 1633.

[4] *Considerazioni sopra il Dialogo.*

[5] *Vesta sive Anti-Aristarchi vindex.* Liber unicus in quo decretum S. Congreg. S. R. E. Cardinalium anno 1616 adversus Pythagorico-Copernicanos editum defenditur. Antuerpiæ 1634, in-4°.

dents défenseurs d'Aristote. Son *Tractatus syllepticus* plut aux uns, mais il déplut à beaucoup, *displicuit non paucis*. Son *Vindiciæ sedis apostolicæ* ne répondait point à la passion générale, et Inchofer savait y résister[1].

Ces ouvrages révèlent donc bien l'esprit dans lequel la condamnation fut poursuivie et obtenue. On voulait venger Aristote attaqué par la nouvelle doctrine soutenue par Galilée; on déclarait que « ce paradoxe n'avait jamais été approuvé, que cette opinion extravagante (ce sont les termes de la lettre du recteur de l'Université de Douai) devait être énergiquement repoussée et honnie[2] ». Aussi lorsque la Congrégation de l'Index défendit, le 23 août 1634, le *Dialogo*, les péripatéticiens durent applaudir.

Cependant Galilée ne cessait de songer à son retour à Florence, et il espérait recouvrer toute sa liberté. Il attribuait aux approches de l'hiver, plus dur à Sienne qu'à Florence, des douleurs ressenties à une jambe. Aussi, le 13 novembre, l'ambassadeur Niccolini transmit au souverain

---

[1] « Galilæi sententia oblique non uno loco refellitur, ipse semel et iterum necessario nominatur modeste; plus alioqui demeritus ipsis hæreticis. Petebant multi ut perstringeretur acrius, sed nobis non est visum. » Ms. *Casanatense*, XX, VII, 9.

[2] *Les pièces du procès*, p. 133.

Pontife la nouvelle demande de son ami[1]. Urbain VIII répondit qu'il verrait ce qui pourrait se faire et prendrait une décision avec la Congrégation[2]; « mais je sais, ajouta-t-il, que plusieurs écrivent pour défendre son opinion ». Galilée attendait donc, mais sans grande espérance[3]. Le pape alors souffrant ne put réunir les cardinaux que le 1er décembre : et Galilée reçut alors l'autorisation de se retirer à sa campagne d'Arcetri, la villa Martellini, qu'il avait acquise en 1631 lorsque sa fille Maria Céleste lui en avait proposé l'achat parce qu'elle était voisine du couvent San Matteo, où elle était religieuse. La condition mise à cette permission était pour Galilée de vivre dans la solitude et de n'y appeler ni recevoir personne[4], style d'un arrêt de tribunal. Urbain VIII, en chargeant Niccolini de communiquer cette décision à Galilée, l'expliqua en la modifiant. « Galilée, disait-il, ne devait pas admettre beaucoup de personnes ensemble, afin d'enlever tout soupçon de tenir pour ainsi dire une académie ; les visites des amis et des parents

---

[1] *Les pièces du procès*, p. 128.
[2] *Opere*, t. IX, p. 447.
[3] Ib., t. VII, p. 39. « Sto aspettando qualche risoluzione di Roma, ma non buona. »
[4] *Les pièces du procès*, p. 129.

n'étaient pas néanmoins défendues, pourvu qu'elles ne donnassent point d'ombrage¹. »

Galilée, averti le 9 décembre, quitta Sienne immédiatement, et le 17 du même mois il écrivait d'Arcetri au cardinal Barberini, pour le remercier de la faveur qui lui avait été faite de revenir goûter le repos dans sa villa². Il y retrouvait tous ses papiers.

L'archevêque ressentit un vif chagrin du départ de Galilée et regretta son absence. Ces regrets le rendirent suspect aux yeux de certains esprits; il fut dénoncé à Rome : « Galilée, lit-on dans une lettre anonyme écrite de Sienne et remise le 1ᵉʳ février à la Congrégation, a répandu dans cette ville des opinions peu catholiques, excité par l'archevêque son hôte, qui a fait entendre à beaucoup de personnes que Galilée avait été injustement condamné, qu'on ne pouvait ni ne devait réprouver ses opinions philosophiques, car elles étaient appuyées sur des raisons irréfutables, mathématiques et vraies; que Galilée était le premier homme du monde et vivrait toujours par ses écrits, encore qu'ils fussent prohibés, et qu'il servait de guide aux meilleurs esprits de son temps. Ces paroles répandues par un prélat

---

¹ *Opere*, t. IX, p. 407.
² *Les pièces du procès*, p. 131.

peuvent produire des fruits pernicieux, et c'est pourquoi, disait l'anonyme, je vous en rends compte[1]. »

On ne pouvait faire plus de tort à Galilée. En disant que ses amis protestaient contre sa condamnation et soutenaient ses opinions proscrites comme l'expression de la vérité, on faisait de lui un sujet d'alarmes aux yeux du souverain Pontife et des cardinaux trompés. Après avoir donné satisfaction aux passions péripatéticiennes par la condamnation d'une doctrine qui renversait toutes les idées reçues d'après Aristote dans l'étude de la nature, la Cour romaine, nous l'avons vu, était revenue à ses premiers sentiments de bienveillance. La dénonciation partie de Sienne, en signalant un péril, vint ranimer ses craintes et exciter sa rigueur. Urbain VIII vit en ces faits une désobéissance formelle à l'avis transmis de sa part à Galilée, par Niccolini, de ne pas se livrer à Sienne à trop de conversations.

A partir de ce moment la condescendance témoignée à Galilée se ralentit visiblement : les faveurs accordées éveillèrent les soupçons et l'internement fut maintenu, internement (*carcere*, disent les lettres) doux, il est vrai, dans

---

[1] *Les pièces du procès*, p. 134.

une villa dont le propriétaire vantait à Alexandre Bocchineri le très-beau site et l'air excellent, mais dont jusque-là les paroles du souverain Pontife avaient fait espérer la cessation dans un prochain délai.

On eut la preuve de la mauvaise impression produite sur le pape et les cardinaux par la dénonciation, lorsque l'ambassadeur Niccolini, qui l'ignorait, vint le mois suivant (février 1634) demander pour son ami la permission de se rendre à Florence afin d'être soigné par les médecins[1]. Cette permission fut durement refusée le 23 mars 1634, et l'inquisiteur reçut l'ordre de signifier à Galilée d'avoir à s'abstenir désormais de semblables demandes s'il ne voulait que la Congrégation ne le contraignît à se constituer prisonnier[2]. L'inquisiteur remplit cette mission pénible : Galilée s'excusa en disant qu'une hernie qui le faisait beaucoup souffrir avait motivé sa démarche[3] ; dans une lettre à Bocchineri en date du 27 avril, il parlait également de sa hernie plus forte qu'auparavant et de la mélancolie où il était tombé[4]. Mais l'inquisiteur faisait remar-

---

[1] *Les Pièces du procès*, p. 134.
[2] Ib., p. 135.
[3] Id., ibid.
[4] *Opere*, t. VII, p. 45.

quer que la villa où habitait Galilée était si voisine de la ville qu'il pouvait facilement appeler médecins et chirurgiens et se procurer les médicaments nécessaires [1]. Par une coïncidence douloureuse ce refus, dont l'archevêque de Sienne déclarait avoir été surpris et ne pas bien comprendre la teneur [2], fut signifié à Galilée le jour même où il apprenait que sa fille, religieuse au monastère voisin, était dans un état désespéré. Elle mourut en effet à l'âge de trente-quatre ans, après une dyssenterie de six jours. Le chagrin de Galilée fut extrême, et dans une lettre à Deodati il épanchait son cœur de plus en plus aigri par ces tribulations. « La rage de mes puissants persécuteurs, disait-il, devient chaque jour plus forte [3]. » Il n'en comprenait pas la raison, car il ignorait la dénonciation partie de Sienne.

Cependant de nouvelles démarches furent faites pour obtenir à Galilée une complète liberté d'aller et de venir. Le roi de Pologne, Ladislas IV, s'entremit à cet effet [4]; Peiresc offrit son concours [5], et le 5 décembre 1634 il écrivait au car-

---

[1] *Les pièces du procès*, p. 135.
[2] Ib., t. X, p. 36.
[3] *Opere*, t. VII, p. 46.
[4] M. Arthur Wolynski. *Relazioni di Galileo Galilei collá Polonia*, dans l'*Archivio storico italiano*, 1872, t. XVI, p. 251.
[5] *Ibid.* et *Opere*, t. X, passim.

dinal François Barberini une lettre très-chaude en faveur de son ami. « La conduite envers lui paraîtra très-dure à la postérité, disait-il, ce sera une tache à la splendeur de ce pontificat[1]. » L'ambassadeur de Toscane et le P. Castelli intéressèrent le comte de Noailles, alors ambassadeur de France auprès du souverain Pontife (décembre 1634). M. de Noailles parla chaleureusement avec le cardinal François Barberini, puis avec Urbain VIII, et « le bon François courut une lance avec une prudence espagnole ». Le pape, dans sa conversation avec Noailles, ne tarit pas d'éloges sur Galilée; et assura qu'il lui portait estime et affection; seulement, disait-il, il lui paraissait étrange que Galilée n'eût pas tenu compte de l'avis qui lui avait été donné. La démarche resta infructueuse : cependant on espéra encore, car Castelli, qui depuis trois ans n'avait pas vu le souverain Pontife, avait été reçu par lui dans le carême de 1635 avec la même bonté que dans le passé et avait eu un entretien d'une heure[2]. L'ambassadeur de France

---

[1] Arthur Wolynski, *Relazioni di Galileo Galilei colla Polonia*, dans l'*Arch. stor. italiano*, 1872, et *Opere*, t. X, p. 96. Mais l'abbé Sante Picralisi, *Urbano* VIII, p. 504, l'a publiée tout entière, en rectifiant la date de 1635 en 1634. Le 3 janvier 1635, le cardinal lui promit d'en parler au pape.

[2] *Opere*, t. X, p. 59.

renouvela encore ses bons offices, et le 11 juillet 1636, il remit aux mains du cardinal Antoine une lettre de Galilée, que l'on put montrer au pape, mais le cardinal refusa en disant que toutes ces démarches étaient faites à l'instigation de Castelli. Le 8 août, M. de Noailles vint à son audience de congé et ayant parlé au pape de Galilée, Urbain VIII lui promit d'en délibérer avec la Congrégation [1]. Peu de temps après, l'ambassadeur vit Galilée qui était venu à Poggibonsi et lui donna l'espoir de son rapatriement à Florence : l'archevêque de Sienne, instruit de cette parole, s'en félicita, car, disait-il, tous les honnêtes gens y applaudiront [2]. Galilée, très-touché des bonnes intentions de M. de Noailles, lui remit une copie d'un travail considérable, afin de lui montrer, disait-il, que s'il se taisait, il ne passait pas cependant sa vie à ne rien faire.

Galilée en effet s'occupait beaucoup. Les lettres écrites à ses amis, les 19 novembre 1634, 16 juin, 12 et 26 juillet, 16 août 1636, 5, 17 et 20 novembre 1637, 30 janvier 1638, etc., en sont un témoignage : il annotait les livres qu'il lisait, le *De revolutionibus* de Copernic par exemple, et ses notes ont été retrouvées sur plusieurs manu-

---

[1] *Opere*, t. X, p. 170.
[2] *Opere*, t. X, p. 173.

scrits conservés à Florence et au séminaire de Padoue [1]; il travaillait surtout à un grand ouvrage, les *Dialogues sur les sciences nouvelles*, que des juges autorisés ont considéré comme son œuvre capitale [2]. « C'est le résultat de toutes mes études, écrivait Galilée [3]; c'est le recueil des études de toute ma vie [4]. » Les deux premiers dialogues relatifs à la résistance des matériaux ne sont pas parfaits, mais dans le troisième et le quatrième dialogue, il posait les véritables principes de la science du mouvement dont il est réellement le fondateur [5].

La négociation au sujet de la publication de ce livre fut longue. Alors que l'inquisiteur de Venise défendait l'impression de tout ouvrage de Galilée paru ou à paraître, Pierre Carcavy, avocat au parlement de Toulouse, grand mathématicien et membre de l'Académie des sciences, offrit plusieurs fois à Galilée de faire réimprimer ses œuvres en un volume. Cette idée plut beaucoup à l'illustre vieillard, car depuis longtemps on ne trouvait plus ses ouvrages dans le com-

---

[1] M. Berti a cité plusieurs de ces notes. *Copernico*, p. 148-154.
[2] M. Bertrand dans la *Revue des Deux Mondes*, 1ᵉʳ nov. 1864, p. 71.
[3] *Opere*, t. VII, p. 57.
[4] Ib., p. 70.
[5] M. Th.-H. Martin, *l. c.*, p. 220.

merce[1]. Toutefois, il ne fut pas donné suite à cette proposition. Le 4 janvier 1635, Pieroni, ingénieur florentin, au service de l'Empereur, avait écrit de son côté de Vienne à Galilée pour lui demander de traduire ses dialogues en latin et de faire imprimer son livre *de Moto*, titre donné alors au grand ouvrage[2]. Le prince Mathias partit pour l'Allemagne en emportant une copie de la première journée des nouveaux Dialogues de Galilée pour les faire imprimer, et Pieroni la reçut à Vienne le 11 août. Pieroni avait fait espérer à Galilée que l'impression se ferait sans qu'il lui en coûtât rien[3]; mais il ne put obtenir l'autorisation de l'Empereur. Il demanda alors (en 1636) au cardinal Harrach, archevêque de Prague, et au cardinal Dietrichstein, évêque d'Olmütz, la permission de publier l'ouvrage; toutefois rien ne put alors aboutir, et comme Galilée n'en entendait plus parler, il profita du voyage de Louis Elzévir en Italie pour écrire au P. Micanzio de faire prendre une nouvelle copie des *Dialoghi* et de la remettre au célèbre imprimeur, qui emporta en effet le manuscrit au mois de septembre

---

[1] *Opere*, t. VII, p. 154.
[2] Arth. Wolynski, *Archivio*, t. XVI, p. 233.
[3] Toute cette négociation avec Pieroni est longuement racontée par le docteur Arthur Wolynski, qui cite les lettres à l'appui, *l. c.*, p. 232-250.

1636. Pendant ce temps Pieroni obtenait la permission de l'évêque d'Olmütz et du recteur de l'Université de Vienne (29 avril 1637). Il était trop tard, et l'ouvrage imprimé à Leyde parut en 1638[1]. Galilée, reconnaissant des démarches faites en sa faveur par l'ambassadeur de France, avait dédié son ouvrage au comte de Noailles.

[1] « Discorsi e dimostrazioni matematiche intorno a due nove scienze attenenti alla meccanica e ai movimenti locali. »

XII

Cependant la santé de Galilée commençait à donner des inquiétudes. Le 4 avril 1637, il priait le P. Renieri, religieux olivétain, de représenter au cardinal Spinola l'état de maladie où il se trouvait à la suite d'une inflammation à l'oreille droite[1]. Il passa au lit le mois de juin ; déjà il avait perdu totalement l'œil droit ; l'autre, très-faible, était enflammé par une forte fluxion[2] ; quelques mois après, le 19 décembre 1637, une de ses lettres à un ami contient cette phrase : « Je n'y vois pas davantage les yeux ouverts que fermés[3]. » Dans une autre, le 2 janvier 1638, on lit : « Depuis un mois je suis tout à fait aveugle[4]. »

[1] *Opere*, t. VII, p. 161.
[2] Ib., p. 180.
[3] Ib., p. 204. Lettre du 19 déc. 1637.
[4] Ib., p. 207.

Il demanda la permission de pouvoir se faire soigner à Florence et son ami Castelli rédigea une note à ce sujet[1] ; on voulut avoir un certificat de médecins, et l'inquisiteur vint à l'improviste pour surprendre la nature de ses études, disait-il, plus que pour constater son état de maladie. « Je l'ai trouvé totalement aveugle, écrivit-il le 13 février 1638 ; le médecin croit qu'il ne peut guérir, il ne dort pas et a une hernie très-forte. C'est un cadavre plus qu'une personne vivante. La villa est loin de la ville et en un lieu incommode où il ne peut que difficilement avoir des médecins[2]. » L'avis de l'inquisiteur, dont le rapport sur la situation de la villa est si complétement différent de celui envoyé quatre ans auparavant, était de permettre à Galilée de venir à Florence. Cette lettre ouvrit enfin les yeux au pape et aux cardinaux, trop longtemps abusés : la permission fut accordée le 25 février[3], et le 9 mars l'inquisiteur général en prévint Galilée. Défense lui était faite cependant de sortir de Florence, de parler de l'opinion condamnée et d'admettre près de lui des personnes suspectes[4], défense adoucie, il

---

[1] Opere, t. X, p. 254.
[2] Ib., p. 231.
[3] Ib., p 287. (Riccardi, l. c. Document XXIV.)
[4] Riccardi, l. c. Document XXIV.

est vrai, par la déclaration faite par l'assesseur au P. Castelli, que l'ordre au sujet des visites ne s'entendait pas rigoureusement, mais emportait seulement la défense de traiter du mouvement de la terre. Galilée ayant demandé d'aller pendant son séjour entendre la messe dans une petite chapelle à vingt pas de sa maison, la Congrégation le lui permit (29 mars 1638)[1]. Le vicaire du saint Office vint chez lui et, ne l'ayant pas trouvé, lui laissa la permission d'aller pendant la semaine sainte et le jour de Pâques à sa paroisse ou à toute autre faire ses dévotions. Pendant son séjour à Florence, le grand-duc, qui l'avait déjà visité à Arcetri, vint le voir alors qu'il était dans son lit : il avait pour lui toutes sortes de prévenances ; les jours maigres, il lui envoyait du poisson et lui faisait parvenir chaque année cinq barils de vin[2].

Après un séjour de quinze jours, Galilée revint dans sa villa, et comme il s'était toujours beaucoup occupé des moyens de fixer la longitude, comme, après avoir présenté ses observations au gouvernement espagnol, il les avait offertes aux États de Hollande, ceux-ci avaient répondu à Galilée en accompagnant leur lettre

[1] Riccardi, *l. c.* Document XXV.
[2] Targioni, *l. c.*, t. I, p. 119.

d'un collier d'or. L'inquisiteur de Florence le sut, et aussitôt de lui-même fit entendre à Galilée de ne pas recevoir, s'il était possible, l'envoyé des États généraux ou du moins, si pour obéir au grand-duc il ne pouvait s'empêcher de le voir, de ne pas parler des sujets qui lui étaient interdits : et aussitôt l'Inquisiteur demanda des ordres à Rome[1]. Le 13 juillet 1638, la Congrégation fit répondre à l'inquisiteur de ne pas permettre que la personne venue d'Allemagne à Florence voie Galilée, si cette personne était hérétique ou de pays hérétique, mais que si cette personne était catholique ou de pays catholique, on permettait une entrevue, pourvu qu'on n'y traitât point du mouvement de la terre[2]. Le 25 juillet, la personne envoyée à Galilée n'était pas encore arrivée à Florence et on n'avait aucune nouvelle de son voyage : les présents et les lettres des États généraux étaient cependant parvenus par l'entremise de négociants allemands. Galilée ayant refusé constamment d'accepter et les présents et les lettres[3], le souverain Pontife l'apprit et ordonna le 5 août d'exprimer à Galilée que cette action avait été agréable à la Con-

[1] Ms., f° 554. *Les pièces du procès*, p. 137.
[2] Ms., f° 555, v°. *Les pièces du procès*, p. 138.
[3] Ms., f° 553. *Les pièces du procès*, p. 139.

grégation[1]. Or, depuis quatre jours, les négociants allemands, MM. Ebers, avaient apporté à Galilée la lettre et le présent : il garda la lettre, mais il leur rendit le présent, en les priant de le conserver jusqu'à ce qu'il pût écrire et remercier les États : il avait perdu la vue, il ne pouvait plus s'occuper de rien, disait-il, et il serait donc complétement inutile que l'on vînt le trouver, puisqu'on le trouverait aveugle, sans pouvoir donner le moindre renseignement[2]. Ces observations, que le pape voulait empêcher Galilée de communiquer à la Hollande, de peur, disait une lettre de l'inquisiteur et une lettre du cardinal Barberini[3], de laisser cet avantage entre es mains des hérétiques, Urbain VIII cherchait à présent à les faire parvenir au prince de Toscane, généralissime des flottes espagnoles. Dom Castelli devait être l'intermédiaire entre Galilée et le prince Jean-Charles. Aussi lorsque Castelli demanda, le 23 octobre[4], la permission de visiter Galilée plus souvent que par le passé, afin que celui-ci pût l'instruire des périodes et des tables des planètes des Medicis, pour fixer la déter-

---

[1] Ms., f° 556. *Les pièces du procès*, p. 140.
[2] *Opere*, t. VII, p. 215. Lettre du 7 août 1638.
[3] Pieralisi, p. 298.
[4] Ms., 552 *bis. Les Pièces du procès*, p. 136.

mination de la longitude, l'ordre fut transmis à l'inquisiteur, le 25 novembre, d'accorder cette permission ; on y mettait toujours pour condition qu'on ne parlerait pas du mouvement de la terre sous peine d'excommunication *latæ sententiæ*, dont le pape seul pourrait absoudre[1].

Ces visites de Castelli durent être un adoucissement pour Galilée. Assurément il avait toujours pu recevoir chez lui, mais il y avait des amis dont la vue allait plus droit à son cœur. C'est ainsi que sa parente Alexandra Bocchineri Buonamici et son mari passaient plusieurs jours de suite à Arcetri[2]. Le chanoine Gherardini, qui a laissé sur Galilée des notes intéressantes, conversait chaque jour avec l'illustre savant qui rencontrait également dans le voisinage le P. Renieri[3]. Un Anglais venait, en 1635, lui apprendre qu'une traduction de ses Dialogues avait été faite en Angleterre[4]. Un Hollandais, le sieur Antoine, le quittait au mois de juin 1636, et était remplacé bientôt par deux amis intimes de Galilée[5]. Pierre Carcavy, le conseiller au parlement de Toulouse, venait à Arcetri, et Beaugrand s'y

---

[1] Ms., f° 557. *Les pièces du procès*, p. 137.
[2] *Opere*, t. VII, p. 43, 364.
[3] Ib., p. 152.
[4] Ib., p. 58.
[5] Ib., p. 65.

rendait à trois reprises différentes[1]. Le grand-duc rendait visite à Galilée : le prince Jean-Charles lui amenait le poëte Coppola, et il recevait deux peintres que lui recommandait Castelli. Les lettres fournissent à cet égard de nombreux renseignements. Galilée ne vivait donc pas dans la solitude que l'on se plaît à représenter, et il pouvait échanger ses idées avec de doctes visiteurs. A Renieri, à Carcavy, à Beaugrand, il faut ajouter le P. François de San Giuseppe (Famiano Michelini), de la Congrégation des Écoles pies, et les PP. Ange de Saint-Dominique (Ange Sesti), et Clément Settimi, de Camerino, tous deux religieux de la même Congrégation, qui purent travailler avec lui : le P. Clément, par exemple, lui servit de secrétaire en 1639, et allait chaque semaine à Arcetri ; le saint fondateur de la Congrégation des Écoles pies, Joseph Calasanzio, écrivait même de Rome, le 16 avril 1639, pour permettre au P. Clément de passer la nuit Arcetri, lorsque Galilée le réclamerait[2]. Galilée, nous le savons, eut en 1639 un long entretien avec le P. Ambrogio, homme de toute science, disait-il, de toute vertu, de toute sainteté[3]. Il

---

[1] *Opere*, t. VII, p. 154.
[2] Ib., t. X, p. 74 et 532. Targioni, t. I, p. 141.
[3] Ib., p. 334.

demanda au grand-duc la permission pour Dino Peri, qu'en 1636 il avait fait nommer professeur de mathématiques à l'Université de Pise, de venir l'aider dans ses travaux, et il l'obtint. En 1640, il invita le P. Cavalieri à le venir voir, mais celui-ci, qui en 1636 avait déjà passé huit jours à Arcetri, ne put, vu sa mauvaise santé, répondre à son appel [1]. Galilée le regretta, car « Cavalieri est vraiment, disait-il, une admirable intelligence ; c'est un autre Archimède [2]. » C'est alors que sur sa demande et afin, disait Galilée, d'échanger plus facilement ses idées avec les siennes [3], Torricelli vint se fixer près de lui après le départ de Dino Peri, et ne le quitta plus jusqu'à sa mort.

Travaillant donc avec Peri, Settimi, Torricelli, Viviani, etc., Galilée put en toute liberté élucider les problèmes scientifiques qui préoccupaient son esprit. Poursuivi par les aristotéliciens, il recevait d'autres savants de précieux témoignages de déférence. Peiresc lui faisait passer le calcul des observations des éclipses de lune faites à Paris, pour les confronter avec les

---

[1] *Opere*, t. VII, p. 242.
[2] Ib., p. 72.
[3] Ib., t. X, p. 413. « Acciochè agevolmente e con maggior commodità potesse partecipargli tutte l'estreme reliquie degli altissimi suoi sentimenti. »

siennes. Le P. Paolo Galdino (ou Guldini), de Saint-Gall, en Suisse, lui faisait parvenir un exemplaire de son ouvrage *De centro gravitatis*, comme un hommage de son estime et de son grand respect [1].

L'âge et le malheur ravivent les sentiments pieux : Galilée édifia grandement ses compagnons par la piété dont il fit preuve durant les trois dernières années de sa vie, et il ressentit bientôt les atteintes du mal qui devait l'emporter. Une hydropisie survint, une fièvre lente le mina, et le 8 janvier 1642 il rendit à Dieu son âme immortelle. Il était âgé de soixante-dix-sept ans dix mois et vingt jours.

Son corps fut déposé à Florence, dans le bâtiment des novices attenant à la basilique Santa Croce. Ses amis auraient voulu lui élever par souscription un monument dans l'église même ; mais l'inquisiteur de Florence, en annonçant à Rome la mort de Galilée, demandait ce qu'il y avait à faire dans une pareille occurrence. Urbain VIII en parla à Niccolini, l'ambassadeur de Toscane. « Il ne serait pas d'un bon exemple, lui dit-il, que le grand-duc élevât un monument à un homme condamné par le saint Office pour une opinion

___
[1] *Opere*, t. X, p. 255.

si fausse et si erronée, qui a séduit tant d'intelligences et causé à la chrétienté un grand scandale. » Paroles assurément sincères, dans la bouche du souverain Pontife, mais dont la sincérité prouve justement combien avec les meilleures intentions il est facile de se laisser égarer. L'ambassadeur donna en conséquence le conseil de différer. De son côté, l'inquisiteur de Florence, d'après l'ordre du cardinal Barberini (23 janvier 1642), avait fait entendre au grand-duc de ne s'occuper de rien relativement aux obsèques de Galilée, et il prenait en outre ses précautions pour connaître l'épitaphe qui serait mise et l'oraison funèbre qui serait prononcée[1]. « On a bien parlé du monument, répondit, le 29 janvier, le secrétaire du grand-duc, Gondi, à l'ambassadeur, mais on n'a pris aucune résolution ; en tout cas, les paroles du souverain Pontife feront réfléchir[2]. » La réflexion dura cent ans.

C'est le fait, assez simple après tout, des observations du pape au sujet du monument à élever à Galilée, qui sans doute a servi de thème pour broder la fable du « cadavre de Galilée qui faillit être jeté à la voirie » : ainsi s'exprime

---

[1] Gherardi. Docum XXX
[2] *Opere*, t. XV, p. 403.

M. Libri[1]. La fable des écrits de Galilée, dont « les inquisiteurs parvinrent à faire périr une grande partie », ainsi parle le même M. Libri, et la fable de ses écrits confiés au P. Renieri, qui « vit à son lit de mort, ses manuscrits pillés et dispersés par les suppôts du saint Office[2] », reposent également sur un *on-dit* de Fabroni[3]; assertions complétement gratuites, observe fort bien le savant M. Alberi[4], qui en a prouvé la fausseté après en avoir établi l'invraisemblance. Les papiers, en effet, ont été si peu pillés et ont si peu péri, que M. Alberi les a trouvés en 1843, à la bibliothèque du palais Pitti, et les a publiés en 1846. C'était le chevalier Agostini qui avait pris ces papiers pour son instruction personnelle.

Vincent Viviani, l'ami de Galilée, qui avait hérité de beaucoup d'autres papiers, mourut en 1703, et déclara son héritier Jean-Baptiste Nelli, en lui imposant l'obligation d'ériger à Galilée un mausolée somptueux, dans l'église Santa Croce. Nelli mourut laissant un fils. Les tuteurs du jeune homme voulurent pourvoir à l'exécution du testament,

---

[1] *Journal des Savants*, 1840, p. 459.
[2] *Histoire des sciences mathématiques*, t. IV, p. 278.
[3] T. I, p. 74, adn. « Fu spogliato il suo studiò, credesi dell' inquisitore di tutti gli scritti suoi e del Galileo. »
[4] *Opere*, t. V. Proœmium.

et le 8 juin 1734 le chevalier Neroni vint demander à l'inquisiteur de Florence s'il existait au saint Office un ordre de la Congrégation qui empêchât l'érection de ce monument. Il devait être en marbre et en bronze, d'une valeur d'environ quatre mille écus. L'inquisiteur écrivit immédiatement à Rome [1]. Les consulteurs de l'Inquisition, réunis le 14 juin, émirent le vœu d'écrire à l'inquisiteur de ne pas empêcher la construction du monument funèbre : toutefois, on recommandait expressément à ce dernier de demander communication de l'inscription qui devait y être placée, afin de la transmettre à la Congrégation [2]. Deux jours après, la Congrégation du saint Office ayant approuvé le vœu des consulteurs [3], les cendres de Galilée et de son ami Viviani purent être transportés, le 12 mars 1737, dans le monument que nous voyons aujourd'hui dans l'église de Santa Croce : l'inscription nommait :

GALILEUS GALILEIS
GEOMETRIÆ ASTRONOMIÆ PHILOSOPHIÆ
MAXIMUS RESTITUTOR
NULLI ÆTATIS SUÆ COMPARANDUS.

---

[1] Ms., f° 558. *Les pièces du procès*, p. 40.
[2] Ms., f° 561. *Les pièces du procès*, p. 141.
[3] Gherardi. Doc. XXXII. *Les pièces du procès*, p. 141.

Clément XII occupait alors le saint Siége et Benoit XIV allait le remplacer. Sous le règne de ces savants pontifes, et cent ans après la mort de Galilée, on ne pouvait avoir les mêmes craintes qu'au temps du pontificat d'Urbain VIII. La peur d'ébranler la cosmologie d'Aristote par des doctrines fausses devant disparaître après les découvertes de Newton et de Bradley, la crainte d'émettre une opinion scientifique contraire à un texte de la Bible, n'avait plus dès lors de rairaison d'être.

En 1744, les Dialogues sur les deux plus grands systèmes du monde furent réimprimés à Padoue, pour la première fois avec la permission de l'autorité ecclésiastique : seulement, on y modifia plusieurs passages où la thèse était posée, pour indiquer qu'ils devaient être pris comme une hypothèse, et on joignit à l'édition le texte de la condamnation et de l'abjuration, en ayant soin encore de prévenir que le nouveau système n'était qu'une supposition. Le 10 mai 1757, la Congrégation de l'Index, après en avoir conféré avec le souverain Pontife, prit la résolution, approuvée le lendemain par Benoît XIV, d'omettre dans la liste des livres prohibés le décret défendant tous les livres enseignant l'immobilité du soleil et le mouvement de la terre. Cette omission eut lieu ; cependant l'Index de 1758 maintint, par une visible inconséquence, les ouvrages de Foscarini, de Kepler et de Galilée, ce dernier inscrit sous la date du décret du 23 août 1634[1].

En 1820, le chanoine Settele, professeur à l'université de la Sapience, à Rome, ayant écrit *Elementi d'astronomia*, où le mouvement de la terre était affirmé comme thèse, le maître du sacré Palais, Anfossi, malgré l'avis du P. Olivieri, consulteur, refusa l'*imprimatur* en demandant qu'on ne considérât cette doctrine que comme une hypothèse[2]. Le chànoine Settele fit appel au pape, qui remit l'examen de l'affaire à la Congrégation. Le 16 août 1820, la Congrégation ayant émis l'avis approuvé par le pape qu'on pouvait affirmer cette doctrine, l'ouvrage de Settele reçut l'*imprimatur*. Le maître du sacré Palais ayant proposé quelques difficultés, la Congrégation rendit un arrêt pour permettre la publication des ouvrages traitant du mouvement de la terre et de l'immobilité du soleil, selon l'opinion commune des astronomes modernes : ce nouveau décret, du 11 septembre 1822, fut con-

---

[1] *Di Copernico e di Galileo*, scritto postumo del P. Olivieri; Bologna 1871, p. 94. »
[2] Ibid., p. 98.

firmé le 25 par le souverain Pontife Pie VII, qui en recommanda l'exécution[1].

Dans la nouvelle édition du livre de l'Index faite à Rome en 1835, sous Grégoire XVI, on ne trouve plus les ouvrages de Copernic, de Kepler, de Foscarini, de Galilée. L'omission dans l'édition de 1758 était en fait l'abrogation de la seconde partie du décret de 1616 ; l'omission dans l'édition de 1835 était l'abrogation de la première partie du décret de 1616, concernant Foscarini, des décrets de 1619 et 1620, concernant Kepler et Copernic, du décret de 1634, publié après la condamnation de Galilée. Le décret du 11-25 septembre 1822 vise encore plus formellement l'abrogation de tous les précédents décrets, et par conséquent il réhabilite implicitement l'illustre condamné de 1633.

---

[1] Anfossi fit imprimer : *Se possa difendersi, ed insegnare, non come semplice ipotesi ma come verissima e come tesi la mobilità della terra e la stabilità del sole da chi ha fatta la professione di fede di Pio IV. Quæstione teologico-morale.* In-8° de p. 76, sans date ni lieu d'impression. — Depuis la page 41, c'est une *Risposta al voto del commissario e consultore*, R. P. Olivieri.

DEUXIÈME PARTIE

CONSÉQUENCES DES FAITS

I

S'il est une croyance à peu près généralement accréditée dans le monde, c'est qu'en 1633 la torture a été infligée à Galilée. Quelle est sur ce point la vérité?

Au dix-septième siècle, personne n'a jamais dit que Galilée ait été torturé. Apparemment, si le fait avait eu lieu, ses amis l'auraient su et en eussent parlé. L'ambassadeur Niccolini, qui écrivait au bailli Cioli et au grand-duc les moindres particularités concernant le procès, l'eût mentionné : Galilée lui-même, si véhément dans ses plaintes, n'en aurait pas retenu l'expression dans ses lettres intimes à Diodati, à Peiresc. Sans doute Luc Holstein écrivant à Peiresc a dit : *Galileus nunc in vinculis detinetur*[1], mais c'est là une phrase de rhétorique. La lettre est du 7 mai 1633. Les *fers* où Galilée était retenu pouvaient tout au plus désigner sa détention au Vatican, et nous avons vu ce qu'étaient ces prétendues rigueurs. Il faut descendre assez avant dans le dix-huitième siècle pour trouver les premières traces d'une allégation qui, saisie avidement par l'imagination populaire, n'a cessé d'être répétée depuis par de nombreux écrivains. Fabroni réfutait le bruit déjà répandu en 1778[2]. Targioni, dont l'ouvrage fut publié en 1780, le rapportait également sans y croire, car il était frappé de la condescendance extraordinaire qu'on avait eue pour Galilée, et cette condescendance lui paraissait absolument incompatible avec « le tourment de la corde. »[3] En un passage, Targioni faisait cepen-

---

[1] *Lucæ Holstenii Epistolæ ad diversos*, éd. de M. Boissonade, qui lui donne par erreur la date de mars, tandis que Niceron, Nelli, Venturi, la mettent au mois de mai, d'après la réponse de Peiresc disant avoir reçu cette lettre du 7 mai, dont l'autographe d'ailleurs est à la bibliothèque Barberini. (Abbé Sante Pieralisi, p. 225.)

[2] *Vitæ Italorum*, t. I, p. 141.

[3] Egli convenne in si grave età subire rigorosum examen, cioè come comunemente credesi il tormento della corda.... tali

dant une concession en disant qu' « afin de remplir les formalités de la procédure il 'a peut-être été présenté à la corde, mais il n'a pas été suspendu. »

Le savant éditeur des œuvres complètes de Galilée, M. Alberi, s'est étonné[1] de voir cette opinion naître cent cinquante ans après le procès, au moment où Fabroni publiait la correspondance de Niccolini avec Cioli, qui aurait dû en montrer la fausseté ; il a remarqué que le doute alors émis s'était changé pour beaucoup en certitude, par une suite d'arguments qui ne faisaient point honneur, disait-il, à l'intelligence de leurs inventeurs. M. Libri était évidemment désigné, car il s'était montré des plus ardents à affirmer le fait de la torture ; « il aurait été, selon lui, impossible aux inquisiteurs de ne pas faire subir la torture à Galilée dès qu'ils le soupçonnaient sur son intention[2]. »

« Maintenant, écrivait M. Alberi, la seule lecture des lettres et des documents recueillis en ce volume suffit pour exclure entièrement le

---

straordinarie abilità accordate al Galileo, colle quali mi pare assolutamente incompatibile il tormento della corda, etc. (Targioni-Tozzetti, *Atti e memorie inedite dell' Accademia del Cimento, e notizie aneddote dei progressi delle scienze in Toscana*, t. I, p. 113-116, et p. 60 et suivantes.)

[1] *Opere di Galileo*, t. IX, Prœmium, p. 5.
[2] *Revue des Deux Mondes*, 1er juillet 1841, p. 125.

doute. » M. Albéri le croyait dans son honnêteté de savant ; mais tous n'ont pas procédé avec la même droiture, et plus d'une intelligence est resté aveuglée par le préjugé. Ainsi M. Wagemann a regardé comme probable que Galilée ait été effectivement torturé, et M. Parchappe n'a pas cru impossible qu'il ait été appliqué à la torture. Au contraire, MM. Biot, Trouessart, Philarète Chasles, Reusch, Porena, ont nié que la torture ait été donnée. M. Wohlwill a trouvé que la question avait une importance secondaire; car lors même que Galilée ne l'aurait pas subie, la barbare violence faite à la conscience, a-t-il dit, n'en serait pas essentiellement diminuée.

Deux pièces que j'ai publiées en 1867, et sur lesquelles j'aurai à revenir, devaient pour un historien mettre fin au débat. « Tout soupçon d'une torture physique infligée à Galilée, dit en effet M. Th. H. Martin, est devenu impossible par la publication du décret du 16 juin 1633. » Cette pièce « aurait tranché la question, ajoute le savant doyen de la Faculté de Rennes, lors même qu'elle n'aurait pas été résolue d'avance ». M. l'abbé Pieralisi appelle également le texte auquel je fait allusion, « l'argument qui montre la volonté du pape et décide la question ». Néanmoins depuis la publication de 1867, il reste pour M. Govi « une douloureuse obscurité sur cette phase de la procédure », et M. Mazzoleni a écrit en toutes lettres que « nu et dépouillé de ses vêtements Galilée a été tiré par la corde ». Quant à M. Berti, il est persuadé que la torture devait, suivant l'usage, être infligée à Galilée ; que l'ordre a été donné bien certainement de la lui infliger, mais qu'en fait il ne l'a pas subie, pour une seule raison, c'est que le commissaire, ému de pitié, a pris sur lui de ne pas exécuter la loi et l'ordre transmis. Cette explication très-singulière, improbable au premier abord, est contredite par tous les textes, comme l'a très-bien prouvé M. l'abbé Pieralisi. Inutile de dire que des savants comme M. de Gebler et M. Gilbert, combattent l'opinion de la torture donnée à Galilée.

Rappelons en commençant qu'on ne doit attacher aucune importance à une lettre de plaintes que Galilée aurait écrite au P. Renieri ; car d'abord cette lettre ne contient rien au sujet de la torture ; ensuite personne — sauf l'auteur de la récente biographie de Galilée dans la *Bibliothèque républicaine* — n'ignore à présent que cette lettre est apocryphe.

Un homme d'esprit, un duc Caetani, se joua de Tiraboschi en lui communiquant une lettre dont, disait-il, l'original était dans ses archives.

Tiraboschi accepta les yeux fermés cette lettre, où on ne parlait pas de torture, mais où on laissait peut-être entendre qu'elle avait été donnée ; la lettre fut publiée, et depuis tous les écrivains s'en sont emparés. Cependant Pierre Giordani avait élevé des doutes sur l'authenticité d'un écrit dont le style n'était point, disait-il, celui de Galilée : il alla plus loin. Dans ses recherches aux archives du duc Caetani, au lieu de l'autographe de Galilée, il trouva une note du duc indiquant que c'était lui qui pour s'amuser avait composé la lettre.

Voyons donc quels arguments plus sérieux on a invoqués pour affirmer que la torture a été donnée à Galilée.

On a dit : c'est ordinaire dans la procédure de l'Inquisition. Il est très-vrai, la torture était généralement employée dans tous les tribunaux. La torture était un legs de l'ancien droit romain : inconnue dans le droit canonique à son origine, elle y fut introduite, lorsqu'à la suite du progrès des mœurs la procédure germanique et barbare des Ordalies fut remplacée par la procédure canonique et plus civilisée de l'enquête. La procédure d'inquisition *per Inquisitionem* fut alors un progrès incontestable et, d'après tous les auteurs, incontesté, car elle rétablit en faveur de l'accusé plusieurs des garanties auxquelles il a droit : mais pour appliquer cette procédure, il fallait recourir au droit romain, et le droit romain offrait comme un moyen de compléter les premiers indices d'une preuve la torture de l'accusé, c'est-à-dire l'application de moyens matériels pour que la douleur ou l'intimidation forçassent l'accusé à dire la vérité. Tous les tribunaux, en tous les pays, se servirent alors et se sont servis depuis de ce moyen de procédure dont la disparition n'eut lieu en France qu'en 1780. Voilà en deux mots l'histoire de la torture. Au premier abord il semble que, en suivant l'usage, on eût pu l'employer ou ne pas l'employer dans le procès que subit Galilée; mais on ne l'a pas employée et on ne devait pas l'employer : c'est ce qu'il faut prouver.

Il y avait des circonstances où on ne pouvait donner la torture à un accusé : Galilée se trouvait dans une de ces circonstances. Il y avait des formalités à remplir avant de donner la torture : ces formalités, on n'en trouve la trace nulle part.

Si on étudie les auteurs qui ont parlé de la procédure devant le saint-office, on voit que « le juge ne devait pas trop facilement faire subir la torture, car tant qu'il y avait une autre voie de connaître la vérité, on devait la prendre[1]. » Ainsi, s'il y avait eu aveu de la part de l'accusé, ou s'il n'y avait pas un commencement de preuve contre lui, il n'y avait pas lieu de lui donner la torture. Or, Galilée avait avoué le fait qui lui était reproché.

Une fois le fait connu ou avoué, l'intention de l'accusé pouvait être ignorée, et s'il y avait présomption que cette intention fût coupable ou du moins douteuse, — c'est ici le cas, — on pouvait alors soumettre l'accusé à la torture; mais, disent les auteurs, « cela arrivait très-rarement », et « on ne le faisait pas facilement et tout de suite »; on prenait en considération « la qualité de la personne et toutes les circonstances du procès[2] ». Or, nous savons ces circonstances; nous nous rappelons assez quelle déférence on a témoignée à Galilée, pour croire que l'on eût suivi cette règle de la procédure afin de mitiger la rigueur.

---

[1] *Lucerna inquisitorum.* R. P. F. Bernardi Comensis. Romæ, 1584, in-4°, p. 127, et tous les auteurs.

[2] Prætermittendum tamen in hoc loco quod non ita de facili et semper deveniendum est ad torturam super ista intentione, sed tunc demum cum omnibus consideratis, sed maxime qualitate personæ, rei, loci, modi et aliarum circumstantiarum, (Carena, *Tractatus de officio S. Inquisitionis*, Bononiæ, 1668, p. 53.) Prænotandum autem primo quod non illico et facile sit infligenda tortura super intentione. (Salléles, *De materiis tribunalium S. Inquisitionis*, 3 in-fol., Romæ, 1651-1653, t. II, reg. 350, n° 43.) Rarissime tamen id contigit. (*Id.*, reg. 550, n° 42.)

De plus, il y avait eu aveu sur l'intention, aveu extra-judiciaire d'abord, répété ensuite judiciairement devant le juge : or, cet aveu extra-judiciaire rendait à lui seul la torture inutile, car il produisait le même effet que l'aveu judiciaire[1].

Continuons : dans tous les cas où la torture pouvait ou devait être appliquée, un décret spécial, ou, comme on dit, une sentence interlocutoire à laquelle l'évêque et l'inquisiteur intervenaient, une sentence interlocutoire devait l'ordonner, et en fait, dans tous les procès-verbaux, la mention de cette sentence suit immédiatement les menaces de la torture et en précède l'application[2].

Voici la formule : « Tum Domini, visa perti« nacia et obstinatione ipsius constituti, visoque et

---

[1] Confessio extrajudicialis sufficiens est ad eumdem torturæ effectum. Sallèles, *De materiis tribunalium S. Inquisitionis*, t. II, p. 28.

[2] Accusator petat et requirat a judice ut reum ponat ad torturam et quod judex pronunciet deveniendum esse ad torturam (Petr. Paella, *Tractatus de tortura*, Romæ, 1583, qui donne la formule que tout le monde prononce aujourd'hui.) La même règle est dans *Opus quod judiciale inquisitorum dicitur*, écrit par le F. Humbert, évêque de Bagnorea, commissaire général de l'Inquisition, publié à Rome en 1570 : *Forma sententiæ ad supponendum aliquem quæstionibus seu tormentis*, p. 482. Le *Directorium inquisitorum* d'Eymeric donne aussi la formule, (éd. Venise, 1607), p. 480, ainsi que le *De officio S. Inquisitionis* Lugduni, 1680, 2 in-fol. de del Bene, t. I, p. 574, le *Tractatus de officio*. de Carena, p. 299, et l'*Opus quod judiciale inquisitorum dicitur* de l'évêque de Bagnorea, p. 482.

« mature considerato toto tenore processus, decre-
« verunt ipsum constitutum esse torquendum tor-
« mento funis.... et ideo mandaverunt ipsum
« constitutum duci ad locum tormentorum. » Or
le procès-verbal du dernier interrogatoire de
Galilée ne mentionne pas cette sentence interlocutoire : il finit brusquement après la menace, par
ces mots : « cum nihil aliud posset haberi in
executionem decreti, remissus fuit ad locum
suum. » Remarquons que sur l'obligation de signifier la sentence interlocutoire qui permet l'application à la torture il n'y a aucun doute chez
les auteurs[1], et cependant, je le répète, la sentence ne figure pas au procès-verbal, et il ne
peut y avoir eu suppression dans le manuscrit,
puisque cette partie de l'interrogatoire est tout
entière sur la même page, un recto, et est suivie
immédiatement au bas du recto de la mention de
l'ordre donné le 30 juin sur la rélégation à
Sienne.

On a dit : Mais le procès-verbal de la torture
aurait pu être à part et avoir été omis dans le
recueil des pièces du procès ? Non, car ces deux
procès-verbaux de l'examen sur l'intention avec

[1] Circa obligationem proferendi sententiam interloquuto-
riam de reo torquendo, nullus auctorum dubitat. (Sallèles, *De
materiis tribunalium S. Inquisitionis*, reg. 361, n°ˢ 110, 117.)

menace de torture et de l'examen *in tortura* sont toujours unis. Il fallait que la mention de la sentence interlocutoire et le procès-verbal de la torture fussent là : ils n'y sont pas, parce que la torture n'a pas été ordonnée et n'a pas eu lieu.

Mais admettons que la sentence interlocutoire pour faire subir la torture, quoique non mentionnée ici, eût été rendue ; Galilée évidemment aurait interjeté appel de cette sentence, car l'accusé avait droit d'appel[1] pour produire les raisons qui pouvaient le dispenser de subir la torture, et les raisons que Galilée eût pu présenter devaient être admises. La règle était qu'à soixante-dix ans on ne pouvait être soumis à la torture, à soixante ans même, si on avait une santé faible. Or Galilée avait soixante-neuf ans et demi; il avait produit un certificat signé par trois médecins constatant que sa santé était très-affaiblie « debilitata assai »; enfin il avait parlé de son infirmité spéciale, de cette « hernia carnosa » qui le faisait souffrir, dont les médecins avaient constaté l'existence, et qui était un cas d'exemption de la torture. Si le certificat des médecins de Florence n'était pas accepté, il fallait suivre la règle, qui prescrivait d'appeler un médecin pour visiter la

---

[1] Th. del Bene, *De officio S. Inquisitionis*, t. I, p. 574.

personne qui alléguait quelque infirmité. Ce n'est point tout : comme l'appel devait être porté au pape pour être accepté ou refusé[1], on trouverait sans doute la trace de la décision prise ; or, cette trace n'existe pas. Puis cette décision sur l'appel eût demandé du temps; or la menace de la torture a été faite le 21 juin, et la sentence et l'abjuration ont eu lieu le lendemain 22. Le temps matériel a évidemment manqué.

Toutefois on dit : Le texte de la sentence indique précisément que la torture a été donnée, peu importe à quel moment. « Nous avons cru nécessaire, y lit-on, d'arriver à l'examen rigoureux de ta personne. » Or l'examen rigoureux, c'est la torture. M. Libri[2], et après lui M. Berti, le disent formellement et ils invoquent le texte du *Sacro-Arsenale*. M. Berti y a joint le texte de deux (*sic*) manuscrits du couvent de la Minerve à Rome.

Le « *Sacro Arsenale, ovvero prattica dell'officio della Santa Inquisitione, di nuovo corretto et ampliato* » a été écrit par le P. Élisée Masini, inquisiteur, et une édition a été annotée par Pasqualoni. Le texte cité par M. Berti est exact : « Il est nécessaire, dit-il, pour connaître la vérité,

---

[1] Th. del Bene, *De officio S. Inquisitionis*, t. I. p. 575.
[2] *Revue des Deux Mondes*, 1ᵉʳ juillet 1841, p. 124.

de venir contre l'accusé à un examen rigoureux, la torture étant justement retrouvée pour suppléer au défaut des témoignages[1]. » On pourrait produire d'autres passages, comme celui-ci par exemple : « Si des indices sérieux s'élevaient contre l'accusé, on devra le soumettre au rigoureux examen, car la torture n'emporte pas infamie dans le délit d'hérésie[2]. »

Le manuscrit de la bibliothèque Casanate porte le nom de Désiré Scaglia, évêque de Melfi, neveu du cardinal Adéodat Scaglia, un des juges de Galilée : il est dédié au cardinal Barberini, autre juge de Galilée. Désiré Scaglia, comme inquisiteur à Milan en 1615, avait été chargé d'interroger le P. Ximenès. Le manuscrit a deux parties (ce que M. Berti nomme deux manuscrits) : la « theorica » et la « pratica », à laquelle la « theorica » renvoie. Le texte cité par M. Berti est celui-ci : « Si on décrète de donner la corde une seconde fois à l'accusé, il n'est pas nécessaire d'en faire mention, mais il suffit de dire : Il fut résolu de procéder contre toi à l'examen rigoureux. » Et encore : « En faisant mention de la torture décrétée touchant l'intention on dira : Il fut résolu de procéder contre toi à l'examen rigoureux pour con-

---

[1] *Sacro Arsenale*, p. 147.
[2] *Ibid.*, p. 363, LXX.

naître et mieux s'assurer de ton intention. » Les mêmes expressions sont reproduites dans ce passage que M. Berti eût pu citer : « Quand l'accusé confesse le délit dans l'examen rigoureux de la corde, etc. » Ces textes paraissent très-clairs, et cependant on me permettra de n'être pas convaincu. Je remarque d'abord que le *Sacro Arsenale* est peut-être, avec le *Speculum Inquisitionis* de Jean des Lois, imprimé en 1628, le seul ouvrage concernant l'Inquisition où il soit parlé du rigoureux examen : tous les auteurs parlent de l'examen sur l'intention et de l'examen avec la torture ; aucun n'emploie l'expression « examen rigoureux ». Je remarque encore ceci : lorsque le *Sacro Arsenale* parle du rigoureux examen, il le définit « mode et forme de l'examen différents de ceux avec lesquels on avait été examiné avant la torture ». Ces formes étaient plus brèves. « Les juges ne devaient pas procéder avec de longs circuits de paroles et des interrogations prises de loin, mais aller droit au fait dont il s'agit, dans la forme ci-après, etc. » Cette forme est exactement celle suivie dans l'interrogatoire du 21 juin. « Il y avait plusieurs formes d'examen rigoureux, selon la diversité des cas. » Or, si un de ces cas était réellement l'examen dans la torture, un autre pouvait n'être pas accompagné de la torture ; mais on comprend que dans la pensée d'un auteur qui donnait à l'examen dans la torture le nom d'examen rigoureux la confusion se soit faite peu à peu et qu'il ait dit d'abord : « examen rigoureux de la corde, examen rigoureux de la torture »; puis simplement qu'il ait pris l'examen rigoureux comme synonyme de la torture. Cependant cette confusion n'a été faite par aucun autre auteur. La lettre des cardinaux du Saint-Office pour instituer le P. Jean dès Lois dans sa charge d'inquisiteur à Besançon lui donne pouvoir « d'arrêter, d'emprisonner et, selon les règles du droit, de soumettre au rigoureux examen et de faire torturer[1]. » Il y a donc là, dans l'esprit et la lettre de cet acte, deux choses séparées, distinctes.

L'examen rigoureux, lorsque ce mot est employé, reste donc pour nous cet interrogatoire à formes brèves, rapides, avec menace de torture, qui dans les formules précède le décret ordonnant de donner la torture.

En effet, dans le manuscrit de Désiré Scaglia, un texte placé à la page précédente de celui cité se rapporte précisément à la formule employée dans la sentence de 1633 : « Quand l'accusé

---

[1] *Speculum Inquisitionis Bisuntinæ*, 1628, in-12, p. 30, cité par M. Gilbert, *Revue des ouestions scientifiques*, avril 1877.

n'est pas hérétique formel, dit-il (Galilée ne l'était pas, il n'était que soupçonné d'hérésie), on doit l'interroger sur son intention et dans la sentence, après avoir exposé les indices et l'aveu, on ajoutera qu'interrogé, il a répondu sur son intention au sujet du fait ou des paroles qu'il confesse avoir commis ou dites ; or il suffit de dire qu'interrogé sur ce point il a répondu catholiquement. On est libre d'ajouter et d'expliquer ce en quoi consiste l'intention de l'accusé, comme plus bas nous avertirons en parlant de la torture donnée sur l'intention[1]. » Ainsi, dans la pensée de Scaglia lui-même, la formule de la sentence, la réponse catholique, ne se rapporte pas au cas où il y aurait eu torture, cas dont il parlera plus bas, et où en effet après avoir noté que « l'accusé paraissant n'avoir pas dit la vérité entière on a résolu de procéder contre lui à l'examen rigoureux, on devait ajouter s'il avait confessé dans cet examen : qu'exposé à la corde il confessa, etc. S'il n'avait pas confessé, on en fera mention. » Ainsi

---

[1] Perche il reo quando non è eretico formale sempre deve si interrogare sopra l'intenzione sua doppoche nella sentenza si saranno espressi gl'indizii e le confessioni di lui, si aggiungerà che interrogato rispose sopra la sua credulità nel fatto o nelle parole ch'egli confesso d'haver commesso ; e basta dire che interrogato sopra di questo : cattolicamente rispose. *Ms. Casanat, l. cit.*

la réponse catholique à la suite de l'examen est celle faite sans la torture : s'il y avait eu torture, mention serait faite. On peut trouver une confusion dans les termes employés par Masini et Scaglia; il n'y a pas contradiction avec les règles de la procédure et les formules juridiques de l'Inquisition relatées par tous les auteurs. La mention de la torture devant être faite dans la sentence par les mots « exposé à la corde, etc. », cette mention n'existant pas[1], les mots « examen rigoureux », pris quelquefois en ce sens, ne suffisant pas dans la sentence pour désigner la torture, si la torture avait eu lieu, il suit de là que le texte même de la sentence rendue contre Galilée prouve qu'il n'a pas subi cette torture.

Au surplus, quels que soient les textes du *Sacro Arsenale* et des formulaires que l'on puisse invoquer et que la sentence aurait en partie maladroitement reproduits par habitude de style et d'usage, textes que l'on explique cependant très-bien, ils seraient de nulle valeur en présence du décret du 16 juin et du procès-verbal où est mentionnée l'exécution du décret. Il faut en effet reve-

---

[1] M. Libri se débarrasse de cette objection en disant : « On n'en parle pas dans la sentence, mais cela était si régulier et si ordinaire dans les procès de l'Inquisition, qu'on ne prenait pas la peine d'en parler. » (*Revue des Deux Mondes*, 1er juillet 1841, p. 125.) Si, on en parle lorsqu'il y a eu torture.

nir sur ces documents pour montrer que le souverain pontife et la Congrégation ont formellement défendu de mettre Galilée à la torture.

Le 16 juin 1633, la congrégation du Saint-Office s'étant réunie en présence du souverain pontife, le pape ordonna d'interroger Galilée sur son intention, de le menacer même de la torture[1], et, s'il persistait, de le condamner à la prison après lui avoir fait préalablement abjurer le soupçon véhément d'hérésie qu'on avait contre lui. En 1867, j'avais lu dans le manuscrit : *ac si sustinuerit*[2], leçon acceptée par M. Berti : M. l'abbé Pieralisi a lu *et si*. Je crois en effet qu'il vaut mieux lire ainsi. M. de Gebler a aussi adopté *et si*.

En 1867 je traduisais *ac si sustinuerit* en donnant à *ac si* le sens de *perinde ac si* ou le sens de *quasi*, synonymes admis par Forcellini, et je disais : « le pape ordonna de le menacer de la torture comme s'il devait la supporter ». M. de Gebler adopta le même sens, ainsi que M. le professeur

---

[1] Le décret du 16 juin, fait remarquer M. Gilbert, est resté fidèle aux règles de la procédure : « Lorsque les accusés d'hérésie ne peuvent, vu leur jeune âge ou leur vieillesse, être torturés, ils peuvent cependant être effrayés avec modération, eu égard à la personne et à son tempérament. » (*De orig. et progr. officii S. Inquisitionis*, auctore Ludovico a Paramo, p. 592.)

[2] Voir le *fac simile*, d'après la photographie, dans les *Pièces du procès*, p. 92.

Porena[1] ; mais M. Th. H. Martin et le P. Bonora ont traduit : « et s'il ne cédait pas devant cette menace ». M. Sante Pieralisi a mis : « et s'il persistait dans son intention » ; M. Gilbert : « s'il supportait cette épreuve ».

M. Berti au contraire s'est éloigné de ces interprétations et a traduit par les mots : « menace de la torture et application de la torture, si le patient peut la supporter[2] ». Je ne tiens nullement à ma traduction, que je crois cependant rentrer dans l'esprit de l'acte, et je reconnais qu'il est plus conforme au sens littéral de dire : « s'il a tenu bon, s'il a résisté, s'il a persisté ». En tout cas ces traductions, sauf celle par trop fantaisiste de M. Berti, n'indiquent pas que l'on ait voulu donner la torture ; au contraire, elles montrent que l'on devait seulement menacer de la torture avant de passer à la condamnation. Les juges l'ont ainsi compris, et, après les menaces de la torture, le procès-verbal constate que pour obéir au décret on n'a pas fait davantage : « Comme on ne pouvait rien faire de plus, vu qu'il fallait exécuter le décret, on renvoya Gali-

---

[1] *Archivio storico ital.*, 3ᵉ série, t. XXII, p. 514 ; come se l'avesse sostenuta, comme s'il l'eut soutenue.
[2] La minaccia della tortura e la applicazione della medesima, se il paziente la puo sostenere. *Il processo*, p. CV.

lée, *cum nihil aliud posset haberi in executionem decreti, remissus fuit.*

Il faut se résumer et conclure : La torture n'a pas eu lieu, puisqu'aucun des contemporains n'en a parlé, puisque tous, au contraire, sont d'accord pour attester la bienveillance qu'on eut pour Galilée ; la torture n'a pas eu lieu, puisque le procès-verbal de l'interrogatoire non-seulement ne donne pas celui de la torture, mais ne mentionne pas la sentence obligatoire pour soumettre à la torture ; la torture n'a pas eu lieu, puisque la donner en de telles circonstances, c'eût été violer les textes formels de la loi qui disent qu'après un aveu extra-judiciaire on ne peut mettre à la torture, qui admettent toujours les cas d'exemption que Galilée pouvait invoquer et qu'en fait il avait invoqués par avance en envoyant un certificat signé de trois médecins attestant ses infirmités ; enfin la torture n'a pas eu lieu, puisque le Pape et les cardinaux avaient le 16 juin interdit de la donner, en décidant qu'il devait y avoir interrogatoire avec menace de torture, abjuration, condamnation ; c'est pourquoi le commissaire comprenant ainsi l'ordre de la Congrégation a déclaré dans le procès-verbal que pour obéir à cet ordre il n'avait plus rien à faire.

II

Galilée dans ses Dialogues a-t-il voulu se moquer du pape Urbain VIII en le désignant sous le nom de Simplicius? Cette attaque personnelle est-elle la cause du procès, a-t-elle au moins eu de l'influence sur la condamnation de 1633? Il faut l'examiner.

M. Biot a écrit que le P. Olivieri, maître du sacré Palais, lui avait dit en 1825 : « Soyez convaincu que les torts personnels de Galilée envers le pape Urbain VIII ont puissamment contribué à sa perte, car il l'avait joué dans ses Dialogues sous le personnage de Simplicius[1]. » Depuis le jour où M. Biot rapportait ainsi la conversation qu'il avait eue au Vatican avec le P. Olivieri, le P. Bonora a publié un travail du P. Olivieri

---

[1] *Journal des Savants*, mars 1858.

demeuré inédit où cette opinion n'est nullement indiquée. La mémoire de l'illustre savant français l'aurait-elle donc mal servi en cette circonstance ?

Nelli a parlé longuement de l'extrême colère du Souverain Pontife en voyant ses arguments produits et amoindris par Simplicius et il a regardé ce fait comme la raison principale de l'aversion témoignée par Urbain VIII contre Galilée, comme la cause de la violence avec laquelle il sévit contre lui. Jean Rosini, dans un discours prononcé en 1839 à l'inauguration de la statue de Galilée, a dit nettement : « La querelle était entre Galilée calomnié et l'homme puissant auquel on fit croire qu'un homme indigne et qu'un ingrat l'avait offensé en le désignant sous le nom de Simplicius. » Mgr Marino Marini a paru croire à l'intention réelle de Galilée de désigner Urbain VIII sous le nom de Simplicius. M. Parchappe, M. Delvigne, M. Gilbert de leur côté sont convaincus que Galilée ayant mis dans la bouche de Simplicius les paroles d'Urbain VIII, le pape a pu croire que Galilée avait voulu le ridiculiser lui-même sous les traits de Simplicius. M. Philarète Chasles en a pris thème pour écrire un morceau de mélodrame dans le livre où son imagination se donne si souvent carrière.

Cette opinion acceptée, on le voit, par un bon nombre d'auteurs — M. l'abbé Sante-Pieralisi les a tous cités [1] — a été contredite par d'autres, comme M. Alberi, M. Th. H. Martin, etc... L'abbé Sante-Pieralisi traitant la question à fond a nié que l'intention prêtée à Galilée ait existé et a affirmé que le premier bruit à cet égard date seulement de 1635.

Le pape était personnellement très-irrité contre Galilée, voilà qui est certain. Quelle était la cause de cette animosité ? Était-ce la conviction que cette doctrine créait pour l'Église un véritable danger ? était-ce la pensée qu'il avait été tourné en ridicule par Galilée ? Examinons brièvement quelle a été à ce sujet l'opinion des contemporains d'Urbain VIII.

Ni Castelli, ni Campanella, ni aucun autre qui lurent alors les Dialogues, n'ont paru soupçonner que le pape pût être Simplicius. Magalotti, parent des Barberini, dit bien que le Saint-Père avait imaginé lui-même un argument contre le mouvement de la terre et que cet argument est placé dans la bouche de Simplicius dont le rôle est ridicule ; mais l'abbé Sante-Pieralisi n'admet pas que ces paroles prouvent que Magalotti ait partagé

---

[1] *Urbano VIII*, p. 541 et suiv.

l'opinion dont il s'agit, car, dit-il, le sérieux avec lequel Salviati discutait cet argument montrait l'importance qu'on lui accordait[1].

Le pape qui s'ouvrait si facilement avec Niccolini ne se plaignit jamais devant lui de l'insulte que lui aurait faite Galilée, et il paraissait même si loin de se reconnaître sous les traits de Simplicius que le 8 décembre 1634 il dit au comte de Noailles : « Galilée n'a pas tenu compte de l'argument que nous lui avons présenté[2]. » Il semble donc, dit l'abbé Sante-Pieralisi, que ce soit seulement peu avant le 22 décembre 1635 que l'on voit poindre cette opinion[3]. Castelli, en effet, en parle pour la première fois dans sa lettre en date de ce jour[4], mais il n'en dit pas l'origine, se contentant d'assurer au cardinal Antonio Barberini que c'était une calomnie. Le 12 juillet 1636, Castelli écrit qu'il a donné au cardinal l'assurance que jamais Galilée n'avait eu la pensée de vilipender Sa Sainteté, et il racontait que l'ambassadeur avait dit à ce sujet au pape le 11 juillet, que Galilée ne pouvait supporter que des méchants eussent mis en avant une aussi scélé-

---

[1] *Opere*, Suppl., p. 324.
[2] Ib., t. X, p. 65.
[3] *Urbano VIII*, p. 365.
[4] *Opere*, t. X, p. 131.

rate invention dont jamais il n'avait eu la pensée : « Nous le croyons, nous le croyons », aurait répliqué le pape, qui ajouta à l'ambassadeur que la lecture du Dialogue avait été très-pernicieuse à la chrétienté[1].

Quoi qu'il en soit, ces calomnies, émises en 1635 ou en 1632, furent pour Galilée, lorsqu'il les connut, comme une révélation qui expliquait à ses yeux bien des choses. Y faisait-il allusion lorsqu'il écrivait le 26 juillet 1636 au P. Micanzio : « Mes ennemis ont réussi à persuader au pape mon intention coupable, et c'est là le premier moteur de tous mes tracas[2]. » Une note écrite sur un exemplaire de la lettre de Galilée à la grande-duchesse imprimé en 1636, recueillie par Nelli[3] et Venturi[4], ne paraît pas du reste avoir une grande valeur, mais elle atteste la persistance de ces bruits. Urbain VIII, y lit-on, fut irrité de trouver un de ses arguments favoris dans la bouche de Simplicius, et c'est pour cela qu'il le fit abjurer. M. Alberi[5] proteste de toutes ses forces contre l'opinion de ceux qui ont cru et croient encore que telle ait pu être l'intention de

---

[1] *Opere*, t. X, p. 159.
[2] Ib., t. VII, p. 71.
[3] *L. c.*, p. 908.
[4] *L. c.*, 2ᵉ partie, p. 194.
[5] *Opere*, t. IX, p. 271.

Galilée. En premier lieu, dit-il, Urbain VIII n'avait pas trouvé un argument spécial contre le mouvement de la terre, il avait produit ceux de tous les partisans de Ptolémée; et il était donc naturel que celui qui était chargé de soutenir l'opinion de ces partisans le répétât; ensuite l'affection et le respect de Galilée envers le pape, son intérêt même de conserver la bienveillance du pontife afin de pouvoir obtenir la révision du décret de 1616, tout l'empêchait de donner à ses plaisanteries une intention personnelle.

M. Th. H. Martin, quoiqu'en niant l'intention de Galilée, soutient que cette accusation remonte jusqu'en 1632; seulement il ajoute que si jamais Urbain VIII crut que Simplicius fut sa caricature, il ne le crut pas longtemps. M. Reusch ne croit ni prouvée, ni probable, une telle pensée d'offense de la part de Galilée[1].

M. l'abbé Picralisi prouve qu'aucune des paroles dites par Simplicius, aucun des traits avec lesquels Galilée a mis en relief ce personnage, type du philosophe péripatéticien, jurant sur la parole du maître, et entêté dans les vieilles formules, ne convient à Urbain VIII. Ainsi Simplicius traite les taches solaires d'illusion d'opti-

---

[1] *Zeitschrift historische*, 1875, n° 3, p. 132.

que : or Urbain VIII en avait fait un sujet d'éloge dans une ode à Galilée; Simplicius déclare qu'il n'a pas eu seulement la curiosité de lire cet ouvrage, or Urbain VIII l'avait lu et Galilée le savait bien.

En résumé, s'il paraît certain que Galilée n'a pas eu l'intention de se moquer du Souverain Pontife, il faut convenir que les apparences étaient contre lui. Si Urbain VIII ne crut pas être ainsi désigné, plusieurs ont pu être persuadés qu'il l'était. Ce bruit a été mis en circulation et souvent répété par des personnes intéressées à aigrir les rapports entre le pape et Galilée. Celui-ci, en apprenant cette calomnie en 1636, fut persuadé qu'Urbain VIII en avait été blessé et il se défendit de toute intention injurieuse.

III

Soit, dit-on; la rancune personnelle d'un pape n'a pu faire intenter à elle seule le procès, mais ce procès, engagé en partie pour punir la désobéissance de Galilée à la défense qui lui aurait été signifiée en 1616 de ne pas enseigner ni soutenir l'opinion du mouvement de la terre, est inique, car cette prétendue défense ne lui a pas été faite et le document qui la relate a été inventé. La condamnation repose sur un papier sans valeur, écrit par des ennemis irrités pour préparer par une intrigue coupable une condamnation au mépris et transgression d'un ordre clair et précis du pape.

S'il en était ainsi, comme on l'affirme avec une conviction chaleureuse, ce serait bien grave et il est nécessaire d'examiner la question.

J'ai publié pour la première fois en 1867 la

pièce aujourd'hui incriminée de faux. En l'examinant M. Wolhwill conçut des doutes sur son authenticité. Il voulut bien m'écrire pour me demander si je n'avais pas observé au milieu de cette page un changement d'écriture, et en 1869 il fit imprimer une dissertation pour exposer les raisons qui, selon lui, établissaient la fausseté du fait mentionné dans la pièce insérée dans le dossier du procès de Galilée [1].

Aux yeux de M. Wohlwill la nécessité de soumettre l'histoire du procès à une révision complète s'imposait donc à l'érudition, puisque la vérité du fait généralement accepté ne pouvait plus se soutenir, disait-il, en présence des contradictions signalées dans les documents.

M. Gherardi émit presque en même temps la même opinion en Italie et la fortifia par la publication d'une nouvelle pièce, le rapport fait par Bellarmin à la Congrégation sur les faits passés le 26 février 1616 [2]. Soutenue par M. Cantor [3], admise par M. Riccardi [4] jusqu'à plus ample in-

---

[1] *Der Inquisitions process der Galileo Galilei.* In-12, Berlin, 1870.
[2] *Il processo di Galileo riveduto sopra documenti di nuova fonte*, dans *Rivista Europea*, 1870.
[3] *Zeitschrift für Mathematik und Phisik*, 1ᵉʳ janvier 1871.
[4] *Alcune memorie*, p. 16. Les doutes sur l'authenticité sont très-graves, dit-il, et nous attendrons la découverte de docu-

formation, attaqué par M. Friendlein qui engagea avec M. Wohlwill une longue polémique, discutée par tous les auteurs, cette thèse a été reprise avec un grand éclat par M. de Gebler[1]. M. Berti a combattu l'argumentation de M. de Gebler[2]; mais M. de Gebler en répondant à M. Berti a maintenu et précisé son opinion. Plus récemment encore, après avoir examiné le manuscrit du Vatican, M. de Gebler a affirmé que son premier soupçon était fondé, que la défense n'avait pas été faite par le commissaire, puisqu'un procès-verbal authentique n'avait jamais existé[3].

Par quels faits, à l'aide de quelle argumentation introduite dans le débat, la conviction de M. de Gebler s'est-elle donc formée?

Le 25 février 1616 le pape ordonnait au cardinal Bellarmin de faire venir Galilée pour l'avertir (moneat) d'avoir à abandonner son opinion; si Galilée refusait d'obéir, le commissaire devait lui donner l'ordre (faciat præceptum) de l'abandonner. Si Galilée n'obéissait pas, il serait

---

ments qui viendront les confirmer ou les dissiper: Io non oso di pronunziare per ora in modo assoluto la parola falsificazione, ma è nella stesura di quell'atto vi fu una insidia, una frode, un dolo. (P. 17.)

[1] Dans *Galileo Galilei und Die Römische curie*, 1876.
[2] *Il processo*, p. cxxxvi, note 54 et p. 155.
[3] *Die Acten des Galilei'schen Processes*, p. xxii-xxxii.

mis en prison. Ainsi, dit-on, il devait y avoir là une succession de trois faits : avertissement, ordre, châtiment que l'acquiescement de Galilée pouvait réduire à un seul : l'avertissement. L'avertissement devait avoir un caractère privé, sans témoin, sans sanction pénale : la défense devait être intimée devant témoins, elle était coactive.

Le 3 mars, le cardinal Bellarmin rendant compte de sa commission aux cardinaux disait que Galilée, averti par ordre de la Congrégation d'abandonner son opinion, y acquiesça[1]. L'obéissance de Galilée, observe-t-on, semble avoir rendu inutile l'ordre qui devait lui être donné.

Le 26 mai le même cardinal Bellarmin, en remettant à Galilée un certificat au sujet des faits passés trois mois auparavant, disait qu'on avait porté à la connaissance de Galilée la déclaration faite par le pape et publiée par la Congrégation qu'on ne pouvait défendre ni tenir la doctrine de Copernic[2].

[1] Facta relatione per Ill. D. C. Bellarminum quod Galilæus Galilei mathematicus monitus de ordine Sacræ Congregationis ad deserendam opinionem quam hactenus tenuit quod sol sit centrum spherarum et immobilis, terra autem mobilis, acquievit. Pièce publiée par Gherardi, *Rivista Europea*, 1871. — *Di alcune recenti memorie sul processo del Galilei*, del prof. cav. Pietro Riccardi, docum. vi.

[2] *Les pièces du procès*, p. 75.

Ainsi, conclut-on, les trois documents du 25 février, du 3 mars, du 26 mai, concordent parfaitement entre eux, mais ils ne concordent pas avec le document du 26 février mentionnant d'abord l'avertissement donné par le cardinal à Galilée, ensuite l'ordre donné par le commissaire et la promesse d'obéissance à cet ordre faite par Galilée. Pourquoi, demande-t-on, le commissaire a-t-il sitôt intimé cet ordre qui ne devait l'être qu'en cas de refus d'obéissance à l'avertissement ? Si aucun mot n'indique ici la promesse d'obéissance, aucun non plus ne vient attester un refus d'obéir, refus qui n'exista pas, puisque le rapport présenté le 3 mars constate qu'averti par le cardinal, Galilée acquiesça. Comment donc le commissaire a-t-il contrairement aux ordres du pape intimé l'ordre? S'il l'a intimé, comment Bellarmin, devenu alors un rapporteur inexact, n'en a-t-il rien dit le 2 mars ?

Mais l'ordre n'a pas été intimé, continue-t-on, car Bellarmin se conformant à l'ordre du pape n'a pas eu besoin de le faire donner, puisque Galilée, selon le rapport du 3 mars, avait acquiescé à l'avertissement ; l'ordre n'a pas été intimé, car pendant seize ans, de 1616 à 1632, personne n'en a parlé. Ainsi Galilée a écrit plusieurs ouvrages où la doctrine du mouvement de la terre était évidemment soutenue : la lettre sur le flux et le reflux, le *Saggiatore*, la lettre à Ingoli, et cependant personne n'est alors venu lui rappeler sa promesse de ne rien écrire à ce sujet. Bien plus, lorsque le Saggiatore a été dénoncé, le consulteur répondait que quand même la doctrine de Copernic y eût été soutenue, il n'y aurait pas lieu de poursuivre. Ainsi encore lorsque Galilée présenta son Dialogue à l'examen du maître du sacré Palais, même silence de la part de ce dernier jusqu'à ce qu'on découvrit un jour cette pièce qui suffisait pour perdre Galilée, disait alors le maître du sacré Palais. L'ordre n'a pas été intimé, car Galilée interrogé sur ce point a déclaré qu'il en entendait parler pour la première fois, et sa parole est d'accord avec le rapport du 3 mars et avec le certificat du 26 mai ; l'ordre n'a pas été intimé, car un procès-verbal régulier, avec signature des témoins, comme est par exemple le procès-verbal du 1er octobre 1632[1], ne se voit nulle part ; s'il avait existé, on l'aurait produit dans le cours du procès pour confondre Galilée, on le trouverait à présent dans les Archives où, dit-on, il a été cherché sans résultat. A la place de ce procès-verbal que produit on ? Un

---

[1] *Les pièces du procès*, p. 54.

papier sans valeur, écrit peut-être subrepticement par des ennemis acharnés, habiles à préparer dans l'ombre la machination dont Galilée doit être la victime.

Tels sont, sans qu'on puisse m'accuser de les avoir affaiblis, les arguments présentés par MM. Wohlwill et de Gebler à l'appui de leur opinion, opinion nouvelle, je le remarque tout d'abord, que Galilée, si intéressé à l'adopter, n'eut jamais la pensée de formuler. Sans doute, lors de son interrogatoire il dit qu'il entend pour la première fois parler de cet ordre, qu'il n'a pas gardé souvenir de ce qui s'est passé le 26 février — c'était là le moyen de défense d'un accusé; — mais Galilée avoue déjà presque immédiatement que des religieux dominicains étaient présents; mais dans sa défense présentée par écrit il reconnaît ensuite qu'il a reçu en particulier, et par ordre du Saint-Office, le commandement (*comandamento*) de ne pas soutenir, défendre ni enseigner l'opinion du mouvement de la terre; il s'excuse de n'avoir pas déclaré au maître du sacré Palais l'ordre (*precetto*) qui lui aurait été donné en particulier[1]; mais après le procès, comment n'a-t-il pas été révolté par la

---

[1] *Les pièces du procès*, p. 73.

pensée qu'on lui a opposé un fait faux, et comment a-t-il pu sur ce point garder le silence? Il est imposible, car son intelligence était entière, qu'il ne se soit pas rappelé la séance du 26 février. Comment donc, pendant les neuf années qui suivirent sa condamnation, lui si véhément dans ses expressions, n'a-t-il pas laissé échapper une protestation, dans ses lettres au grand-duc, à ses amis d'Italie, de France, etc., contre l'abus odieux et l'acte de l'indigne faussaire dont il aurait été victime? Ce silence étonne et ne prévient pas, il faut le reconnaître, en faveur de l'opinion que nous examinons ici. Mais il ne pouvait se plaindre, car il savait très-bien qu'on lui avait donné un ordre et il en était convenu.

Les auteurs qui n'adoptent pas l'opinion de M. de Gebler ont estimé d'ailleurs que les documents des 25, 26 février, 3 mars, ne présentent qu'une contradiction apparente, et que le document du 26 mai ne dément en rien le récit du 26 février; tous au fond disent la même chose.

Mais d'abord qu'est cette pièce du 25 et 26 février? Est-ce un procès-verbal? Non, car il n'est pas signé; c'est donc seulement une copie ou un brouillon abrégé, comme semblent l'indiquer tous les signes d'*et cætera* insérés dans le texte; c'est un récit relevé au courant de la plume sur un acte que nous n'avons plus pour rappeler ce qui s'était passé le 26 février ; c'est une note pour un procès-verbal qui n'a peut-être jamais été rédigé ; note prise au courant de la plume par le notaire du Saint-Office, rédacteur des autres notes insérées dans le recueil des pièces ; note auquel ce caractère officiel du notaire donne, à défaut de signature, l'autorité d'une minute authentique; note constatant que le cardinal Mellini a notifié à l'assesseur et au commissaire du Saint-Office qu'après avoir eu communication de la censure des théologiens contre les propositions de Galilée, le pape a ordonné à Bellarmin, etc....

Si on demande pourquoi le commissaire a parlé sans attendre que Galilée ait manifesté son sentiment, ait promis ou refusé d'obéir, et comment Bellarmin a laissé le commissaire dépasser sous ses yeux les instructions du souverain pontife, on peut répondre en admettant deux choses : l'une, que Galilée, averti par le cardinal, ne s'est pas soumis sans mot dire ; est-il croyable, en effet, que Galilée soit resté silencieux, n'ait présenté aucune objection, lui qui, à cette époque, nous le savons, était si exalté? l'autre, que le rédacteur de cette note écrite à la hâte n'a pas relaté ces objections de Galilée qui amenèrent alors l'intervention du commissaire, pour ne s'occuper que de la mention du point désormais important, l'ordre transmis à Galilée. Il était évident à ses yeux que du moment où il y avait eu un ordre donné, c'est qu'il y avait eu des objections présentées, et le silence pouvait provenir simplement d'un oubli.

D'un autre côté, et bien que ce fût moins régulier, bien que cela violât la lettre de l'ordre du pape, je le reconnais parfaitement, ne peut-on pas croire que le commissaire venu chez le cardinal avec le notaire et les témoins prêts à agir au besoin, n'ait pas voulu ou n'ait pas pu rester silencieux et ait pris aussitôt la parole sans laisser à Galilée le temps de rien dire? C'est ce qu'indiqueraient les mots : *successive ac incontinenti*, si on ne savait que l'expression *incontinenti* est une formule qui signifie seulement une relation entre deux faits, plus ou moins séparés par un laps de temps[1]. Le commissaire aura voulu répéter ou amplifier ce que venait de dire le cardinal; et celui-ci l'aura laissé parler sans y attacher aucune importance; car en fait l'avertissement n'était pas moins formel que l'ordre.

Le rapport du 3 mars, qu'une simple note d'un notaire nous a fait aussi connaître, n'est pas en

---

[1] *Repertorium inquisitorum*. Venise, 1575, in-4°, p. 431. Texte cité par M. Gilbert.

opposition avec le procès-verbal du 26 février. Bellarmin n'y parle pas du commissaire, c'est vrai, mais il dit que Galilée a été averti au nom et sur l'ordre de la congrégation du Saint-Office; paroles bien fortes s'il ne s'agissait là que de l'avertissement paternel donné par Bellarmin. Quant à la lettre du 26 mai, cette lettre n'ayant été écrite que pour ménager la personne de Galilée et faire cesser des bruits factieux, il était naturel que le cardinal ne fît aucune allusion à un ordre comminatif destiné à rester secret entre le Saint-Office et Galilée; il était naturel qu'il se contentât de dire : on lui a intimé la défense de soutenir l'opinion du mouvement de la terre.

Le document du 26 février ne paraît donc pas contradictoire aux autres documents; rien dans le fond véritablement n'y répugne, tout au contraire est dans la situation; et si les caractères intrinsèques du document ne prouvent pas sa fausseté, ses caractères extrinsèques ne permettent pas de le regarder comme écrit seulement en 1632.

La pièce que nous avons sous les yeux peut sembler irrégulière dans sa forme, mais cette forme est celle de toutes les notes consignées dans les pièces du procès. Bien différent sans doute est et devait être le procès-verbal de la citation du 1er octobre 1632, dont le libellé, revêtu de signatures, est opposé dans l'espèce à la note du 26 février. Ce procès-verbal, en effet, était écrit à Florence pour être envoyé à Rome; il fallait donc qu'il fût légalisé par les signatures pour valoir en justice; ici, au contraire, le notaire par sa seule écriture donnait à la note un caractère authentique.

On peut observer d'ailleurs que la note du 25 et 26 février est écrite sur une feuille du cahier où est relaté l'interrogatoire de Caccini; elle a par conséquent la marque du papier employé en 1616, marque différente de celle du papier employé en 1632. Je sais que pour mieux donner le change on aurait pu prendre en 1632 une feuille de papier de 1616 et profiter du folio blanc resté au dos des pièces de 1616 qui précédaient; mais ces finesses n'étaient guère, il me semble, en usage à cette époque. On remarque ensuite que toute la pièce du 26 février a été écrite par la même main, et que la pièce du 25 février a une écriture semblable à celle de la pièce du 26. Il n'y a aucune différence ni dans l'encre, ni dans le trait de plume. Lorsqu'on vient continuer une pièce commencée seize ans auparavant, il paraît difficile qu'on ne remarque pas une différence quelconque dans la physionomie des deux parties de la pièce. Cette différence, je le répète, n'existe pas[1]. Si la seconde pièce est fausse, la première l'est également[2].

D'ailleurs, si la seconde partie de la note du 26 février a été écrite en 1632, la première partie écrite, dit-on, en 1616 serait restée inachevée, car on n'y a pas mentionné la promesse d'obéissance que Galilée aurait faite; en sorte que, vu cet oubli et vu l'écriture identique de tout le récit, on doit encore conclure que la note concernant le 25 février ayant été écrite en 1616, la note concernant le 26 février l'a été également; et comme l'écriture de ces notes sur les 25 et 26 février est identique avec l'écriture des notes prises en 1615 et en 1616, tandis qu'elle diffère de l'écriture des notes prises en 1632, on doit conclure en définitive que ces deux notes du 25 et 26 février ont été écrites en 1616 par la même personne, c'est-à-dire par le notaire qui faisait mention des divers incidents de la procédure; d'où il suit que le notaire voulant préparer une arme contre Galilée aurait commis un faux bien grossier et eût été bien maladroit, car du moment où

---

[1] Voy. le fac-simile dans *Les pièces du procès*.
[2] J'écrivais ces remarques au mois de mai, en ayant sous les yeux le manuscrit. J'ai lu depuis dans *Die Acten*, etc., que M. de Gebler avait constaté depuis moi les mêmes faits.

il voulait relater un fait qui n'avait pas eu lieu, il n'avait, pour éviter toute objection ou contradiction, qu'à ajouter dans sa note du 26 que Galilée avait refusé d'obéir à l'avertissement, ou qu'à supprimer dans la note du 25 les mots *si recusaverit parere*. En sorte que la supposition énoncée plus haut paraît très-simple à admettre, à savoir que le notaire, pressé d'aller au but de sa note qui était de mentionner l'ordre donné par le commissaire en présence de témoins, a oublié d'indiquer les objections et la résistance de Galilée à se soumettre au simple avertissement du cardinal.

Je ne dis rien de l'objection tirée du silence que l'on a gardé de 1616 à 1632, alors que Galilée, dit-on, désobéissait à cet ordre prétendu, car cette objection n'est pas sérieuse et ce silence confirme seulement un fait désormais bien établi : c'est la grande condescendance qu'on avait à Rome pour Galilée et l'estime où on le tenait.

Après avoir discuté toutes les raisons produites et développées avec tant de talent par MM. Wohlwill et de Gebler, il me semble donc que l'on peut retenir la pièce du 26 février comme mentionnant un fait vrai, passé réellement en 1616. Dans sa défense écrite, Galilée a parfaitement reconnu avoir reçu un ordre (*precetto*) de ne pas soutenir, etc...; et si cette pièce arguée de faux n'est pas authentiquée par des signatures, c'est néanmoins une note écrite par un notaire, ayant dès lors qualité pour l'écrire et lui donner autorité. Les contradictions signalées entre les documents n'existent réellement pas : il y a une omission sur un point dans la note du 26 février, cela est vrai ; il n'y a vraiment pas déclaration contraire au contenu des pièces du 25 février, 2 mars et 26 mai.

On a observé d'ailleurs et avec raison que cette fraude, périlleuse pour l'agent qui l'aurait risquée, était inutile, puisque la pièce dont il est question n'était pas nécessaire pour engager le procès et amener une condamnation. Le seul avertissement donné par Bellarmin suffisait, si Galilée n'en tenait pas compte, à le faire tomber sous le coup de la sanction indiquée le 25 février : la prison. Cette lettre de Bellarmin visée par la sentence est précisément la base juridique de la condamnation.

Ainsi donc, après avoir examiné avec soin et avec une bonne foi dégagée de tout parti pris les assertions qui ont été émises, nous pouvons conclure qu'à nos yeux elles ne reposent sur aucun solide fondement ; que devant l'aveu de Galilée il n'y a pas lieu de douter de l'exactitude du fait consigné dans la note du 26 février et qu'il n'est nullement établi que la condamnation de Galilée repose sur un fait faux, relaté dans la note d'un faussaire[1].

[1] Le savant M. Gilbert (*Revue des questions scientifiques*, avril et juillet 1877) a combattu avec son autorité ordinaire la thèse de MM. Wohlwill et de Gebler; mais il n'avait pas vu la pièce incriminée et n'avait pu lire la préface de *Die Acten* où M. de Gebler a repris son argumentation.

IV

Les cardinaux réunis dans la congrégation de l'Index forment un tribunal ecclésiastique chargé de décider si telle ou telle proposition qu'on leur dénonce s'écarte ou non de la vérité catholique, peut ou non nuire à la foi, et par conséquent si tel ouvrage qui contient la proposition doit être prohibé. Or cette congrégation de l'Index, en émettant un jugement sur la doctrine scientifique de Copernic, n'est-elle pas sortie de sa compétence, puisqu'un tribunal ecclésiastique ne peut, dit-on, avoir pour but de connaître et de décider des questions scientifiques?

Assurément la foi et les juges de la foi laissent la science et les hommes de la science libres d'agiter leurs problèmes particuliers, mais il y a dans certaines questions de science des points de contact avec la foi, ou avec les choses intéressant la foi, qu'un tribunal ecclésiastique peut sans aucun doute connaître et définir.

Ainsi, lorsque le P. Lorini signalait la doctrine de Galilée « comme contraire aux textes de la sainte Écriture », et l'interprétation de ces textes comme « contraire à l'opinion des saints Pères[1] », le tribunal de l'Index pouvait évidemment examiner et décider si réellement le texte de l'Écriture était ou non contraire à cette doctrine. Lorsque le P. Foscarini publiait un ouvrage pour prouver que la doctrine du mouvement de la terre et de l'immobilité du soleil n'était point contraire aux textes de la sainte Écriture, le tribunal de l'Index pouvait évidemment examiner et décider si ces textes de l'Écriture étaient ou non contraires à la doctrine du mouvement de la terre.

Il y avait là une question d'exégèse, bien ou mal posée, mais qui demandait une solution; car, je le répète, il faut admettre que la décision sur le sens des textes de l'Écriture sainte relève d'un tribunal ecclésiastique.

Une équivoque sur les mots est inutile, et s'y

---

[1] Vogliono esporre le sante scritture a lor modo et contro la comune esposizione de' S. Padri. (*Les pièces du procès*, p. 10.)

tenir, c'est ne vouloir point élucider la question. Assurément la formule de la censure, remise par les onze qualificateurs, qui a servi de base au décret de 1616 rappelé dans la sentence de 1633, est une formule scientifique, cela est certain ; mais il n'est pas moins évident que les considérants qui ont motivé la censure sont religieux et philosophiques : on proscrit le principe pour repousser les conséquences. Voici en effet le raisonnement que moins de trente ans après la condamnation de Galilée le P. Fabri, par la bouche d'Eustache Divini, présentait à Huygens[1]. Huygens avait avancé que l'opinion du mouvement de la terre n'était nullement condamnée et ne pouvait être condamnée par l'Église, puisque c'était un fait ; et, disait-il, dans les décisions sur les passages de l'Écriture qui contiennent des questions de fait, il n'est point nécessaire de s'en rapporter aux décrets des cardinaux et du pape. Or, disait Divini, Fabri a souri en entendant cette assertion d'Huygens, tout en disant qu'il fallait l'excuser et lui pardonner, car il était peu versé dans ces matières. « Une question de fait qui touche à la

---

[1] Eustachii de Divinis, Septempedani, *Brevis annotatio in systema Saturnium*. Romæ, 1660, in-12; réimprimé dans Christiani Hugenii opera varia, t. I, p. 597. Lugd. Batav., 1724, in-4.

doctrine de la foi et des mœurs peut être définie et décidée par l'Église : et puisque l'Écriture parle souvent du mouvement du soleil, il appartient assurément à l'Église d'expliquer et de décider le sens de ces passages. Ce sens doit être propre et littéral, si, sans absurdité et sans inconvénient, il peut être pris ainsi. Or, continuait-il, on a souvent demandé à vos partisans et à vos chefs s'ils avaient quelque démonstration pour établir le mouvement de la terre ; jamais ils n'ont osé l'affirmer. Aussi rien n'empêche l'Église d'accepter ces passages dans le sens littéral et de décider qu'ils doivent être ainsi acceptés, puisqu'aucune démonstration ne prouve le contraire. Si par hasard cette démonstration était un jour trouvée par vous (ce que je ne crois pas, observait-il), en ce cas l'Église n'hésitera pas un instant à décider que ces passages doivent être pris dans un sens figuré et impropre. Jusqu'à présent il n'y a aucun des arguments mis en avant pour prouver le mouvement de la terre qui, bien examiné, ne favorise notre sentiment sur le repos de la terre au centre de l'univers.... (Ici Divini les énumère.) Je n'aperçois donc pas ce qui recommande votre système de Copernic..., et je vois ce qui cadre parfaitement avec notre opinion. »

Caramuel Lobkowiz, qui était considéré comme un miracle d'intelligence, de doctrine et d'érudition en tout genre[1], parle comme Fabri, et tous deux parlent comme Bellarmin.

C'est donc une question d'exégèse que le tribunal a décidée, et assurément il en avait le droit; pour la décider il a repoussé la doctrine scientifique qui, étant acceptée, aurait fait changer, sans raison alors suffisante, le sens littéral de l'Écriture en un sens figuré.

Plusieurs fois les tribunaux ecclésiastiques ont procédé ainsi. J'en ai cité un exemple dans la *Revue des questions historiques*, et plusieurs personnes ayant trouvé de l'analogie dans les deux questions que je rapprochais, je le reproduis ici : Un vase de sang trouvé auprès ou dans un *loculus* est-il ou non un signe que le corps renfermé dans le *loculus* a subi le martyre? On a d'abord pensé que c'était un signe certain, et d'après cette opinion les congrégations ecclésiastiques permirent d'honorer comme corps de saints les corps auprès desquels étaient ces vases renfermant du sang. Des savants soutenaient cette doctrine, mais bientôt d'autres savants émirent

---

[1] Ingenii, doctrinæ et omnigenæ eruditionis miraculum, dit Eust. Divini dans *Pro sua annotatione in system. Saturnium*, Romæ, 1661, p. 46.

l'opinion que ce signe du martyre reçu n'était point suffisant. Il semblerait que le débat fût purement du ressort de l'archéologie. Mais on voit de suite la conséquence qui pouvait résulter de cette nouvelle opinion et le trouble momentané qu'elle amenait dans le culte rendu aux saints. La Congrégation des reliques est donc intervenue avec compétence et elle a déclaré en 1668, puis le 10 décembre 1863, que le vase de sang est la preuve du martyre. La congrégation a affirmé ainsi un principe de science pure, elle a posé une règle d'archéologie. Pourquoi? Était-ce pour décider une question de science? Non, mais pour maintenir le *statu quo* (dont aucune raison scientifique ne demandait le changement), afin de sauvegarder une question religieuse, car on aperçoit avec évidence le motif religieux qui seul a pu amener les cardinaux à prononcer cet arrêt.

Voyant donc les esprits agités par les questions religieuses soulevées à l'occasion de la nouvelle théorie de Copernic, à Florence surtout, où, disait le cardinal Barberini, « les esprits subtils et épris des nouveautés pouvaient introduire quelque doctrine étrange », la congrégation de l'Index est intervenue pour donner son avis sur la question scientifique qui entraînait la question d'exégèse; elle est intervenue pour repousser de l'exégèse le rationalisme[1]. Le protestantisme n'attaquait-il pas chaque jour les dogmes de l'Église en prenant précisément dans un sens figuré les textes pris jusqu'alors dans un sens littéral ? Comme la Congrégation ne trouvait pas dans l'état de la science des raisons suffisantes pour rejeter l'ancienne théorie et modifier dès lors le sens des textes de l'Écriture; comme elle était persuadée, au contraire, avec beaucoup de savants d'alors, que cette ancienne théorie était la seule vraie et la seule scientifique, elle a rappelé le principe d'astronomie qui lui paraissait le plus scientifique et concordant le mieux avec le sens littéral des textes sacrés; elle l'a rappelé en condamnant et proscrivant, comme c'est l'usage, le principe opposé, contraire, disait-elle, au sens littéral de l'Écriture. Elle a bien ou mal jugé; mais le motif qui la portait à juger était de sauvegarder l'intégrité de la foi, *ne opinio in perniciem catholicæ veritatis serpat*, dit le décret de 1616; *ne ulterius serperet in grave detrimentum catholicæ veritatis*, dit l'arrêt de 1633; mais la matière du débat était une interprétation du texte sacré, dont le

---

[1] *Encore Galilée*, par le P. Eug. Desjardins, p. 24 et suivantes.

sens pouvait être modifié ou fixé : à ces deux titres son intervention était légitime et sa compétence est évidente[1].

[1] *La congrégation de l'Index mieux connue et vengée,* par Mgr Bailliès, p. 543. Voici comment Caramuel, contemporain de Galilée, expose la question : « Quæstio erat physica et per duo sæcula tolerata; aut permissa, quamdiu intra philosophiæ cancellos mansit. At hoc ævo inceperunt sutores supra crepidam sapere, astronomi supra arithmeticam et geometriam et velle torquere ad sensa sua authoritates sacræ Paginæ, quæ potius terram firmant quam volvunt. Et quia sacra non debent manu illota tractari, displicuerunt astronomi, qui temerario ausu falcem audacem in messem alienam immiserant. Sacræ Paginæ expositio probabilis ad sacræ theologiæ professores et infallibilis ad summum Pontificem spectat, non ad arithmeticos, non ad geometras, non ad astronomos et mathematicos; et si isti audeant, ubi theologi timide et circumspecte procedunt, coercendi sunt. (*Theologia moralis*, 2ᵃ parte, p. 7, ed. in-4°, Francofurti, 1652.)

V

Légalement saisi, le tribunal a-t-il jugé conformément à la loi? Et d'abord quelle est cette loi? C'est, répond-on, la règle d'exégèse tracée par les docteurs de l'Église saint Augustin, saint Thomas d'Aquin, etc…. Or saint Augustin n'a-t-il pas dit : « C'est une grande honte et un danger, danger très-redoutable, d'invoquer le texte sacré pour appuyer les erreurs où l'on peut être entraîné sur ces questions au sujet du ciel, de la terre, des éléments du monde, du mouvement des astres, etc…. Celui qui n'a pas la foi aura peine à n'en pas rire, et ce n'est pas seulement d'un homme convaincu d'erreur que l'on se moquera; nos auteurs, qui seront réputés l'avoir appuyé, seront traités d'ignorants et méprisés comme tels. Si ceux qui n'ont pas la foi ont convaincu un chrétien d'erreur sur tel point parfaitement connu de lui, s'il a vu ce chrétien appuyer son opinion fausse sur des textes des livres saints, comment croiront-ils aux autres textes qui prouvent la résurrection des morts, la vie éternelle, etc., une fois que dans les choses prouvées par l'expérience et mises hors de doute, ils peuvent ainsi penser que le témoignage des livres saints est erroné ? On ne pourra dire assez quelle tristesse et quel chagrin causent aux fidèles prudents la présomptueuse témérité de ces hommes qui, au moment où ceux qui ne reconnaissent aucune autorité à nos livres saints commencent à les convaincre de soutenir une opinion fausse, ne craignent pas d'aller chercher dans ces livres des preuves pour défendre ce qu'ils ont avancé légèrement, témérairement, faussement; ils citent alors beaucoup de textes, s'imaginent leur donner la valeur d'un témoignage, mais ils ne comprennent ni ce dont ils parlent, ni ce qu'ils affirment[1]. »

Et si la parole de saint Augustin pouvait sembler revêtue d'une forme trop oratoire, pourquoi ces tenants de péripatéticisme ne se souvenaient-ils pas de la phrase si nette et d'une précision toute géométrique de l'ange de l'école : « Lorsque dans ces questions (sur l'astronomie, etc....)

---

[1] S. Augustin, *De Genes. ad. lit.*, lib. I, cap. xix; cf. cap. xviii, in fine.

la sainte Écriture peut recevoir des interprétations diverses, que personne n'adhère trop fortement à aucune interprétation, afin que si on vient à prouver positivement la fausseté de l'opinion où l'on croyait exprimer le sens de l'Écriture, on n'ait pas eu l'audace d'affirmer son interprétation, afin de ne pas fournir ainsi à ceux qui ne croient pas l'occasion de tourner l'Écriture en dérision, ce qui leur fermerait le chemin de la foi[1]. »

Ces paroles semblent assez précises, et on se demande pourquoi les consulteurs et les cardinaux de la Congrégation ne se sont pas rappelés ces principes. Alors sans doute ils eussent interdit aux coperniciens comme aux péripatéticiens de mêler désormais les textes sacrés à leurs débats[2], et abandonnant la question scientifique encore douteuse aux disputes des hommes, ils eussent ainsi mis hors de cause la question d'exégèse religieuse.

Comment n'est-on pas entré dans cette voie? Avant de répondre, il faut examiner une autre

---

[1] 1ª q. 68, 1 c. S. Jérôme avait déjà averti (*Comment. in Jerem.*, c. xxviii, 10) que « beaucoup de faits sont rapportés dans les saintes Écritures, d'après l'opinion reçue à l'époque où ils eurent lieu et non d'après la vérité intrinsèque des choses. »

[2] C'est le troisième des partis entre lesquels la Congrégation avait le choix, dit M. Th.-H. Martin, *Galilée*, p. 155.

opinion et se demander si la Congrégation, étant donné le temps où l'on se trouvait, pouvait ne rien décider. Au dix-neuvième siècle on agirait peut-être ainsi, et volontiers on écarterait une décision précipitée, remettant à la théorie du lendemain le soin de faire oublier la théorie de la veille. Aujourd'hui la matière d'un jugement échappe le plus souvent à la discussion. A-t-on le temps de juger une théorie scientifique, émise hier avec fracas, lorsqu'aujourd'hui elle disparaît, poussée dans l'oubli par une théorie nouvelle? Est-ce que dans ce temps les doctrines vantées avec le plus d'éclat ne s'usent pas vite, et très-vite? La publicité a cet avantage de passer tout ce qui n'est pas la vérité sous un *laminoir* terrible où, par le seul poids des théories nouvelles qui chaque jour se pressent au soleil de l'avenir, l'erreur, hier gonflée par le succès et croyant remplir le monde, est *aplatie* soudain : le vent qui passe l'emporte alors et il n'en reste rien. Dans ces conditions intellectuelles faites à notre âge y a-t-il le temps de juger ou seulement d'examiner? Au dix-septième siècle il en était autrement, et c'est pourquoi le tribunal auquel on laissait le temps d'examiner a cru nécessaire de décider.

Cela admis, il faut se demander si, croyant

nécessaire de décider, il était facile de se soustraire aux entraînements qui poussaient à une condamnation et aux passions qui agitaient un si grand nombre d'intelligences. On ne se représentera jamais assez la force de ce despotisme péripatéticien tel que, sauf d'illustres mais rares exemples, il dominait les esprits. Le jésuite Andrès l'a bien rappelé lorsqu'il a écrit : « L'excessif respect pour Aristote et ses commentateurs tint pendant beaucoup de siècles l'esprit humain comme dans les fers ; on ne pouvait faire un pas vers la vérité sans rompre d'abord ces chaînes et se séparer de cet esclavage tyrannique[1]. » Le tribunal, composé de cardinaux entourés par des théologiens vieillis dans l'école, n'a pu rompre ces chaînes : il a obéi en esclave de l'opinion, et sans être parfaitement fixé sur la réalité de l'opposition entre le sens du texte de l'Écriture et le sens de la doctrine scientifique, il a dicté un arrêt, contraire, semble-t-il, aux principes émis par saint Augustin et saint Thomas, alors même qu'il croyait leur rester fidèle et défendre ainsi toute la tradition chrétienne[2].

---

[1] *Dell'origine, progresso e stato attuale di ogni letteratura.* Ed. Roma, 1813, in-4, t. V, p. 22.

[2] Le texte de saint Augustin est cité par Riccioli à l'appui de son opinion. *Almagestum*, t. II, p. 479.

« L'apparence imaginaire d'une contradiction entre la foi et la raison, a dit le récent concile du Vatican, vient principalement, ou de ce que les dogmes de la foi n'ont pas été compris et exposés suivant l'esprit de l'Église, ou de ce que les erreurs des opinions sont prises pour les jugements de la raison. » Voilà le principe.

Quelle pensée a donc conduit le tribunal lorsqu'il paraissait oublier les conseils des grands docteurs chrétiens? Tout le montre, il a cru d'une part qu'une attaque contre Aristote était une attaque contre la religion, à ce point qu'un consulteur de la Congrégation, le P. Incofer, qui remit des mémoires sur l'affaire de Galilée, nomme Kepler, Lansberg, Galilée, opposés à Aristote, des contempteurs de la religion[1]. Ainsi la passion pour Aristote se couvrait chez plusieurs d'un zèle pour la foi. D'autre part, le tribunal a cru à un grand danger religieux; il a cru que la nouvelle théorie emportait inévitablement des conséquences funestes pour la vérité et il l'a proscrite[2]. « Si on n'avait pas réprimé les

---

[1] Peripateticæ philosophiæ, quid dicam? religionis contemptores. *Vindiciæ sedis apostolicæ*, manuscrit de la Bibliothèque Casanate, xx. vii, 9, p. 4.

[2] Delambre qui, le premier, a eu communication des pièces du procès de Galilée, a fort bien vu le point capital : « S'il n'eût été véritablement question que du mouvement de la terre,

écarts d'une folle imagination, écrivait en 1641 le savant P. Athanase Kircher, il eût été fort à craindre de voir au lieu d'une science nouvelle, et sous le prétexte d'une philosophie plus transcendante, toute bonne philosophie détruite, la religion, la foi elle-même déracinée et le monde entier enveloppé dans les ténèbres profondes de l'ignorance[1]. »

Plusieurs défenseurs de l'arrêt du tribunal, tout en reconnaissant que la nouvelle théorie était vraie, ont rappelé ce principe qu'une vérité

écrit-il, il est à croire que les péripatéticiens et les théologiens mêmes auraient transigé en adoptant les explications de Kepler, de Foscarini et de Galilée, relativement aux passages de l'Écriture ; mais ils craignaient les conséquences d'une première concession » « Si la licence, dit Riccioli (p. 290), que se donnent les Coperniciens d'interpréter les textes de l'Écriture et d'éluder les décrets ecclésiastiques était soufferte, il serait à craindre qu'elle ne se contînt pas dans les limites de l'astronomie ou de la philosophie naturelle, elle pourrait s'étendre à des dogmes plus saints : il est donc important de maintenir la règle d'entendre tous les textes sacrés dans le sens littéral. Or, il n'y a nul besoin de s'en écarter en ce qui concerne le mouvement de la terre. » (*Histoire de l'Astronomie moderne*, in-4, Paris, 1821, t. I, p. 672.) Ailleurs, Delambre dit : « Galilée s'est attaché spécialement à saper, dans tous ses fondements, l'édifice de l'ancienne physique, et c'est ce qui fut la cause principale de la persécution qu'il éprouva. » (T. II, p. 188-189.)

[1] Vehementer timendum sit ne loco scientiæ novæ et philosophiæ reconditioris prætextu, omnis bona philosophia una cum religione ac fide denique ipsa eradicata totum mundum inextricabilibus ignorantiæ tenebris una secum involvant. *Magnes, sive de arte magnetica.* Romæ, 1641, p. 559.

peut parfois paraître pernicieuse, en raison de circonstances, *per accidens*, comme on parle dans l'école. D'où il suit qu'on peut interdire même une vérité si *per accidens* on la croit pernicieuse. Est-ce que la Bible n'est pas la vérité ? — Sans doute. Est-ce que pour certains esprits médiocrement instruits elle ne peut en plusieurs passages être dangereuse ? Sans doute. — Dès lors on peut leur défendre de la lire. Il en est de même, a-t-on conclu, de l'opinion de Copernic. Fût-elle vraie, il pouvait être interdit de la poser comme une vérité absolue, si on jugeait qu'il y eût alors danger de l'accepter, et on a jugé qu'il y avait danger, car en l'acceptant il eût fallu modifier sans nécessité une interprétation traditionnelle du texte sacré ; il eût fallu changer le sens littéral en un sens figuré, grave détermination, lorsqu'aucune preuve n'était donnée, fâcheuse concession, car l'erreur protestante ne s'était-elle pas développée en affirmant que le sens littéral d'un texte devait être pris dans le sens figuré ? La permission d'énoncer cette opinion comme hypothétique ne pouvait-elle suffire à la science qui n'avait encore donné aucune preuve de sa valeur ?

La vérité étant que la sainte Écriture ne peut en aucune manière avancer une chose qui soit fausse, car « Dieu ne peut se nier lui-même, ni le vrai contredire jamais le vrai[1] », il faut, lorsque la science avance un fait, ou que ce fait concorde avec les textes de l'Écriture, ou que, s'il leur paraît contraire d'après leur sens littéral, on trouve une explication qui soit acceptable. Or le tribunal appelé à juger ne crut pas à la vérité scientifique du fait présenté et il proscrivit l'opinion contraire à celle qu'il croyait la plus scientifique, parce qu'elle était conforme au sens littéral des paroles divines. L'opinion nouvelle lui sembla anti-scientifique, car, je le répète, elle n'était pas alors prouvée[2] et il crut défendre mieux l'Église en repoussant une doctrine non encore prouvée qui était condamnée par le sens littéral de l'Écriture.

[1] Concile œcuménique du Vatican, 3ᵉ session, ch. IV.

[2] Delambre, dans son *Histoire de l'Astronomie moderne*, a dit : « La question n'était pas mûre... Galilée par ses découvertes a levé quelques difficultés : les phases de Vénus et la mesure plus exacte des diamètres, la rotation du soleil, les satellites de Jupiter ont augmenté des probabilités déjà si fortes. Les lois de Kepler ont ajouté à la beauté et à la simplicité du système. Newton, en montrant que les lois de Kepler sont des corollaires mathématiques du principe de la pesanteur universelle, a lié plus intimement encore toutes les parties du système. Il a prouvé l'impossibilité physique du mouvement du soleil autour de la terre; l'expérience de Richer prouve le mouvement diurne, l'aberration découverte par Bradley démontre le mouvement annuel... Riccioli avoue que les inquisiteurs n'ont prononcé sur le sens des passages de l'Écriture que d'après le témoignage des astronomes d'alors, qui ne croyaient valable aucune démonstration du mouvement de la terre. » (T. I, p. 680.)

Moins aveuglés par les préjugés séculaires en faveur de la doctrine scientifique d'Aristote, les cardinaux pouvaient penser qu'après tout Aristote n'était pas infaillible, que sa doctrine pouvait être une erreur et qu'il ne fallait pas lier son sort à celui de l'Écriture sainte. Plus pénétrés des principes émis par les docteurs de l'Église, il leur eût été sans doute possible d'arrêter toute excursion irréfléchie sur le terrain de l'exégèse, d'affirmer la vérité du texte sacré en maintenant même l'ancien sens littéral, sans déclarer absurde au nom de la science et contraire à l'Écriture une théorie que l'Écriture — Bellarmin l'avait déjà dit — accepterait le jour où la science l'aurait prouvée. Ne connaissait-on plus la protestation éloquente que douze siècles auparavant saint Augustin, qui semblait découvrir les périls de l'avenir, jetait aux échos du monde? Oui, on la connaissait, mais encore une fois les esprits étaient tellement aveuglés par l'engouement pour Aristote, que les peripatéticiens, je l'ai dit, foudroyaient leurs adversaires en invoquant précisément l'autorité des paroles du grand évêque d'Hippone. Un tribunal faillible, composé d'hommes sujets dès lors aux passions, s'élève rarement au-dessus des opinions de la société au milieu de laquelle il est appelé à rendre ses arrêts.

Le décret de 1616, visé également par l'arrêt de 1633, apparaît comme un épisode dans l'histoire de la lutte du système péripatéticien contre les principes scientifiques chaque jour de plus en plus élucidés. Catholiques et protestants s'unirent alors pour combattre ceux qui attaquaient la doctrine du Maître. Plus tard les protestants attaqueront l'Église en lui jetant à la tête cette condamnation; mais lorsqu'elle eut lieu, protestants et catholiques, tous péripatéticiens, en furent complices. Luther s'était élevé contre ceux qui soutenaient le mouvement de la terre; Melanchthon avait repoussé le système de Copernic; Bellarmin avait averti « du grand danger d'irriter les philosophes et les théologiens scientifiques »; Le prince Cesi avait signalé « la multitude des péripatéticiens qui à Rome étaient maîtres du terrain[1] »; Dini aurait voulu qu' « on n'excitât pas la passion des tout-puissants péripatéticiens[2] »; Diodati avait déclaré que « les propositions opposées à la philosophie péripatéticienne avaient soulevé bien des haines contre Galilée[3] »; etc.; en sorte qu'au siècle dernier J. B. Nelli a dit

---

[1] *Opere di Galileo*, t. VIII, p. 242.
[2] *Ib.*, t. VIII, p. 358.
[3] *Præfatio ad litteram Reginæ Christinæ*, éd. 1636. Cf. M. Gilbert, *Revue des questions scientifiques*, juillet 1877, p. 185.

le mot vrai, lorsque dans une de ses lettres il a écrit : « Vus savez mieux que moi que la vile et ignorante tourbe des méchants péripatéticiens persécuta dans le siècle passé l'homme le plus respectable[1]. » D'où il suit que la responsabilité du procès et de la condamnation de Galilée retombe, il faut le reconnaître avec le docteur Wolynski, non-seulement sur le pape et la Curie romaine, interpellés et harcelés par les péripatéticiens, mais tout particulièrement sur les astronomes qui pendant longtemps s'opposèrent aux nouvelles théories, les combattirent et ainsi provoquèrent les tribulations du savant Florentin[2]. La responsabilité des premiers, ajoute le même érudit, est moindre que celle des seconds et Galilée fut la victime de ses collègues.

Cette lutte soutenue par les péripatéticiens a existé en tous les pays, en Allemagne, en Belgique comme en France, et un fait passé à Paris peut donner une idée de la passion qui dominait alors

---

[1] *Saggio di storia fiorentina*, Lucca, 1759, p. 5.
[2] *Archivio storico* 1ᵉ dᵃ, 1873, p. 12. Le docteur A. Wolynski a fait ce relevé que sur 2530 ouvrages d'astronomie publiés de 1543 à 1687, il y en avait seulement 180 publiés par des partisans du système de Copernic. (*Ib.* p. 13.) Tandis que le livre de Copernic est imprimé quatre fois, celui de Ptolémée a vingt-quatre éditions en sus des douze qu'il avait eues avant Copernic. Peurbach, partisan de Ptolémée, a dix-neuf éditions, Regiomontanus vingt et une, etc., p. 14.

et amener ainsi un esprit impartial au point de vue où il faut se placer pour apprécier la question de Galilée. Je l'ai rappelé dans l'avant-propos des *Pièces du procès*; je dois le consigner encore ici. En 1624, huit ans après le décret de 1616 et neuf ans avant la condamnation de 1633, trois étudiants, Jean Bitaud, Antoine de Villon et Étienne de Claves, présentaient des thèses où la doctrine d'Aristote sur les éléments et les formes substantielles était attaquée[1]. La Faculté de théologie adressa sur-le-champ requête au parlement pour que Bitaud, Villon, de Claves, comparussent afin d'avouer ou de désavouer leurs thèses dont on demandait la saisie. Le 1er septembre la Faculté de théologie se réunit pour délibérer sur la censure, car, disait-elle, « rien n'est plus dangereux pour la république chrétienne, rien au jugement des saints Pères ne doit être plus surveillé que la nouveauté des opinions, de celles surtout que l'on sait manifestement contraires à la vraie science et à la doctrine sacrée. Certaines de ces propositions, lit-on encore, dont le but est de combattre la doctrine d'Aristote,

---

[1] Le P. Bottala a montré récemment combien le système péripatéticien sur la substitution des formes répugne aux données théologiques, les heurte, les blesse et contredit même des décisions du Concile de Trente. Cf. *Force et Matière*, excellent livre du Dʳ Frédault.

chef sans contredit de tous les philosophes, et l'application qui en a toujours été faite par tous les académiciens, paraissent entraîner bien des dangers pour les principes de la foi et de la religion. » Plusieurs propositions furent ensuite spécialement censurées comme téméraires, erronées dans la foi et proches de l'hérésie. Ce n'est point encore tout. Le 4 septembre le Parlement rendit un arrêt ordonnant de lacérer les thèses, enjoignant aux trois complices de sortir de Paris dans les vingt-quatre heures, leur défendant d'enseigner la philosophie et même de séjourner dans les villes de son ressort. L'arrêt fit en outre défense « à toutes personnes, à peine de la vie, de tenir, ny enseigner aucunes maximes contre les anciens autheurs et approuvés, ny faire aucunes disputes que celles qui seraient approuvées par les docteurs de la Faculté de théologie [1] ». Voilà ce qui s'est passé à Paris, voilà, je le répète, ce qui s'est passé partout et ce qui marque la force de l'opinion qui aveuglait les esprits.

En résumé, le tribunal de l'Index s'est trompé, puisque la doctrine astronomique qu'il a déclarée fausse a été démontrée être vraie, puisque l'Écri-

---

[1] Launoy. *De varia Aristotelis fortuna*, éd. 1653, p. 63 et 64. — Cf. Jourdain, *Historia universitatis Parisiensis*, xvii et xviii sæc., 1ᵉʳ liv. p. 106.

ture sainte qu'il a déclarée être contraire à cette doctrine n'y est réellement pas opposée, on le sait très-bien aujourd'hui.

Les membres du tribunal se sont trompés sur le fond de la question, voilà leur erreur; ils ont suivi leurs opinions péripatéticiennes, voilà la cause de leur entraînement; ils ont cru au danger que la théorie nouvelle devait par voie de conséquence faire courir à la science et à la religion dont les causes restaient unies dans leurs préoccupations, voilà la raison de leur jugement.

On peut souhaiter que le tribunal ait décidé autrement; mais on comprend pourquoi son arrêt a été ainsi libellé, et par toutes les circonstances que nous avons dites on doit admettre hautement sa sincérité.

VI

Si l'on reconnaît (ce qui est évident) que le tribunal de l'Index s'est trompé en déclarant fausse en philosophie la doctrine de Copernic qui est vraie, et contraire à l'Écriture cette doctrine qui ne lui est nullement opposée, peut-on trouver dans ce fait un argument contre la doctrine catholique de l'infaillibilité du souverain pontife ?

Quelques mots suffiront pour éclaircir ce point.

Les arrêts ou décrets rendus par les cardinaux, membres de congrégations instituées par le pape, alors même qu'ils parlent au nom du pape, n'ont aucun caractère d'infaillibité. Si ensuite le pape, remplissant, comme dit le concile du Vatican, la charge de Pasteur et Docteur de tous les chrétiens, définit, en vertu de sa suprême autorité apostolique, qu'une doctrine (comme celle qui aurait pu être l'objet d'un décret d'une congrégation) concernant la loi et les mœurs, doit être tenue par l'Église universelle, alors ce décret doit être attribué au souverain pontife parlant *ex cathedra*, et est par conséquent infaillible. Mais tant que cette approbation solennelle n'est point donnée par le pape, tous les arrêts des congrégations ne représentent que le jugement faillible des cardinaux, encore qu'ils soient obligatoires (comme tout arrêt rendu par un tribunal légitime) dans les applications disciplinaires.

Le décret de 1616 et la sentence de 1633 rentrent évidemment dans cette dernière catégorie : ce sont des actes administratifs, disciplinaires, judiciaires. Dans le décret de 1616 le nom du pape ne figure même pas ; la Congrégation parle en son propre nom : « Comme il est arrivé à la connaissance de la Congrégation, etc... »

Ces actes n'ont pas été approuvés spécialement, solennellement par le souverain pontife. Encore que le décret et surtout la sentence aient été rendus conformément à l'avis d'Urbain VIII, en sa présence et pour ainsi dire sur son ordre, jamais ces actes n'ont reçu l'approbation particulière d'aucun souverain pontife.

M. Cantor le premier a même remarqué que sur dix cardinaux composant la Congrégation et dont les noms se trouvent en tête de la sentence, sept seulement (si la copie que nous avons est exacte[1]) l'avaient signée. Cette omission de trois signatures, qui n'a pour nous aucune importance, a paru grave à quelques auteurs. On s'est demandé (M. Govi entre autres) si les cardinaux non signataires n'avaient pas désapprouvé l'arrêt, ce qui n'enlèverait à l'acte aucune force légale, mais en atténuerait moralement la portée. On a répondu à cette observation que l'un de ces cardinaux, le cardinal Borgia, étant alors plus qu'en froid avec le pape[2], se rendait très-peu aux congrégations de la Propagande et du Saint-Office dont il était membre, que dès lors son nom a pu rester en tête comme membre du tribunal, sans attester sa présence à la séance où la condamnation fut prononcée, et par conséquent sans que l'omission de ce nom à la signature indiquât son refus de signer. Un autre des cardinaux non signataires était le cardinal François Barberini. Assista-t-il à la réunion où fut libellée la sentence du 22 juin? On ne peut ni le nier ni l'affirmer ; mais il est permis de penser avec

---

[1] On n'a pas produit l'original de la sentence. Un texte latin a été donné par Riccioli, et un texte italien (l'original sans doute) a été publié par Polaccus, *l. c.*, p. 69.

[2] Muratori, *Annal.*, 1652, a raconté la scène qui eut lieu au Consistoire du 8 mars. — L'abbé Picralisi, *l. c.*, p. 221.

l'abbé Pieralisi[1] que son amitié pour Galilée l'inclina à ne pas se trouver ce jour-là parmi les cardinaux, d'autant plus que ce n'était pas son habitude, dit Niccolini, d'aller à la congrégation du Saint-Office, particulièrement aux séances du mercredi qui se tenaient à la Minerve[2]. Or le 22 juin, jour de la condamnation, était précisément un mercredi. On sait de plus que les cardinaux neveux, comme était le cardinal Barberini, et depuis les cardinaux secrétaires d'État, avaient coutume de s'abstenir souvent de donner leur vote afin d'avoir une plus grande liberté pour traiter les affaires[3]. Quant au cardinal Zacchia, personne n'a donné aucune raison de son absence. Une indisposition, un empêchement quelconque, expliquerait suffisamment pourquoi il n'a pas signé, sans être obligé de penser à une désapprobation.

Reprenons à présent notre exposé et disons que le cardinal de S. Onofrio, au nom de la congrégation du Saint-Office, a pu donner la plus grande publicité à la sentence, mais on ne voit nulle part qu'elle ait été ratifiée par le pape. Tous les contemporains le savaient. Six mois après la con-

---

[1] *L. c.*, p. 223.
[2] *Opere*, t. IX, p. 433.
[3] Abbé Pieralisi, *l. c.*, p. 224.

damnation, le 10 janvier 1634, Descartes écrivait au P. Mersenne qu'il n'avait point « encore vu cette censure autorisée par le pape », et dans un autre endroit, « je n'ai point encore vu que ni le pape ni le concile aient ratifié cette défense[1] ». Gassendi remarque en 1642 que « le pape n'a pas approuvé la sentence[2] », et dès 1631 Fromont avait déjà écrit : « je n'oserais pas condamner les coperniciens pour hérésie, à moins de voir un décret beaucoup plus précis émané du chef de l'Église lui-même[3] ». Mais on ne vit pas ce décret, et on put constater une fois de plus ici, par cette omission, le caractère disciplinaire et temporaire de celui rendu.

Il ne faudrait pas voir une approbation pontificale, suffisante pour modifier ce caractère, dans l'approbation donnée *in globo* par le pape Alexandre VII à tous les décrets insérés dans l'*Index librorum prohibitorum* publié en 1664, où se trouvent compris les deux décrets de l'Index de 1616 et de 1634. Cet acte approbatif n'est en effet

---

[1] *Œuvres*, t. VI, p. 242-251, éd. de M. Cousin.
[2] *Opera*, t. III, p. 519, éd. de Lyon, 1658.
[3] *Anti-Aristarchus*, p. 27 et 97. Quelques catholiques et même des prêtres et des religieux, comme le P. Lecazre dans une lettre à Gassendi (*Opera*, Gassendi, t. VI, p. 451), ou Incofer, dans des notes manuscrites, ont pu employer le mot Église pour désigner la congrégation, mais c'est à tort.

à tous les points de vue qu'une mesure administrative, qui obligea tant qu'elle ne fut pas retirée, mais dont aucun des décrets visés par cette approbation n'a pu en particulier recevoir une spéciale et solennelle autorité.

Aussi le jésuite Tiraboschi a-t-il justement écrit: « Ce ne fut pas l'Église catholique, mais un tribunal secondaire et non infaillible qui a condamné le système [1]. »

On peut donc résumer ce point de la discussion et conclure :

Il est impossible d'invoquer le décret disciplinaire de 1616 et la sentence de 1633 comme un argument contre l'infaillibilité que le concile du Vatican, écho de la tradition catholique, a reconnu au souverain pontife décidant solennellement sur les questions qui concernent la foi et les mœurs [2]. Les caractères requis pour qu'il y ait jugement infaillible n'existent point ici.

---

[1] *Storia della Litteratura italiana*, t. X, p. 363. Non fu la chiesa catholica, ma un secondario e non infallibile tribunale da cui il detto sistema fu condannato.

[2] Cf. M. Gilbert, dans la *Revue des questions scientifiques*, avril 1877, p. 368-383.

VII

Quelle fut donc la portée du décret de 1616, et à quoi obligeait-il? Gassend (Gassendi), en 1642, voyant que le pape n'avait pas approuvé la sentence, concluait ainsi : « la négation du nouveau système n'est pas pour les catholiques un article de foi[1]. » Cette parole est juste, mais cependant le décret qui proscrit le nouveau système a eu une autorité.

Jean Caramuel Lobkowiz, abbé de Monte-Serrato, vicaire général du cardinal de Harrach, archevêque de Prague, mort évêque de Vigesano, a traité *ex professo* la question qui nous occupe dans un de ses ouvrages, *Theologia moralis fundamentalis*. Sa discussion, remise au cardinal Chigi, fut soumise à un censeur romain, qui la

---

[1] *Œuvres*, t. III, p. 519; l'abbé Delvigne; *Galilée*, p. 9; le P. Eugène Desjardins, *Encore Galilée*, p. 67.

renvoya à son auteur avec des annotations. Or, Caramuel se demandait si on pourrait défendre l'opinion de Copernic dans le for extérieur, ou au moins dans le for intérieur. « Et il répondait : « Lorsqu'un livre ou une opinion est ainsi interdite, on n'affirme pas qu'elle est improbable, mais qu'elle n'est pas probable ; elle reste dans le degré de probabilité qu'elle avait auparavant ; seulement, dans un interêt public ou particulier, on ordonne de ne pas la soutenir et de ne pas la défendre. »

Caramuel connaissait parfaitement la situation des esprits et les accusations déjà portées contre les cardinaux. « Les hérétiques se révoltent, dit-il, les astronomes catholiques souffrent en silence, se plaignant qu'une question purement astronomique ait été décidée par des personnes qui n'étaient pas astronomes. » Il réfutait alors ces opinions que nous avons examinées plus haut, puis il disait : « La condamnation portée par les cardinaux ne fait pas que l'opinion, qui n'était pas hérétique, soit hérétique. L'effet de la condamnation est de lui faire perdre en fait toute autorité extérieure et de la rendre, non pas moins probable, mais improbable. » Cette opinion du savant théologien est confirmée par la note du censeur romain. « La Congrégation ne s'occupa pas de la doctrine ; mais par l'ordre du pape elle prohiba les actes par une loi positive, et tant que ce précepte de l'Église subsiste, tous ces actes sont certainement illicites.[1] » Seulement, dit-il, il est permis de hâter le moment de la révision du décret en provoquant les études et en préparant les démonstrations.

Le savant jésuite Riccioli, tout en affirmant qu'il fallait respecter, au moins dans le for extérieur, une censure prononcée contre une proposition afin de prévenir un péril, ajoutait qu'il serait néanmoins permis d'aviser pour que les censeurs, informés par eux-mêmes ou par d'autres, de la démonstration de la vérité, retirassent leur censure.

Voilà donc quelle était la portée du décret de 1616 : il subsistait et on a dû lui obéir, au moins dans le for extérieur, tant qu'il n'a pas été réformé, parce qu'il signalait à tout le moins comme improbable et dangereuse la proposition condamnée [2].

---

[1] *Theologia moralis fundamentalis*, etc. Francofurti, 1652 in-4. 2ᵉ partie, p. 6-21. « Congregatio non egit de doctrinâ. »
[2] Voir les développements de ces points dans la *Somme contre le catholicisme libéral*, par M. l'abbé Jules Morel, t. II, p. 315, et 377, passim.

VIII

Si les décrets de 1616 et de 1634 ont eu réellement une force prohibitive, ne peut-on pas croire qu'ils ont exercé une influence néfaste? Est-on en droit de demander si la condamnation de Galilée, plus encore que les décrets de 1616 et de 1634, parce que des actes contre une personne intimident plus que des paroles contre un livre, si la condamnation de Galilée n'a pas arrêté le mouvement scientifique? On a affirmé en effet, on affirme chaque jour, que « cette fatale vengeance effraya les successeurs de Galilée et retarda les progrès de la philosophie. » Cela est-il vrai? Est-il vrai, comme on le dit, qu'on n'osa même plus prononcer le nom de Galilée et que ses ouvrages ne purent être lus? Est-il vrai qu'en Italie toute observation fut proscrite, que tout travail cessa, que toute réunion scientifique fut interrompue, et que le manque de liberté dans les études fut cause de la suppression de l'Académie des Lincei et de l'Académie du Cimento[1]? Est-il vrai enfin que l'Italie, après avoir fourni une brillante carrière du XIII° au XV° siècle, se vit ainsi arrêtée soudain au début d'une troisième et non moins splendide période, et qu'alors on put constater une décadence intellectuelle qui s'est traduite par le goût pour les choses frivoles, puis une décadence politique qui a suivi fatalement l'abaissement des idées.

Voilà, si je ne me trompe, les assertions émises à ce sujet résumées de la manière la plus précise. Et moi, en les rencontrant dans les livres de savants professeurs, ou en les accueillant sur les lèvres de plus d'un Italien de nos jours, je suis souvent resté stupéfait ou de l'audace ou de l'ignorance qu'il a fallu pour les proférer, car il suffit de connaître tant soit peu l'histoire des sciences et de la politique en Italie, pendant le XVII° et le XVIII° siècle, pour leur opposer un démenti formel. Sans nous laisser entraîner par l'intérêt et la grandeur des questions, relevons ici au hasard quelques faits qui suffiront pour

---

[1] M. Berti, *l. c.*, p. CXXVI.

fixer le jugement et apprécier la valeur des précédentes assertions.

I. S'il est d'abord un point reconnu de tous, c'est que les théories prématurées ne servent pas la science et souvent lui nuisent. Or, au xviie siècle, chacun, averti par la condamnation des théories nouvelles, admit bientôt également la nécessité de connaître des faits, des observations, sur lesquels les théories pourraient ensuite s'appuyer comme sur un solide fondement.

Il était interdit à Galilée de parler du mouvement de la terre, cela est vrai : ni lui ni autre ne pouvaient émettre comme une vérité absolue une théorie nouvelle que les faits n'avaient pas encore démontrée, cela est évident ; mais jamais il n'a été défendu ni à Galilée ni à personne d'observer, de constater les faits, de tirer de ces faits des lois certaines. Aussi l'illustre savant put-il continuer d'étudier en s'entourant, comme nous l'avons vu, des lumières de ses amis. A ceux qui parlent de génie arrêté dans sa course et auquel on aurait coupé les ailes, il suffit de rappeler que c'est à Arcetri, après sa condamnation, que Galilée composa les *Discorsi e dimostrazioni matematiche intorno a due nuove scienze*, ouvrage qui, comme profondeur scientifique, est au jugement de tous les juges compétents bien supérieur au *Dialogo sopra i due sistemi del mondo.*

Ainsi, sous les yeux de l'Inquisition, Galilée a pu travailler en toute liberté; il a pu échanger ses idées — un seul point excepté — avec tous les savants qui ont eu le désir de le visiter : Settimi, Castelli, Carcavy, Cavalieri, etc.; il a pu avoir journellement comme compagnons de ses études : Dini, Viviani, Torricelli.

II. Toujours on a pu en toute liberté prononcer le nom de Galilée, et lorsque M. Govi écrit que « pendant un siècle tous les traités d'astronomie soumis à la censure taisent le nom de l'illustre Florentin », il ferait croire qu'il n'a pas ouvert un des plus fameux ouvrages de ce temps, l'*Almagestum novum,* que Gassend (Gassendi), qui s'y connaissait, appelait le trésor de toute érudition. L'*Almagestum*, publié dans les États du pape, à Bologne, par le jésuite Riccioli, a été d'abord examiné par trois théologiens jésuites, et sur leur rapport a été approuvé à Rome par le P. Caraffa, général de la Compagnie; il a été examiné ensuite par trois théologiens et mathématiciens, délégués par l'archevêque de Bologne, et sur leur rapport il a reçu enfin l'*imprimatur* de l'inquisiteur général résidant à Bologne. C'est un livre autorisé s'il en fut. Or, presque à chaque page de ce livre soumis à tant d'examens, on rencontre le nom de Galilée, et ce nom est prononcé avec éloge. Riccioli exagère même les avantages du système soutenu par Galilée, à ce point qu'il a paru, dit Delambre, un Copernicien déguisé se donnant l'apparence d'un contradicteur, pour laisser passer sûrement les objections contre le système de Ptolemée qui sont des expositions du système de Copernic.

Si un jésuite prononce librement le nom de Galilée, le pape Urbain VIII dans sa réimpression, en 1642, de ses œuvres poétiques, laisse dans son recueil l'ode latine dans laquelle il célébrait en 1620 les mérites du grand astronome[1]. En 1638, Marc-Antoine Pieralli, recteur du collége de la Sapience à Pise, prononçant un discours à la mémoire de Nicolas Aggiunti, professeur de mathématiques dans cette ville, n'est nullement embarrassé pour appeler Galilée « un homme très-érudit, loué en toutes les langues et par toutes les plumes des plus grands savants d'Europe; Galilée, dit-il, qui empêche notre âge de porter envie aux antiques gloires des Archimède et des

[1] P. 244.

Ptolémée[1] ». En 1644, Polaccus, dans son *Anti-Copernicus*, parle de Galilée que son abjuration plus encore que son érudition doit louer et recommander[2]. Ch. Dati, professeur à l'université de Florence, bon philosophe et mathématicien, proclamait « Galilée le premier ornement de sa patrie », et rapportait dans un discours sur l'utilité de la géométrie une conversation qu'il eut à ce sujet avec Galilée pendant son séjour à Arcetri. L'abbé Ghilini, protonotaire apostolique, publiant en 1647, dans le *Teatro d'uomini litterati*, une notice sur Galilée, datée de 1636, écrit sans aucune difficulté qu' « il n'y a pas de prince, voyageant en Toscane, qui parmi les autres merveilles de Florence n'éprouve le désir de voir cet illustre savant[3]. »

---

[1] Dottissimo Galileo celebratissimo dalle lingue e dalle penne dei maggiori litterati d'Europa; da quel Galileo per cui l'età nostra non invidia agl'antichi secoli i vanti degl'Archimedi e dei Tolomei.) Targioni-Tozzetti, *l. c.*, t. I, p. 259 et 269.) M.Th.-H. Martin (*l. c.*, p. 227) dit que, « en 1641, le P. Vincenzo Renieri écrivait à Galilée que Gaudenzio Paganino, professeur à Pise, ayant eu occasion de citer Galilée, l'avait appelé *Clarissimus Galilæus*, mais que le Père inquisiteur n'avait pas voulu lui passer le mot *clarissimus* et qu'à grand'peine l'auteur avait obtenu la permission de mettre *notissimus Galilæus*. » Je ne sais ce qu'il y a d'exact en ce récit, mais trois ans auparavant l'inquisiteur laissait passer, comme on le voit, bien d'autres éloges.
[2] P. 77.
[3] Venetia, in-4, p. 63.

Manolessi, en tête de l'édition des œuvres de Galilée faite à Bologne en 1656, écrit que la « renommée de Galilée est devenue aussi grande que son intelligence », et il montre ses livres « avidement recherchés et étudiés avec grande attention par quiconque a un peu de goût pour les spéculations philosophiques et mathématiques. » En 1652, Caramuel publiait une lettre de Joseph Castalta, prieur de Subiaco près de Rome, où se vantant d'avoir fait connaître à Plaisance les œuvres de Caramuel, Castalta disait qu'il en avait été le Galilée, *Placentiæ Galilæus fui*[1].

En 1661, lorsque Jean Cosme Villifranchi, de Volterre, imprimait à Pise ses thèses philosophiques, il les disait extraites des œuvres du « très-distingué Galilée[2] ». En cette même année, le P. Stefano degli Angeli, disciple de Cavalleri, parlait de Galilée dans son livre *De superficie ungulæ*, publié à Venise[3].

En 1665, le P. Fabri, de la Compagnie de Jésus, louait Galilée, en disant par la bouche d'un des personnages de ses Dialogues qu' « il n'avait pas

---

[1] *Theologia fundamentalis*, t. II, p. 130.
[2] *Philosophica asserta ex lucubrationibus præstantissimi viri Galilei de Galilæis deprompta, publice discutienda, proponit Joannes Comus Villifranchi, Volaterannus.* Pisis, 1662.
[3] In-4, Venetia, 1661.

son pareil dans la science du mouvement » et que
« si Copernic était le prince des astronomes de
son temps, Galilée n'était inférieur à personne
par le talent[1] ». En 1666, Laurent Crasso parlait de
Galilée dans ses *Élogi degli huomini letterati*, ainsi
que Riccioli dans son *Astronomia reformata*. Le
grand-duc de Toscane accordant une pension de
retraite à Viviani l'appelait dans l'acte « disciple
du célèbre Galileo Galilei ». La même année, Michel-Ange Ricci, l'auteur de *Antignome fisico-matematico*, réclamait une vie de Galilée; il faudrait selon lui que Viviani s'en chargeât et qu'on
y montrât la valeur de l'illustre Florentin. Le
nom du grand mathématicien n'était donc pas
si proscrit pour que Ricci, qui venait d'être
nommé consulteur du Saint-Office[2], exprimât
ce vœu?

En 1667, Montanari citait « le très-fameux
Galilée, le très-savant Galilée qui rendit la liberté
à la science jusque-là prisonnière des sophistes »,
et en 1671, dans un ouvrage imprimé à Bologne,
il parlait de « cette petite villa d'Arcetri qui
n'avait pas acquis un mince honneur pour
avoir pendant si longtemps possédé celui qui

[1] *Dialogi physici in quibus de motu terræ disputatur*, auctore R. P. Honorato Fabri, Lugduni, 1665, p. 2 et 56.
[2] Fabroni, t. II, p. 144.

jeta un si grand éclat dans les sciences mathématiques[1]. »

En 1672, Alexandre Marchetti publiait à Pise un ouvrage où le nom de Galilée était inscrit sur le titre : *Fundamenta universalis scientiæ de motu uniformiter accelerato a Galileo Galilei primum jacta*, et dans le texte il nommait « le très-grand et admirable Galilée dont le nom était très-célèbre dans tout l'univers ». En 1692, Prosper Mandosio, dans sa *Bibliotheca romana*[2], citait « le très-illustre Galilée ».

Ainsi, en ouvrant au hasard quelques ouvrages publiés pendant les soixante années qui suivirent la condamnation de Galilée, on voit son nom cité toujours avec le plus grand éloge.

III. Soit, dit-on, on prononçait le nom de Galilée, mais on ne pouvait lire ses ouvrages et dès lors ses doctes enseignements étaient perdus. Ce n'est point l'exacte vérité. Que la lecture du *Dialogo* fût défendue, cela est certain ; que cette défense ait empêché un certain nombre de personnes de lire cet ouvrage, c'est possible ; de traiter la

---

[1] *Pensieri fisico matematici*, etc., cité dans Targioni, *l. c.*, t. I, p. 514 et 721.

[2] *Bibliotheca romana seu Romanorum scriptorum centuriæ*, 1692, petit in-4.

question du mouvement de la terre, c'est probable ; mais qu'est-ce que cela prouve? En premier lieu, ces personnes pouvaient lire les autres écrits de Galilée ; elles pouvaient par conséquent profiter de la foule de principes nouveaux qui y étaient contenus et fondaient la science moderne ; ensuite les hommes instruits ont toujours eu le moyen, s'ils le voulaient, de lire en toute sûreté de conscience les Dialogues de Galilée. Je ne parle pas des protestants, qui ne tiennent aucun compte des arrêts des tribunaux ecclésiastiques, mais des catholiques ; on défendait à la foule de lire, mais on accordait à qui la demandait la permission de lire tel ou tel ouvrage défendu : si on pouvait lire l'ouvrage de Copernic, corrigé d'une manière presque insignifiante par le décret de 1619[1], on pouvait lire également le *Dialogo*, une fois la permission obtenue. La condamnation d'un livre signale le péril, avertit qu'il faut se défier de la doctrine contenue dans le livre ; mais une fois cet avertissement donné à

---

[1] Præscribuntur quippe a S. Congregatione libri Nicolai Copernici, — dit Incofer, un des consulteurs dans le procès de Galilée,— ex ea parte qua is non hypothetice tantum sed arrogata physica veritate de motu et situ terræ constituit. Quibus juxta notam in Indice prætentam emendatis sicut in lucem edi permittuntur, *ita legi minime prohibentur*. Ms. de la Bibl. Casanat., xx, vii, p. 89.

la foule, on permet sans difficulté au savant de lire et d'étudier l'ouvrage condamné. Le 13 août 1619, Giovanni Remo écrivait à Kepler qu'il avait lu avec une permission son *Epitome*, mis à l'index quelques mois auparavant[1]; ces permissions étaient même devenues si communes que le pape les révoqua toutes le 2 avril 1631[2]; mais on continua de les donner à chaque personne en particulier. Nous avons la lettre par laquelle Fortunio Liceti demanda d'ajouter le *Dialogo* à la liste des ouvrages prohibés qu'il avait déjà la permission de lire[3]; et Jean Caramuel, vicaire général de Prague, atteste dans sa *Theologia* qu'il a vu des hommes instruits demander cette permission. « Aujourd'hui, dit-il, dans le vicariat de Prague, je la concède à beaucoup de savants[4]. »

Ainsi en droit il pouvait en être ainsi; en fait, nous croyons qu'aucun savant n'ignorait l'ouvrage de Copernic ou le livre du *Dialogo*. Riccioli, nous l'avons dit, citait ce dernier à chaque page. Le P. Fabri, de la Compagnie de Jésus, dans les Dialogues sur la discussion du mouvement de la terre, introduisait un personnage

---

[1] Venturi, *l. c.*, t. II, p. 78.
[2] Del Bene, *l. c.*, t. II, p. 684.
[3] *Il processo di Galileo*, p. 91.
[4] *Theologia fundamentalis*, 2ᵉ partie, p. 43.

nommé Antimus, très-opposé à la nouvelle doctrine copernicienne, et son interlocuteur Augustinus lui ayant reproché son opposition, Antimus répondait : « Je fais grand cas de Galilée, à ce point qu'aucun de ses écrits n'a été publié que je ne l'aie aussitôt lu et relu avec une avidité de plus en plus grande[1]. »

Georges Polaccus, écrivant son *Anti-Copernicus catholicus* pour défendre les arrêts de 1616 et de 1633, disait que « la Congrégation n'avait pas tellement prohibé le mouvement de la terre qu'il ne fût permis à personne d'exposer les difficultés soulevées par les questions astronomiques : une seule chose était nécessaire, ajoutait-il, c'est que cette hypothèse ne soit pas adoptée comme vraie, mais comme venant d'un principe faux pour mieux expliquer les choses, de la même manière que les théologiens expliquent plusieurs questions théologiques en disant : « Supposons que Dieu n'est pas infini ou juste, etc.[2]... » Avec ces réserves, avec ces permissions, on pouvait donc lire les ouvrages de Galilée. Aussi la doctrine de Copernic se répandait-elle, au jugement même de Riccioli[3], et en 1643 Densingius, dans *De syste-*

---

[1] *Dialogi physici*, p. 56.
[2] *Anti-Copernicus catholicus*, in-8, Venetiis, 1644, p. 5.
[3] *Almagestum*, p. 290.

mate mundi dissertatio, constatait de son côté que le système de Copernic était alors le plus répandu[1].

On le voyait en effet gagner chaque jour du terrain. Si en Hollande on avait construit des sphères représentant les mouvements célestes d'après le système condamné, une de ces sphères avait été offerte à Rome, en 1636, au cardinal Barberini. En 1644, André Argoli, qui fut professeur de mathématiques à Rome avant de l'être à Padoue, publiait son *Pandosion sphæricum in quo singula in elementaribus regionibus atque ætherea mathematice pertractantur* (Patavii, 1644, in-4), où il se prononçait pour la rotation de la terre. En 1656, sous Alexandre VII, une dissertation latine démontrait les inepties de Jacques Dubois dans ses attaques contre l'hypothèse de Copernic; en 1666, Borelli publiait à Florence sa *Theorice medicæorum planetarum*, dans laquelle, énonçant l'hypothèse des deux forces que Newton précisera, il admettait que la terre devait être une des planètes qui tournent autour du soleil; en 1668, André Taquet, religieux de la Compagnie de Jésus, supposait bien la terre immobile, mais il montrait déjà que sa rotation n'était

---

[1] Voir Delambre, *Hist. de l'astronomie*, t. II, p. 180.

pas impossible, et il établit l'état de la question en disant : « Je ne connais aucun argument astronomique ou physique qui démontre l'immobilité de la terre et le mouvement du soleil. Il faut cependant l'affirmer sur l'autorité des livres saints[1]. »

On poursuivait ainsi les études, et le mouvement scientifique ne paraissait pas arrêté. Il y a eu, je le sais, de fâcheuses affaires, comme celle de Van Velden, poursuivi en 1691 pour avoir fait soutenir à Louvain la certitude du système de Copernic[2]. Mais ce sont les derniers éclats d'une opposition qui se sentait vaincue.

IV. Jamais peut-être on n'avait tant observé les phénomènes célestes dans les trois principaux foyers d'études qu'il y avait en Italie : Bologne, Rome et Florence.

Cassini, en arrivant à Bologne en 1644, trouvait les chaires de mathématiques occupées par Ricci, par Ovide Montalbani, tous deux auteurs distin-

---

[1] *Astronomia methodo scientifica*, 1668. « Tametsi nullum argumentum, sive astronomicum, sive physicum hactenus allatum sciam, quo terræ quies et solis motus demonstratur; cogit tamen utrumque asserere divinorum voluminum auctoritas. »

[2] Le procès de Martin-Étienne Van Velden, publié dans la *Collection de Mémoires relatifs à l'histoire de Belgique*, 2ᵉ série, cité par M. l'abbé Delvigne, p. 59.

gués. En 1650 il était nommé à la chaire d'astronomie vacante par la mort de Cavalieri, et sept ans après il publiait *l'Astronomia nuova*. C'est à Bologne que le comte Mansini publiait un discours à l'occasion de la comète parue au mois de décembre 1644, et qu'en 1667 Montanari imprimait ses pensées sur la physique et les mathématiques, au sujet de quelques expériences qui venaient d'être faites[1]. Diverses critiques ayant été adressées à ce dernier ouvrage par un professeur nommé Rossetti, Montanari répliquait par une lettre à l'abbé Sampieri, et Ottavio Finetti publiait un discours au sujet de ces querelles[2] qui se prolongèrent pendant dix ans. C'est à Bologne que les PP. jésuites Riccioli, Grimaldi, Bettini, publiaient « les tables astronomiques les meilleures et les plus exactes qu'on eût encore vues[3] ». Dans son *Astronomia reformata*[4], Riccioli insérait de très-nombreuses observations faites de 1651 à 1656 sur la libration de la lune, sur Saturne, sur Jupiter, Mars et Vénus. De son côté, Montanari, aidé de Grassini et de Mezzavacca,

[1] *I pensieri fisicomatici sopra alcune espezienze fatte in Bologna*, 1667, in-4.
[2] Fabroni, *Vitæ Italorum*, t. II, p. 180.
[3] Targioni, *l. c.*, t. I, p. 439. Osservazioni che fanno ad ora sono le megliori che mi signo pervenute. Lettre du 30 janvier 1652.
[4] Bologne, 1665, in-fol., p. 199-287, 310, 324, 336.

continuait les *Éphémérides astronomiques* commencées par le marquis Malvasia, qui avait fait construire un des premiers observatoires. C'est à Bologne que Manolessi publiait en 1656 les œuvres de Galilée, que l'on imprimait les opuscules scientifiques du P. Castelli, et que la même année le P. Urbain Davisi, général de l'ordre des Jésuates, publiait le *De sphæra cœlesti*; c'est à Bologne enfin, car il faut s'arrêter, que le P. Riccioli publiait en 1658 son *Argomento fisico-matematicho contro il moto diurno della terra, confermato di nuovo con l'occasione della risposta alle considerazioni sopra la forza di detto argomento fatte dal P. Stefano de Angelis* [1].

A Rome il régnait de même une ardeur extraordinaire pour toutes les observations astronomiques : il y avait dans cette ville les deux fabricants de télescopes les plus renommés en Europe, Campani et Divini : c'était à qui construirait l'instrument donnant la vue la plus nette et la plus longue. Tous les observatoires d'Europe voulaient posséder un de ces télescopes fabriqués à Rome. Ce fut avec un des instruments de Campani que Cassini découvrit les satellites de Saturne. En 1649, il dédiait au grand-duc de Tos-

---

[1] *Alcuni opuscoli filosofici*, del P. Abate D. Benedetto Castelli. Bologne, 1669, in-4.

cane les observations qu'il avait faites lui-même à Rome. Nous trouvons dans les livres de cette époque de fréquentes mentions d'observations astronomiques faites à Saint-Pierre in Montorio le 22 décembre 1664, auxquelles assistaient beaucoup de princes et d'hommes distingués ; sur le mont S.-Onufre, en la maison de Giori, où se trouvaient les PP. Fabri, de Gottignies, Sansedoni, Cotton, et les nobles romains Savioli et Serra ; sur le Celius, à la villa Mattei, auxquelles étaient présents le P. Urbain Davisi, ce général des Jésuates, dont nous avons parlé, homme très-entendu en ces matières et excellent mathématicien. André Argoli avait déjà noté les observations auxquelles se livra en 1618 Grégoire Boncompagni, duc de Sora : cette tradition était continuée. En 1652, nous voyons Raphaël Magalotti envoyer de Rome au prince Léopold Médicis des observations sur la comète ; en 1656, le P. Dominique Plati adressait à Hodierna des observations sur une éclipse de soleil ; en 1661 une nouvelle éclipse de soleil donnait lieu à Rome à d'autres observations ; en 1664, le P. Gottignies imprimait le résultat des observations faites à S.-Onufre ; en 1666, Divini publiait une lettre sur les taches nouvellement découvertes dans Jupiter. C'était une réponse à trois lettres écrites sur le même sujet par Cassini à l'abbé Falconieri, lettres où Divini trouvait des inexactitudes. Sans doute François Levera, dans son *Prodomus universæ Astronomiæ restitutæ*, publié à Rome en 1663, se montrait partisan de l'immobilité de la terre ; mais en 1668 un jésuite, le P. André Tacquet, tout en supposant la terre immobile, montrera que son mouvement n'était nullement impossible, et que les objections opposées étaient des paralogismes. Ces publications et bien d'autres attestent l'activité des intelligences : ne nous étonnons donc pas d'entendre Candide del Buono, camerlingue de l'hôpital Santa Maria Nuova à Florence[1], nous dire, avec enthousiame, que lors de son voyage à Rome en 1662 il rencontra dans cette ville tout un groupe de savants, Fabri, Michel Ange Ricci, Divini, etc. ; Divini qui, aidé du P. Fabri, ne craignait pas de critiquer un écrit du célèbre Huygens au sujet de Saturne, et qui répliquait de nouveau à la réponse faite par Huygens.

V. Ces savants échangeaient donc leurs idées, se communiquaient leurs observations, enregistraient des faits, ne fût-ce que dans ce journal scientifique publié à Rome, les *Éphémérides* de Nazzari, pour lesquelles Michel Ange Ricci récla-

[1] Lettre du 30 janvier, dans Targioni-Tozzetti, *l. c.*, t. I, p. 437.

mait en 1673 la collaboration du comte Magalotti.

Ils se réunissaient en sociétés, en académies, pour mieux constater les expériences et s'encourager à l'étude. Tout le monde a entendu parler de l'Académie des Lincei que des auteurs accusent les papes d'avoir fait supprimer, alors que cette Académie, formée par un petit nombre de savants groupés autour du prince Cesi et ne se réunissant qu'à de rares intervalles, n'eut jamais de travaux régulièrement organisés et cessa tout naturellement après la mort du prince, en 1630, encore que Cassiano del Pozzo ait voulu la continuer en invoquant l'influence du cardinal Barberini[1].

A Florence, le prince Léopold de Médicis, grand protecteur des sciences, avait réuni dans son palais Pitti des savants et professeurs qui formèrent l'Académie del Cimento. Le prince Léopold et les associés groupés autour de lui n'étaient point, comme on les représente, des laïques élevant l'autel de la science en face de l'autel de la religion ; non, ces idées n'étaient pas celles du dix-septième siècle ; les académiciens du Lycée et

---

[1] Les *Præscriptiones Lynceæ academiæ*, curante Joan. Fabro, Lynceo, Interamnæ (Terni), 1624, plaquette réimprimée à la fin des *Considerazioni* sur la *Notitia Lynceorum*, de G. Bianchi, par Vandelli, Modène, in-8, 1745, donnent une idée du but poursuivi par les académiciens et de leurs sentiments de haue piété. Le duc Baldassare Odescalchi a publié en 1806, in-4, les excellents *Memorie istorico-critiche dell' Accademia de' Lincei*.

du Cimento étaient des hommes pieux qui cultivaient les sciences sans songer un instant qu'elles pussent être opposées à la religion[1]. Leur but était de découvrir la vérité en physique, en mathématique, en astronomie. Leurs expériences et leurs observations furent très-importantes, comme on peut le voir par la publication de Targioni-Tozzetti. Borelli, Rinaldini, Oliva, étaient l'âme de ces réunions, dont la première eut lieu en 1657 et la dernière le 5 mars 1667. Les savants de Florence étaient sans cesse en relations avec ceux de Rome : en 1660, on lut à une séance tout l'ouvrage de Divini, et lorsque, le 7 août, Borelli présenta ses remarques sur cette publication, on les envoya à Rome à Michel Ange Ricci et au P. Fabri. Un autre jour, on lut une dépêche que l'on devait envoyer le jour même à ces savants. C'est à l'Académie qu'on lut une dissertation, due peut-être à la plume de Borelli, sur les prétendues démonstrations de Riccioli contre le système de Copernic. Mais bientôt le départ de Borelli, caractère fougueux et peu agréable, qui quitta Pise dans un moment d'humeur pour venir à Rome, la translation de Rinaldini à Padoue, la

---

[1] Nulle part on ne voit cette « longue lutte, dont parle M. Berti (*Copernico*, p. 76), des représentants de la science contre la puissance religieuse ». Ce langage tout moderne n'eût pas été compris au xvii° siècle.

retraite d'Oliva à Rome où il devint *bussolante* du pape, interrompirent les travaux de l'Académie. La dernière séance eut lieu le 5 mars 1667, et le pape Clément IX, neuf mois après la dernière séance de l'Académie, nomma le prince Léopold cardinal.

On a dit : Ce chapeau fut justement le prix du silence imposé au prince et aux amis du prince; assertion gratuite, qu'aucun indice ne rend vraisemblable et qui est mensongère : d'abord, si l'Académie cessa, le prince et ses amis, dispersés par les circonstances, continuèrent de s'intéresser aux études scientifiques; ensuite, ce qui fit tomber l'Académie, ce fut le départ simultané de ses trois principaux membres, Borelli, Rinaldini, Oliva. Le cardinal Léopold le dit positivement dans une lettre à Huygens, datée du 10 février 1668, en ajoutant que ses occupations ne lui permettaient pas de poursuivre ses travaux de Florence ; mais il émettait l'espérance que l'Académie récemment fondée par le roi de France remplirait sa mission; Magalotti de son côté, atteste que les départs de Borelli, d'Oliva, de Rinaldini, furent cause de la dispersion de l'Académie. Lorsque le pape donnait le chapeau au prince Léopold, sa pensée, loin d'être une pensée d'oppression, était de contribuer par cet honneur au bien public et à l'accroissement de la science. Esprit actif et juste, le nouveau cardinal ne cessait de répéter le mot important en ces temps : « Il faut faire des expériences, c'est le seul moyen d'arriver à détruire de fausses apparences. » Ainsi se continuaient les saines traditions, et le mouvement scientifique, loin d'être arrêté après la condamnation de Galilée, recevait une impulsion, et, sous la protection des papes découlait, selon le mot d'un contemporain, Cimentelli, de cette source abondante et inépuisable, Galilée[1]. On avait signalé un écueil, on n'avait pas fermé la voie, et tous y marchaient en pleine liberté.

Cette Académie du Cimento cessait à Florence, lorsqu'à Rome la reine de Suède réunissait dans son palais de la Longara (aujourd'hui palais Corsini) tout ce qu'il y avait dans la ville d'hommes instruits. C'était une véritable académie, où Borelli venait souvent parler ; aussi l'inscription de son tombeau, élevé dans l'église du Forum Agonale, relate-t-elle, après l'éloge de ses œuvres de mathématicien, son titre de membre de l'Académie de la reine Christine, *Romæ in academiam Christinæ.... adscitus.* Crescimbeni présidait cette réu-

---

[1] Targioni-Tozzetti, *l. c.*, t. I, p. 190. M. Libri a fort bien dit cette fois : « Galilée laissait une école florissante, composée d'élèves idolâtres de sa mémoire et imbus de ses préceptes, qui n'eurent qu'à suivre ces glorieuses traces pour se rendre célèbres. » (*Revue des Deux Mondes*, 1ᵉʳ juillet 1841, p. 129.)

nion où naquit la pensée de l'Académie des Arcades destinée à réagir contre la débauche intellectuelle qui attrista au commencement du dix-septième siècle la littérature italienne. Ciampini se montrait des plus assidus parmi les savants groupés autour de la reine, et Ciampini, qui n'était pas seulement un grand archéologue, mais était aussi un physicien et un mathématicien, fut le fondateur de l'*Académia physico-matematica*[1]. Deux fois par semaine cette Académie tenait ses séances dans une salle toute remplie d'instruments de physique. Nous savons que Ciampini y lut en 1682 un discours sur la comète, et en 1686 un rapport sur les nouvelles inventions de « tubes optiques »; que Marc Antoine Cellio y présenta également des rapports sur des questions astronomiques, et que Bianchini, les deux frères François et Salvatore Serra, Michel Ange Ricci, fréquentaient cette réunion; Michel Ange Ricci, qui, ses lettres en font foi[2], se trouvait comme Ciampini à la tête du mouvement scientifique; ce qui ne l'empêchait nullement d'être au mois de décembre 1666 nommé qualificateur[3], et en février 1667 consulteur du Saint-Office[4].

[1] Renazzi, *Storia dell'Università degli studi di Roma*, t. IV, p. 100.
[2] Fabroni, *Vitæ*, t. II, p. 73, 87, 94, 104, 119, 121, 166, etc.
[3] *Ib.*, t. II, p. 144.
[4] *Ib.*, t. II, p. 155.

Il y avait à Rome d'autres lieux de réunion : Quarteroni, professeur à l'Université, les fréquentait. Ainsi Michel Ange Fardella, élève de Borelli, réunissait autour de lui « tous ceux qui à Rome s'occupaient de science[1] », et Borelli se rendait souvent chez un libraire à l'enseigne du *Vaisseau*, où était établi un véritable cercle littéraire[2]. On peut signaler encore une « Académie des curieux de la nature », qui publiait des Éphémérides où Guillaume Riva, médecin du pape Clément IX, voulait écrire[3]. Ce dernier souverain pontife, qui avait succédé à Alexandre VII, si instruit dans les sciences mécaniques, encourageait Cassini, mettait la plume à la main à Manfredi, et combinait avec Michel Ange Ricci de grands projets pour le développement des sciences[4].

A Bologne, l'abbé Sampieri présidait une réunion scientifique où Montanari venait assidûment, et plus tard, en 1688, nous voyons l'archidiacre Marsili à la tête d'une Académie de science expérimentale où Guglielmi lisait des rapports. Plus tard encore, en 1711, le comte Marsigli fon-

---

[1] Renazzi, *Storia dell' Università*, t. III, p. 140.
[2] Fabroni, *Vitæ*, t. II, *passim*.
[3] *Ib.*, t. II, p. 131.
[4] Multa gerere meditabatur quæ ad provehendas magnarum artium ac præsertim philosophiæ disciplinæ conducere potuissent (Fabroni, *Vitæ*, t. II, p. 126; Targioni, *l. c.*, t. I, p. 528).

dait l'Académie des *Inquieti*, qui s'unit à l'Académie Clémentine approuvée par le pape, où il y avait des professeurs d'astronomie, de physique expérimentale et d'histoire naturelle.

Ainsi, dans les États de l'Église, à Bologne, à Rome[1], comme à Florence, il y avait un mouvement scientifique très-marqué, et Montanari, en 1667, constatait que « l'Italie voyait continuellement se former de nouvelles réunions de savants : par des voies sûres, ils allaient à la recherche du vrai; en sorte qu'à Naples, à Rome et en d'autres lieux, la science s'enrichissait de renseignements nouveaux et divers pour arriver par la voie de l'expérience à la véritable connaissance de la nature[1]. » Ce moyen était celui là-même qu'indiquait, nous l'avons vu, le cardinal Léopold de Médicis : faire des observations, des expériences.

Mis au courant de ces études, de ces publications et de l'objet de ces réunions, Targioni-Tozzetti a donc pu dire avec vérité : « L'astronomie était une étude très-cultivée parmi nous au milieu du xviie siècle. » Ce mouvement continua avec Maraldi, Bianchini, etc. En 1718, on imprima à Viterbe, avec la permission des supérieurs,

---

[1] Je ne cite que Bologne et Rome; mais dans chaque ville des États de l'Église, Pérouse, Viterbe, Terni, etc., il y avait des savants distingués, des cercles littéraires.

Ingenuarum artium, solidiorisque scientiæ theoremata centum singularia, où le dix-septième du P. Raimond Messorio, religieux mineur conventuel, était intitulé : « Copernicanum cœlorum systema, nec sensu, nec ulla omnino efficaci ratione expugnari potest, auctoritate solum Scripturæ sacræ proscribitur. » Il semble que l'on hâte ainsi une solution. Quelques années plus tard, la réputation du P. Boscowich, professeur au Collège romain, devint européenne ; et dans son ouvrage sur la mesure d'un degré du méridien, effectuée par ordre du souverain pontife, Boscowich admettait toujours comme des faits établis le mouvement de rotation de la terre autour de son axe et sa révolution annuelle autour du soleil. Sous le pontificat de Benoît XIV, le cardinal Valenti, secrétaire d'État, protégea les sciences et érigea à l'Université de Rome une chaire de chimie, ainsi qu'une chaire de mathématiques transcendantes, astronomie et statique, tandis que dans la chaire de physique récemment créée le P. Jacquier, religieux minime français, professait les principes modernes de cette science.

Je m'arrête à ce pontificat de Benoît XIV, qui en effaçant de l'*Index librorum prohibitorum* les livres enseignant le mouvement de la terre, leva une grande partie des barrières que l'on préten-

17.

dait avoir été injustement établies. — Vingt ans après, en 1792, le P. Troilo, dans son *De corporibus cœlestibus*, posait pour thèse que chacun pouvait, sans péril d'erreur ou témérité, soutenir que le soleil est immobile et que la terre est en mouvement.

Ainsi les observations successives démontraient la fausseté de la vieille doctrine, la vérité de la nouvelle : Newton, Bradley, étaient venus. Galilée avait recommandé ces observations, et on avait obéi à ses conseils. « Le très-sûr moyen, à mes yeux, pour prouver que la thèse de Copernic n'est pas contraire à l'Écriture, disait-il, serait de montrer, avec mille preuves, qu'elle est vraie et que la thèse contraire ne peut en aucune manière subsister; car la vérité ne pouvant être opposée à elle-même, il est nécessaire que cette opinion et les saintes Écritures concordent très-bien. »

Ainsi avait-on fait, sous les yeux et avec l'approbation de l'Église ; ainsi on avait cherché « ces raisons convaincantes » que Pascal attendait pour que tous les hommes crussent au mouvement de la terre, raisons qui ne pouvaient être données qu'à la suite de calculs et d'observations multipliées.

Il est temps de terminer.

Si nous nous en tenions aux paroles de MM. Libri, Berti, et aux plaintes sur le coup funeste porté à la science par la condamnation de Galilée, on aurait cru trouver soudain dans le champ des études scientifiques la stérilité et la langueur. Or, il n'en est rien : partout on rencontre l'activité et la vie. Des savants nombreux travaillent et observent, tout en se tenant dans les limites tracées par les décrets des congrégations. Ces limites peuvent empêcher des écarts, elles gênent sans doute un peu, mais elles n'arrêtent personne, car, selon la pensée d'un des astronomes romains, Marc Antoine Cellio, « il ne faut pas y demeurer plus qu'il ne faut ». Les savants chrétiens de ce temps attendent donc patiemment le moment où la science, munie de preuves, pourra parler, et où alors l'Église, acceptant les preuves, pourra changer son interprétation du texte sacré.

Après cet aperçu rapide, mais non superficiel, — car si nous n'avons cité que certains noms et certaines œuvres nous avons pu nous assurer combien ces noms étaient nombreux et ces œuvres fécondes, — il nous sera permis d'affirmer que la condamnation de Galilée n'empêcha réellement aucune étude et n'arrêta aucune observation. Les prémisses de M. Berti sont fausses, car les faits sur lesquels il s'appuie sont faux ; fausses aussi sont les conséquences que subsidiairement il en tire : je veux parler de cette décadence littéraire et de cette décadence politique de l'Italie qu'il attribue au prétendu abandon des grandes spéculations scientifiques.

VI. La décadence littéraire qui se produisit en Italie après la brillante période du xvie siècle était visible bien avant le temps où vécut Galilée. C'est alors que les écrivains trouvent élégant d'employer un style plein de recherche et d'afféterie, c'est alors que se forment ces académies des *fantastici*, des *infœcundi*, des *apatistæ*, des *imperfecti* et autres noms ridicules qui pullulèrent au xviie siècle. La condamnation de Galilée, venue alors que cette décadence était déjà très-marquée, n'a pu lui avoir donné naissance[1]. Elle n'a pas été davantage la cause de la décadence politique de l'Italie. Cette décadence ne date-t-elle pas du jour où le protestantisme acquit en Europe une existence légale ? Le pape n'a-t-il pas seul protesté contre le traité de Westphalie qui consacrait cette existence ? Mais personne ne tint compte alors de cette protestation ; on en a vu

[1] Muratori a dit les causes de cette décadence dans *De perfecta poesi italica*.

depuis les conséquences : ce fut la déchéance de l'Italie. Depuis lors le territoire italien a toujours servi de « compensation » aux puissances qui cherchaient à garder leur équilibre, car le centre politique du monde était déplacé, et le cabinet de Versailles n'avait plus en face de lui Rome, mais Vienne, Londres, et bientôt Berlin.

Ces conséquences étaient prévues, et un fait considérable rend raison de tous les faits secondaires. Si l'auréole littéraire et politique qui, durant le xvie siècle, resplendit si brillante au front de l'Italie, a semblé pâlir, l'histoire nous en révèle la cause avec une irrésistible éloquence. « Le vice a passé dans ces races et en a rongé les fibres vives », comme l'a dit, en parlant d'une autre nation, un éloquent orateur, le P. Lacordaire. La religion n'a pu contenir ce débordement de sensualités qui, du sein de la prospérité et sous le souffle des renaissances païennes, avait fait irruption dans la société des Borgia et des Médicis. L'Église a pu souvent en être victime, elle n'en fut pas complice ; et si la nature humaine, en plusieurs de ces prélats, cardinaux et papes, s'est trop montrée, l'Église a protesté du moins, par ses saints et ses docteurs, contre le tourbillon enivrant et le milieu énervant dans lequel ces sociétés élégantes, mais corrompues et corruptrices de Venise, de Milan, de Florence, de Rome, étaient emportées et ensuite mollement bercées. Cependant l'Italie avait à son centre le vicaire de Jésus-Christ ; elle possédait le tombeau des apôtres ; sa terre, à Rome surtout, était abreuvée du sang des martyrs ; nul pays n'avait plus de souvenirs pieux ; dans nul pays il n'y avait eu plus de saints et avec ces saints n'étaient descendues plus de grâces. Oui, mais cela même l'a condamné. Ce peuple s'est trop habitué, peut-être, à vivre au contact du surnaturel ; dans ce commerce intime, la familiarité est venue, mais une familiarité où le respect a diminué et où l'amour a trop pris ses libertés et ses aises. Des lois ecclésiastiques furent délaissées, la discipline se relâcha, des abus survinrent et ne purent être corrigés. Ainsi est-il advenu que la vie de la nation catholique s'est trouvée soudain affaiblie et diminuée.

En même temps le protestantisme, qui convoita l'Italie pour sa proie sans pouvoir la dominer, déposa cependant dans son sein plus d'un germe fatal. Puis le philosophisme a rempli de son esprit les hautes classes de la société, en même temps que le joséphisme, par son opposition contre Rome, a déplacé les relations gouvernementales et fortement contribué à établir ce despotisme modéré, paternel, mais énervant, parce qu'il n'était pas chrétien, dont l'Italie eut à souffrir.

Ceux donc qui reprochent à l'Église d'avoir, par un arrêt doctrinal, tué le génie du peuple italien, se méprennent singulièrement. Au lieu de les accepter comme des accusateurs, il faut les traduire devant la justice de l'histoire, car ils oublient quels sont ceux qui ont inoculé dans les veines de ce peuple le poison qui, longtemps inoffensif parce que la constitution était robuste, a gagné peu à peu jusqu'à atteindre les parties vitales. Un peuple catholique ne délaisse pas impunément sa mission, l'abandon qu'il en fait crie vengeance : aussi a-t-on vu sa gloire pâlir, car il s'est arrêté dans la voie du bien, lui d'une nature ardente, de passions si vives, séduisant toujours, mais impuissant désormais à soutenir d'une main aussi virile les combats de la vérité. Telles sont, pour le dire en passant, car, entraîné sur les pas de M. Berti, je ne puis et ne veux ici qu'effleurer un tel sujet, telles sont les causes de cette décadence politique de l'Italie dont on se lamente, qu'on exagère parfois, mais qui, certainement, n'est pas due à la condamnation dont deux congrégations romaines ont pu frapper les ouvrages et la personne de Galilée.

IX

Il est temps de résumer ce travail.

Galilée, en établissant les principes de la mécanique, qui sont ses titres de gloire, comme en soutenant la doctrine de Copernic et en l'éclairant par ses observations, a rencontré pour adversaires les partisans de la philosophie naturelle d'Aristote. Cette philosophie, en effet, était complétement foulée aux pieds, comme disait un péripatéticien, et bientôt elle n'allait plus subsister si les doctrines nouvelles étaient acceptées. Pour mieux combattre ces doctrines, les péripatéticiens appelèrent à leur aide des passages de l'Écriture sainte, qui semblaient établir leur croyance et condamner les affirmations de Copernic.

Galilée voulut à son tour interpréter le texte sacré, et, malgré les conseils qui lui furent prodigués, il commit plus d'une imprudence.

Les faits ont démontré comment les péripatéticiens ont amené des cardinaux et des papes, péripatéticiens eux-mêmes, à proscrire une doctrine jugée antiscientifique afin de sauvegarder un principe théologique. Car la question, au premier abord exclusivement scientifique, prit bientôt un caractère théologique. Pourquoi attaquait-on la doctrine de Galilée, si ce n'est parce qu'elle « n'était pas bonne en théologie », et parce qu'elle « était diamétralement opposée à la vraie théologie et philosophie[1] » ? — Opposée à la théologie, car si on l'adoptait, ne fallait-il pas changer, sans raison suffisante, le sens littéral d'un texte de l'Écriture pour adopter un sens figuré ? — Opposée à la philosophie naturelle, car la plupart des savants d'alors ne regardaient-ils pas la doctrine de Ptolémée comme une vérité scientifique et la doctrine de Copernic comme un paradoxe qu'aucune preuve n'appuyait et en fait elle n'avait alors pour elle aucune preuve ? Aujourd'hui il est facile de dire : le tribunal a eu tort ; mais en 1616, mais en 1633, les universités et les savants disaient : il a raison. Forts de cette conviction scientifique raisonnable, des

---

[1] Mi è parso contenersi non buona dottrina in materia di theologia. *Les pièces du procès*, p. 22. Dico esser dottrina contraposita ex diametro alla vera teologia et filosofia. *Ib.*, p. 33.

théologiens purent être inquiets sur les conséquences philosophiques et religieuses d'une doctrine estimée ainsi contraire à la science; et comme les protestants, depuis un siècle, abusaient de la substitution du sens figuré au sens littéral, on conçoit la crainte qu'eurent les membres de la Congrégation de modifier prématurément une interprétation traditionnelle : ils repoussèrent donc l'innovation avec sincérité, mais aussi avec l'ardeur passionnée d'hommes qui n'étaient pas et ne pouvaient pas être, dans ces questions, étrangers aux préoccupations et aux entraînements de leur temps.

Les cardinaux étaient-ils compétents pour juger? Oui, ils étaient compétents.

Se sont-ils trompés dans leur jugement? Oui, ils se sont trompés dans leur jugement : — en fait, lorsqu'ils ont déclaré fausse une doctrine reconnue aujourd'hui vraie, et contraire à l'Écriture une doctrine qui peut s'accorder avec le texte sacré; — en droit, puisqu'ils décidaient par l'autorité de l'Écriture sainte une question où cette autorité, au jugement de saint Augustin et de saint Thomas, ne devait pas être invoquée.

Leur erreur peut-elle être un argument contre la doctrine de l'infaillibilté du souverain Pontife? Aucunement : cette erreur n'engage que la responsabilité d'un tribunal faillible. La crainte des excès de la libre interprétation de l'Écriture et de l'invasion du rationalisme dans l'exegèse a pu exciter le zèle, mais la prédominance des méthodes péripatéticiennes dans l'enseignement scientifique, et l'engouement pour Aristote l'a égaré. La Congrégation s'est trompée ici comme le parlement de Paris s'est trompé, comme se sont trompées les académies qui, alors et depuis, ont repoussé des théories nouvelles, la vapeur, le chloroforme, etc. C'est un fait vulgaire dans l'histoire des sciences.

Y a-t-il dans ce fait une attaque de la religion contre la science? Nullement, puisque c'est au nom de la science d'alors, et pour sa défense, que la Congrégation proscrivit la théorie nouvelle, estimée antiscientifique. Elle a cru ainsi maintenir l'intégrité de la science, dont la plénitude, à son avis, se trouvait dans Aristote. « Le fait d'une opposition systématique et haineuse, dans les hauts rangs de l'église, aux progrès des sciences naturelles, dirons-nous avec un savant professeur, M. Gilbert, est très-nettement démenti par les témoignages éclatants de sympathie et de protection que les études scientifiques recueillaient alors à Rome.... L'aristotélisme eut une part prépondérante dans la controverse[1]. » Il parut être vainqueur après la condamnation de Galilée, mais ce triomphe même devint le signal de son irrévocable défaite.

La condamnation, tout en prévenant peut-être certains écarts où des esprits trop ardents auraient pu être entraînés, n'a-t-elle pas arrêté les progrès de la science? Nullement, nous l'avons montré par des faits sans réplique. Elle n'a pas ralenti et ne pouvait ralentir les études astronomiques, elle n'a pas détourné de la science et ne pouvait en détourner les esprits investigateurs; en sorte que l'on s'est demandé si dans l'intérêt même de la science le maintien du *statu quo* scientifique n'aura pas été utile, comme un frein modérateur attaché au char qui se précipiterait sur des pentes : sans doute il pourrait, sans entraves, arriver plus vite au but; mais, entraîné par son poids et sa vitesse, il pourrait aussi se briser aux écueils qui bordent la route.

Quoi qu'il en soit, il reste toujours ce fait : c'est que les péripatéticiens ont eu alors l'audace de demander et la puissance d'obtenir une déclaration d'orthodoxie exclusive en faveur de leur doctrine.

Cela est fâcheux sans doute, mais ne saurait

---

[1] Voir le récent et excellent travail de M. Gilbert, *La condamnation de Galilée*, tirage à part, p. 78 et 109.

ni justifier les répulsions, ni ébranler la foi. Souvent, au milieu de la mêlée des batailles, on voit deux troupes, marchant sous le même drapeau et parties du même camp, ne plus se reconnaître. De fausses apparences les trompent, car l'une d'elles s'est égarée au delà des lignes que la prudence du général avait défendu de franchir, et elles font feu l'une contre l'autre. Certes la méprise est cruelle ; chacun peut en gémir, car les conséquences en sont parfois désastreuses, mais en déplorant l'accident on refuse de croire qu'il ait eu pour cause une trahison. Ainsi en a-t-il été et en devrait-il être dans la question de Galilée. Les hommes de la religion et les hommes de la science ont paru opposés les uns aux autres ; mais de fausses apparences les trompaient, puisque, venus du même point, ils marchent vers le même but, encore que leur rang, leurs fonctions, leur rôle, soient divers en importance. Tous sont les enfants du même Dieu, et sous sa main tous doivent concourir au salut des âmes. Si la science a ses droits, elle a aussi ses devoirs. L'Église ne proscrit pas les droits, mais elle rappelle les devoirs, et le premier d'entre eux est incontestablement le respect dû à l'Église, lorsqu'elle recommande la prudence afin d'empêcher les âmes d'être troublées. La Science le doit à Dieu, son maître, son principe et sa fin :

Deus scientiarum, Dominus.

La question de Galilée, que des documents inédits nous ont permis d'éclairer, il y a dix ans, d'une lumière nouvelle, est désormais connue. La passion peut s'en emparer pour la dénaturer, mais lors même que l'on blâme les entraînements et les erreurs des hommes, il n'y a pas lieu d'attaquer l'Église, que l'on voudrait ainsi compromettre, mais qui n'est pas en jeu. Ainsi dans cette étude avons-nous cherché à bien connaître les faits, afin de découvrir les raisons et les passions tantôt généreuses et tantôt égoïstes qui, à cette époque et en cette occasion, ont amené les événements ; recherche loyale où nous n'avions rien à dissimuler, parce que nous n'avions rien à redouter.

Si nous interrogeons l'histoire du passé, c'est pour apprendre par l'examen sincère des vertus et des fautes, des prospérités et des malheurs de nos pères, à nous diriger au milieu des difficultés du présent, afin de marcher d'un pas mieux assuré vers un heureux avenir. Voilà ce qui ennoblit parfois nos labeurs, et c'est la seule récompense que nous ambitionnions ici-bas pour nos faibles efforts.

NOTE I

CORRECTIONS A MON ÉDITION DES *PIÈCES DU PROCÈS*

L'histoire du manuscrit du procès de Galilée est à présent bien connue. Emporté de Rome lorsque l'empereur Napoléon Ier se fut emparé de la ville des Papes, ce manuscrit déposé à Paris ne fut, malgré de nombreuses réclamations, restitué au Saint-Siége que dans la dernière année du pontificat de Grégoire XVI. Au moment de quitter Rome, en 1849, pour fuir la Révolution, Pie IX le confia à Mgr Marino Marini ; rentré dans sa capitale, le pape le fit déposer le 8 mai 1850 aux archives du Vatican où il est encore aujourd'hui.

Napoléon Ier avait voulu publier ces pièces du procès de Galilée, et comme elles étaient écrites en latin ou en italien, une traduction fut commencée. Plusieurs personnes purent en prendre communication, mais comme aucun procès-verbal constatant l'application de la torture n'avait été trouvé, le manuscrit fut jugé d'un intérêt médiocre, et la publication projetée n'eut pas lieu.

En 1850, Mgr Marino Marini, préfet des archives du Vatican, présenta à l'Académie romaine d'archéologie un mémoire sur *Galileo e l'inquisizione*. Mais, au lieu du texte des pièces du procès réclamé depuis longtemps, Marini inséra seulement au milieu de son récit neuf documents et des fragments assez courts de quelques autres, où des phrases tronquées ne satisfaisaient point la curiosité, en permettant de croire à des réticences. Il en résulta un effet fâcheux. J'ai dit ailleurs comment le Père Theiner obtint pour moi la permission de copier les pièces du procès et comment je publiai dans la *Revue des questions historiques* (1er juillet 1867, p. 68-171) quarante-cinq documents choisis parmi les plus importants du dossier. M. Berti ayant eu à son tour communication du manuscrit donna une édition nouvelle des documents que j'avais publiés et il en ajouta quinze inédits. Ayant de nouveau obtenu de S. E. le cardinal secrétaire d'État communication du manuscrit afin de le publier intégralement et correctement, j'imprimai à Rome au mois de mai 1877 toutes les pièces du procès. M. de Gebler, qui eut après moi le manuscrit entre les mains, publia deux mois après les mêmes pièces à Stuttgart. Le texte de ces deux éditions, on peut le dire, est semblable, malgré quelques rares et très-légères variantes. M. de Gebler a bien voulu reconnaître l'exactitude de mon travail et je l'en remercie ; seulement au sujet de la différence qu'il signale entre sa ponctuation et celle que j'ai donnée, je ferai observer qu'usant du droit et remplissant peut-être le devoir d'un éditeur, j'ai ponctué autant que possible d'après le sens de la phrase, tandis que M. de Gebler a reproduit la ponctuation exacte du manuscrit, souvent défectueuse comme celle, on le sait, de presque tous les manuscrits.

Malgré le soin mis à corriger les épreuves, plusieurs fautes d'impression sont restées dans le texte que j'ai fait imprimer ; je les ai découvertes à mon retour en France. On me permettra donc d'indiquer ici ces corrections. Comme j'ai eu depuis entre les mains l'édition de M. de Gebler, je signalerai en même temps quelques lectures différentes données par ce savant : MENDA NONNULLA SIC EMENDA.

Page xvii, note, au lieu de *chex* lisez *chez*.
Page xviii, note, au lieu de *dhilosophia* lisez *philosophia*.

Page XVIII, note, au lieu de *tenebrefs* lisez *tenebris*.
Page XIX, ligne 20, au lieu de *et præsertim* lisez *ea præ-sertim*.
Page XX, ligne 6, au lieu de *ler* lisez *les*.
Page 5, ligne 3, au lieu de *modo* lisez *moto*.
Page 6, ligne 3, au lieu de 1632 lisez 1633.
Page 6, ligne 20, au lieu de *dlchiaratione* lisez *dichiara-tione*.
Page 10, ligne 29, au lieu de *guesta* lisez *questa*.
Page 11, ligne 5, au lieu de *procurerit habere* M. de Gebler lit *procurent habere*.
Page 11, ligne 14, au lieu de *scritttura* lisez *scrittura*.
Page 21, ligne 6, au lieu de *rifcrisce* lisez *riferisce*.
Page 23, ligne 6, au lieu de *Attivanti* lisez *Attavanti*.
Page 24, note 3, au lieu de *icum* lisez *cum*.
Page 25, ligne 8, au lieu de *corrispondenza.* lisez *corris-pondenza,*
Page 25, ligne 13, au lieu de *impicta* M. de Gebler lit *imputa*; sans doute ce serait alors un lapsus pour *imputata*. *Impicta* est très-latin.
Page 30, ligne 1, au lieu de *ora* M. de Gebler lit *Q(uando?)*
Page 30, ligne 5, au lieu de (f° 366, v°) lisez : (f° 365, v°).
Page 30, ligne 24, ajouter : (f° 366, v°).
Page 30, ligne 28, au lieu de *dove hora sta (?)* lisez *dove hora sta (?), etc.* Au lieu de ces mots, M. de Gebler lit *dove rimaste*. Le lecteur peut avoir le fac-simile sous les yeux. *Les pièces du procès*, p. 30).
Page 32, ligne 10, au lieu de *cho* lisez *che*.
Page 33, ligne 10, M. de Gebler au lieu de *dèaliter*, dont l'abréviation est *dealr*, lit : *de atr* et alors traduit en note par *de atributo*.
Page 34, ligne 5, au lieu de *alle* lisez *alla*.
Page 40, ligne 30, au lieu de *s. officio* lisez *s. officii*.
Page 41, ligne 6, au lieu de *testibus* lisez *testibus, etc.*

Page 41, ligne 3, au lieu de *parere promisit super quibus* lisez *parere promisit, super quibus.*

Page 75, ligne 2, au lieu de *Mai* lisez *Maii.*

Page 77, ligne 29, à la fin du folio 433 v° ajoutez : *Melchior Incofer.*

Page 77, ligne 34, au lieu de *attendatur* lisez *attendantur.*

Page 77, ligne 35, au lieu de *endem* lisez *eandem.*

Page 78, ligne 11, au lieu de *conset* lisez *censet.*

Page 78, ligne 12, au lieu de *nanciscatur; proposita* lisez *nanciscatur proposita.*

Page 79, ligne 16, au lieu de *dictur* lisez *dicitur.*

Page 83, note, au lieu de *loir* lisez *loin.*

Page 86, ligne 26, au lieu de *regnlaris* lisez *regularis.*

Page 86, ligne 31, au lieu de *mova* lisez *muova.*

Page 88, ligne 26, au lieu de *cinqueo* lisez *cinque.*

Page 92, ligne 32, au lieu de *proposita causa* lisez *proposita causa, etc.*

Page 95, ligne 23, au lieu de *precipiente* lisez plutôt *precedente,* l'abréviation est : *prete.*

Page 95, ligne 23, au lieu de *permissorum... eorum* lisez *permissione... earum.*

Page 95, ligne 34, au lieu de *in cuciculo D. Galilei* lisez *in cubiculo d. (dicti) Galilei.*

Page 98, ligne 33, au lieu de *dioecesani* lisez *diocœsani.*

Page 113, ligne 21, au lieu de *eretto* lisez *evento.*

Page 113, ligne 25, au lieu de *sersero* (?) lisez *sarò.*

Page 115, ligne 7, au lieu de *Cotesto* lisez *cotesto.*

Page 116, note, au lieu de *m.re* lisez *mre.*

Page 117, ligne 4, au lieu de *ottebre* lisez *ottobre.*

Page 117, ligne 7, au lieu de *Inq.* lisez *inq.*

Page 120, ligne 19, au lieu de *da sua* lisez *la sua.*

Page 125, ligne 24, il faut supprimer dans la signature les mots *di Padoua.*

Page 127, dernière ligne, au lieu de *ing.* lisez *inq.*

Page 133, ligne 3, au lieu de *acepi* lisez *accepi.*

Page 133, ligne 17, au lieu de *opprobatum*, lisez *approbatum*.

Page 133, ligne 28, au lieu de *Mathœus* lisez *Matthœus*.

Page 134, ligne 22, le mot *lectum* appartient au f° 548, v°.

Page 136, ligne 17, au lieu de *tant* lisez *tanto*.

Page 137, ligne 9, au lieu de *Priucipe* lisez *Principe*.

Page 137, ligne 19, au lieu de *oblata* lisez *ablata*. Peut-être pourrait-on lire aussi : *extra absolutionum facultatem* (voir le fac-simile dans les *Pièces du procès*, p. 140).

Page 137, ligne 21, au lieu de *dannata* lisez *damnata*.

Page 137, ligne 22, au lieu de c lisez cc.

Page 138, ligne 20, au lieu de *aspotta* lisez *aspella*.

Page 138, ligne 32, au lieu de *Prevertat* je crois qu'il serait mieux de lire *Previsat*. M. de Gebler met ici : mot illisible, *unleserliches Wort* (voir le fac-simile).

Au lieu de *antequam* un de mes amis lisait *nunquam* ; au lieu de *ducetur* un de mes amis lisait *doceat*, qu'il avertisse, qu'il en donne avis, en sous-entendant alors *venit* et non *est catholicus*. M. de Gebler lit *nunquam sed si* (?) *ducant*, en remarquant que c'est très-illisible, *sehr unleserlich*.

Page 138, note, au lieu de *après le mot si* lisez *après le second mot si*.

Page 139, ligne 5, au lieu de *prohibitiones alias factas* lisez *prohibitionem alias factam*.

Page 139, ligne 17, au lieu de *quando* lisez *quanto*.

Page 140, ligne 1, au lieu de f° 557 r° lisez 556 r°.

Page 140, ligne 2, au lieu de f° 557 v° lisez 556 v°.

Page 140, ligne 14, au lieu de *signifiacri* lisez *significari*.

Page 141, ligne 22, au lieu de *precedente, l'abjura de vehementi da farsi* lisez *precedente l'abjura de vehementi da farsi*.

Page 140, ligne 30, au lieu de *come sopra* lisez *come sopra,*

Page 140, ligne 33, au lieu de *della nattematica* lisez *della mattematica*.

Page 140, à la note, au lieu de *qlsa et* lisez *qlsa et*.

Si j'avais oublié de signaler quelques autres fautes je demanderais au lecteur de vouloir bien les corriger avec bienveillance, en lui disant avec un vieil auteur : ALIA SIMILIA, VEL MINORIS MOMENTI CORRIGAT LECTORIS HUMANITAS.

NOTE II

BIBLIOGRAPHIE

Tous les dictionnaires biographiques contiennent une notice sur Galilée ; les historiens de l'astronomie et des mathématiques ont consacré bien des pages aux travaux du savant. Nous n'avons point fait figurer ici tous ces ouvrages généraux, nous contentant de noter quelques-uns des plus importants.

GALILEO GALILEI. *Nuntius sidereus*. Firenze, 1610, in-4. — GALILEO GALILEI. *Discorso intorno alle cose che stanno in su l'acqua o che in quella si muovano.* Firenze, 1612, in-4. — VINCENZIO DI GRAZIA. *Considerazioni sopra il discorso di G. Galilei.* Firenze, 1612, in-4. — ANON. *Considerazioni dell' accademico incognito sopra il discorso di Galileo.* Pisa, 1612, in-4. — LODOVICO DELLE COLOMBE. *Discorso apologetico intorno al discorso del Galileo.* Firenze, 1612, in-4. — GALILEO GALILEI. *Istoria e demostrazioni intorno alle macchie solari in tre lettere stritte da...* Roma, 1613, in-4. — GALILEO GALILEI. *Il Saggiatore.* Roma, 1623, in-4. CAMPANELLA. *Apologia pro Galileo.* Francfort, 1622, in-4. — *Alla sacra maesta Cesarea dell' imperatore in lode di Galileo Galilei canzone.* Firenze, 1631, in-4 de 8 p. — GALILEO GALILEI.

Dialogo sopra i due sistemi del mondo. Firenze, 1632, in-4 ; réimprimé à Napoli (Firenze), 1710, in-4, traduit en latin par Bernegger, *Systema cosmicum.* Augustæ-Trebocensis, 1635, in-4, et Leyde, 1699. — BERIGARD. *Dubitationes in dialogum Galilei.* Firenze, 1632, in-4. — ANTONIUS ROCCUS. *Exercitationes philosophiæ vel apologia pro Aristotile contra Galilœum Galileis.* — GALILEO GALILEI. *Lettera a madama Christina.* Leida, 1634. — GALILEO GALILEI. *Discorsi e dimostrazioni matematiche intorno a due nuove scienze attenenti alla meccanica e ai movimenti locali.* Leida, 1638, in-4. — *Les Nouvelles pensées de Galilée, où il est traité de la proportion des mouvements naturels et violents,* traduit de l'italien. Paris, 1639, in-8. — GALILEO GALILEI. *Le Operazioni del compasso geometrico e militare.* Padova, 1640, in-4. — POLACCUS. *Anticopernicus catholicus.* Venetiis, 1644, in-8, p. 68-77. — RICCIOLI (R. P.). *Almagestum novum.* Bologna, 1651, in-fol., t. II, p. 495-499. — MANOLESSI. *Opere di Galileo Galilei.* Bologna, 1651, 2 vol. in-4. — VIVIANI. *Vita di Galileo,* dans *Quinto libro degli elementi d'Euclide.* 1674, p. 60-106.

SALVINI. Dans *Fasti consolari dell' accademia Florentina,* 1717, in-4, p. 377-446. — BOTTARI et BONAVENTURI. *Opere di Galileo Galilei.* Firenze, 1718, 3 in-4. — BRUCKER. *Historia Philosophiæ.* Leipzig, 1741, in-4, t. V, p. 634. — *Opere di Galileo Galilei.* Padova, 1744, 4 vol. in-4. — MONTUCLA. *Histoire des Mathématiques.* 1758, in-4, t. II, p. 220. — *Saggio* dans *il Caffe,* Brescia, 1764, 2 vol. in-4, t. II, p. 17. — FABRONI (Mgr). *Lettere inedite di uomini illustre.* Firenze, 1773, in-8. — FRISI (P. Paolo). *Elogio del Galileo.* Livorno e Milano, 1773, in-8. — FLENCEL (abbé Jérôme). *Essai sur la vie et les découvertes de G. Galilei.* Paris, 1776, in-12 (traduction de l'ouvrage précédent). — R. P. ANDRÈS. *Saggio della filosofia di Galileo.* Mantoua, 1776, in-8. — BRENNA. *Vita di Galileo,* dans *Vitæ Italorum doctrina excellentium qui sæculis* XVII *et* XVIII *floruerunt,* de Fabroni. Pisa, 1778, in-8, t. Ier. — R. P. FERRI. *Elogio di*

Galileo. Milano, 1778, in-8. — Targioni-Tozzetti. *Atti e memorie inedite dell' accademia del Cimento.* Firenze, 1780, 3 vol. in-4. (Le premier volume surtout contient un grand nombre de documents sur Galilée.) — Jagemann (Christ.-Joseph). *Geschichte des Lebens und der Schriften des Galileo Galilei.* (Histoire de la vie et des écrits de Galilée.) Weimar, 1783, in-8 ; nouvelle édition, Leipzig, 1787, in-8. — Mallet du Pan. *Mensonges imprimés au sujet de la persécution de Galilée,* dans le *Mercure de France,* 17 juillet 1784. — Iseo (G.) *Considerazioni al Tasso e discorso sopra il poema di Tasso.* 1795, in-4. — Nelli (Clément). *Vita e commercio letterario di Galileo Galilei.* Losanna (Firenze), 1793, 3 vol. in-8 ; publié en 1820. — Tiraboschi (R. P.). *Due memorie storiche sul sistema del Galileo,* dans *Storia della letteratura italiana.* T. X, p. 362 (2ᵉ édition, 1797).

Opere di Galileo Galilei. Milano, 1808, 13 vol. in-8. — Odescalchi (don Baldassare). *Memorie istorico-critiche dell' accademia de' Lincei.* Roma, 1806, in-4. — Biot (J.-B.). *Galilée,* dans la *Biographie universelle* de Michaud (1816, in-8.). — Venturi (G.-B.). *Memorie e lettere inedite finora o disperse di Galileo Galilei.* Modena, 1818-1821, 2 vol. in-4. — Barbier (U.-A.). *Galilée,* dans *Examen critique et complément des dictionnaires historiques.* Paris, 1820, in-8. — Gamba (Bart.). *La Vita del Galileo ed alcune lettere familiari.* Venezia, 1826, in-16. — Brougham (Lord). *Life of Galileo,* dans *Library of useful Knowledge.* 1829. — Brewster (Sir David). *Life of Galileo,* dans *Edinburgh Review.* T. VII-X, 1830. — *Sul processo di Galileo,* dans *Staatsmann,* 1830. — Esslinger (G.). *Le Procès de Galilée,* dans le *Mémorial catholique,* 1830. — *Opere di Galileo Galilei.* Milano, 1832, 2 vol. in-8. — Foisset (Th.). Dans *Annales de philosophie chrétienne,* 1834, t. VIII, p. 21. — Salfi. Dans le t. XI, p. 199 de la *Continuation* à la seconde édition de l'*Histoire littéraire d'Italie,* par Ginguéné. Paris, 1834, in-8. — Zinelli (abbé). *Intorno allo spirito religioso della filosofia di Galileo Galilei.* Venezia, 1836, in-12. — Cooper (Sir

Peter). Dans *Dublin Review.* Juillet, 1838, p. 72-116. — BREWSTER (Sir David). *Life of Galileo,* dans *Compleclion of the cabinet encyclopœdia* du D' Lardner ; août 1839. — *Der heilige Sthul gegen Galilei und das astronomische System des Copernicus.* (Le Saint-Siége contre Galilée et le système de Copernic). Art. de CLEMENS dans *Historische und politische Blætter.* 1841, t. VII. — TORRICELLI (G.-B.). Dans *Orazioni e dissertationi storico-polemiche.* T. III, p. 4-14. — LIBRI. *Histoire des mathématiques en Italie.* Paris, 1838-1841, in-8, et articles dans la *Revue des Deux Mondes.* Septembre et octobre, 1840; mars, avril et juillet 1841. — BREWSTER (Sir David). *Lives of Galileo, Tycho Brahe and Kepler, the martyrs of science.* London, 1841, in-12. — BIGAZZI *Due lettere di Galileo Galilei inedite.* Firenze, 1841, in-8. — ANON. Dans *Université catholique,* 1841, t. IX, p. 219-227. (Analyse de l'article de la *Dublin Review.*) — CAROVÉ (F.-B.-W.). *Galilei Lebens* (la vie de Galilée), traduction des articles de M. Libri, Siegen et Wiesbaden, 1842. — ALBERI (E.). *Opere complete di Galileo Galilei.* Firenze, 1842-1846, 16 vol. in-8. — CATTANEO (Antonio). *Cenni sulla vita di Galileo Galilei.* Milano, 1843, in-8. — BUONCOMPAGNI (le prince Baldassare). *Intorno ad alcune note di Galileo Galilei ad' un opera di Giov. B. Morin,* dans *Bullettino di Bibliografia e di storia della scienze matematiche e fisice.* T. IV, p. 1-45. — BUONCOMPAGNI. *Intorno ad alcuni avvanzamenti della fisica in Italia nei secoli* XVI *et* XVII. Roma, 1846, in-8. — FALLOUX (Vte de). Dans le *Correspondant* du 25 novembre 1847. — REUMONT (Alfred). *Galilei und Rom,* dans *Berliner Calender für* 1849, p. 159-240 — MARINI Mgr Marino). *Galileo e l'inquisizione.* Roma, 1850, in-8. — — *Revue britannique,* 5° série, t. IX, p. 226. — PALMIERI (abbé). Dans *Annali delle science religiose.* Juillet et août 1851 (2° série, t. X, p. 85); traduit dans l'*Université catholique,* t. XL, p. 428-561. — (ANONYME). Dans le *Rambler.* Janvier, 1852. — REZZI (Domenico). *Sulla invenzione del microscopio giuntavi una notizia delle considerazioni al*

Tasso attribuite a Galileo Galilei. Roma, 1852. (Avait paru dans *Atti dell' accademia pontificia de' nuovi Lincei*, 28 déc. 1851). — Reumont (Alfred). 2ᵉ édition de *Galileï und Rom*, dans *Beitrage zur italienischen Geschichte*. Berlin, 1853, t. Ier; abrégé dans l'*Archivio storico italiano*, t. VIII, p. 753. — Delattre. Dans l'*Athenæum* du 19 novembre 1853. — (Anonyme). *Galileo and the inquisition.* London, 1854, in-32 (faisant partie du t. II de *Historical fallacies exposed and refuted*, des *Clifton tracts*). — Madden. *Galileo and the inquisition.* London, 1854, in-12. — Gaspar (R.). *Galileo Galilei. Zusammenstellung der Forschungen und Entdeckungen-Galilei's auf dem Gebiete der Naturwissenschaft* (Résumé des recherches et découvertes de Galilée sur la science de la nature.) Stuttgart, 1854. — Bonald (Vte Victor de). *Galilée, le S. Office et le système du monde*, dans le *Correspondant* du 25 décembre 1854. — Arago (Fr.). Notices biographiques : *Galilée* dans ses *Œuvres*, t. III, p. 240-297. Paris, 1854, in-8. — (Anonyme). Dans l'*Université catholique*. Novembre 1855, p. 454. — Morgan. *Notes of the ante Galilean Copernicans.* 1855. — *Galileo Galilei Sein Leben und seine Bedeutung für die Entwickelung der Naturwissenschaft.* (Galilée, sa vie et son influence sur les développements de la science de la nature.) Dans *Die Fortschritte der Naturwissenschaft*, 3ᵉ cahier. Berlin, 1856, — Eckert. *Galileo Galilei dessen Leben und Verdienste um die Wissenschaften.* (Vie et mérite de Galilée dans les sciences.) Basel (Bâle), 1858. — Sante-Pieralisi (abbé). *Otto lettere inedite di Galileo Galilei.* Roma, 1858, in-8. — Biot (J.-B.). *Une Conversation au Vatican en 1825*, dans le *Journal des Savants*. Mars, 1858, et *La vérité sur le procès de Galilée, ib.* Juillet et octobre 1858, réimprimé dans *Mélanges scientifiques*, t. III. — Ferry. Dans le *Dictionnaire de la Conversation* (2ᵉ édition). Paris, 1859. — Chasles (Philarète). *La Vérité sur le procès de Galilée* dans le *Journal des Débats*, 14 et 28 août, 25 septembre et 9 octobre 1859. — Hœffer Art. *Galilée*, dans le *Dictionnaire encyclopédique de la théologie catholique*, trad. par Goschler. Paris, 1860, gr. in-8, t. IX, p. 244-247. — CHASLES (Philarète). *Galileo Galilei, sa vie, son procès et ses contemporains*. Paris, 1862, in-8. — TROUESSART. Dans la *Revue de l'instruction publique*, des 6 et 15 mars 1862. — CHASLES (Philarète). Lettre en réponse à M. Trouessart, *ibid.*, 27 mars 1862. — TROUESSART. Lettre à M. Philarète Chasles, *ibid.*, 3 avril 1862. Articles publiés en brochure : *Galilée, sa mission scientifique, sa vie et son procès*, 1862. — CHASLES (Philarète). Réponse à M. Trouessart, *ibid.*, 10 avril 1862. — BECKMANN (P.). Dans *Zeitschrift für die Geschichte und Alterthumskunde Ermlands*, 1861-1866. — FLANDIN (Ch.). *Le Procès de Galilée*, dans la *Semaine des familles*, 1861-1862, p. 395.

ANONYME. *Galilée et l'Inquisition romaine*, dans *l'Église* des 12 et 19 février 1863. — BARTHÉLEMY (Charles). Dans *Erreurs et Mensonges historiques*. Paris, 1863, in-12. — CANTOR (Moritz). *Galileo Galilei*, dans *Zeitschrift für Mathematik und Physik*, déc. 1863. — SUELL (Carl). *Ueber Galilei als Begründer der mechanischen Physik und über die Methode derselben*. (Sur Galilée, fondateur de la physique mécanique et sur la méthode de cette Physique.) Iéna, 1864. — SELMI. *Nel trecentesimo natalizio di Galilei*. Pisa, 1864. — ANONYME. Dans *Unita cattolica*, 10 et 17 mars 1864. — *Civiltà cattolica*, 5ᵉ série, t. IX, p. 722. — CANTOR (Moritz). *Galileo Galilei*, dans *Zeitschrift für Mathematik und Physik* (9 Jahrgang, 3 Heft. Leipzig, 1864). — HEISS. Dans *Literarischer Handweiser*, 1864, p. 127. — CARUSO (Abbé). *La Verità su Galileo*. Napoli, 1864, in-8. — ARDUINI (Carlo). *La primogenita di Galileo Galilei rivelata delle sue lettere edite ed inedite*. Firenze, 1864. — CANTOR. *Galileo Galilei* dans *Die Grenzboten*, 1865, t. II, p. 435. — BERTRAND (Joseph). *Galilée et ses travaux*, dans la *Revue des Deux-Mondes*, 1ᵉʳ novembre 1864, p. 41-74, et dans le *Fondateurs de l'astronomie moderne*, in-8, Paris, 1865, p. 177-267. — VOSEN (Christ.-Herm). *Galileo Galilei und die römische Berurtheilung des Copernicanischen Systems.*

(Galilée et le jugement à Rome du système de Copernic), publié par *Broschürenverein*, n° 5. Francfort-sur-le-Mein, 1865. — Trouessart. *Galilée, sa mission scientifique, sa vie et son procès.* Poitiers, 1865. — Ward. Art. dans *Dublin Review*, sept. et oct. 1865. Traduit par M. Belamy dans les *Archives théologiques*, mai-octobre 1866. — Bouix (Abbé). *La Condamnation de Galilée*, dans la *Revue des sciences ecclésiastiques*, février et mars 1866. Tirage à part, in-8 de 64 pages. Arras, 1866. — Wagenmann. Art. dans *Jahrbücher für deutsche Theologie*, 1866. 11 déc. 2 Heft, p. 381. (C'est une critique du docteur Herman Vosen.) — Morin (Frédéric). *Sur le procès de Galilée*, dans l'*Avenir national* et l'*Observateur* (soi-disant) *catholique*, 1er décembre 1866. — Parchappe. *Galilée, sa vie, ses découvertes et ses travaux*, in-12 de 404 p. Paris, 1866. — Valson (Adolphe). *Galilée*, dans la *Revue d'économie chrétienne*, décembre 1865, janvier et février 1866. — Ponsard. *Galilée*, tragédie. Paris, 1866. — Challemel-Lacour. Article dans la *Revue des Deux Mondes*, mars 1867. — Chasles (Philarète). *Revue des cours littéraires*, 23 mars et 13 avril 1867. — Braghirolli. *Due lettere di Galileo Galilei*. Mantova, 1867, in-8. — Gabriac (R. P. de). *Galilée devant la science, la religion et la littérature*, dans les *Études religieuses, historiques et littéraires*, avril 1867, p. 528-568. — Gaidoz (Henri). Dans *Revue de l'instruction publique*, 16 et 22 mai 1867. — Blanc (Abbé). Dans l'*Opinion du Midi*, du 29 mai au 7 juin 1867. — L'Épinois (Henri de). *Galilée, son procès et sa condamnation, d'après les documents inédits conservés dans les archives du Vatican*, dans la *Revue des questions historiques*, 1er juillet 1867 (et tirage à part, Palmé, 1867, in-8). — Allemand. *Le Galilée de M. Ponsard*. Nîmes, 1867. — Rallaye (L. de la). *Galilée, la science et l'Église*, dans la *Revue du Monde catholique*, 10 juillet 1867. — Anon (signé Tau). Dans *The Month*, sep. 1867. — Anon. Dans *Literaturblatt*, 1867, p. 756. — Doret (R. P.). Art. sur *Galilée* dans les *Études religieuses*, juillet 1868. — Heis. *Das Unhistorische des dem*

Galilei in den Mund gelegten : E pur si muove (parole non historique mise dans la bouche de Galilée). Munster, 1868, in-8. — Martin (Th. H.). *Galilée, les droits de la science et la méthode des sciences physiques.* Paris, 1868. — L'Épinois (Henri de). *Encore un mot sur Galilée. Revue des questions historiques,* 1ᵉʳ octobre 1868. — Figuier (Louis). *Galilée,* dans les *Vies des savants illustres* du dix-septième siècle. Paris, 1869. — Gilbert. *Le Procès de Galilée,* dans la *Revue catholique de Louvain,* et tirage à part, in-8. Louvain, 1869. — Bondurand. Art. dans l'*Aigle des Cévennes,* 26 juin, 1869. — Gherardi. *Il processo di Galileo riveduto sopra documenti di nuova fonte,* dissertation lue à l'Académie des sciences de Cologne, le 20 mai 1869, insérée dans *Rivista Europea,* juin 1870, en brochure, Firenze, 1870, traduit dans *Zeitschrift für Mathematik und Physik,* 1871. — Wohlwill (E.). *Der Inquisitions Process des Galileo Galilei* (Du procès de Galilée devant l'Inquisition), in-12. Berlin, 1870. — Carbonnelle (R. P.), dans *Études religieuses,* avril 1870. — Govi (Gilberto). *Intorno a tre lettere di Galileo Galilei pubblicate ed illustrate da Gilberto Govi,* Roma, 1870. Extrait du *Bullettino di bibliographia e di storia delle scienze matematiche fisiche,* t. III, juillet 1870. — Anonyme. *The private life of Galileo,* in-12. London, 1870. — Article dans l'*Athenæum* (anglais) du 15 octobre 1870. — Anonyme. *The pontifical decrees against the motion of the earth considered in their bearing on the theory of advanced ultramontanism.* London, 1870. — Castelnau (Abbé). *Galilée,* in-8 de 156 p. Alais, 1870. — Delvigne (Ad.). *Galilée et le Saint-Office,* in-18. Bruxelles, 1871. — Cantor (Moritz). *Recensionen über die 1870 erschienenen Schriften Wohlwill's und Gherardi's,* dans *Zeitschrift für Mathematik* (16 Jahrgang, 1 Heft), 1ᵉʳ janvier 1871. — Gherardi (Sylv.). *Sulla dissertazione der Inquisitionsprocess des Galileo Galilei del Dʳ E. Wohlwill,* dans *Rivista Europea,* 1ᵉʳ mars 1872, p. 119. — Olivieri (R. P.). *Di Copernico e di Galileo.* Écrit posthume publié avec notes, par le P. Bonora. In-8, Bologna, 1872.

— Wohlwill (E.) *Zum Inquisitionsprocess des Galileo Ga-Galilei* (Sur le procès de l'Inquisition de Galilée), dans *Zeitschrift für Mathematik*, 1872, 2 Heft. — L'Épinois (H. de). *Dernières publications sur Galilée* dans la *Revue des questions historiques*, 1er juillet 1872. — Friedlein. *Zum Inquisitionsprocess des Galileo*, dans *Zeitschrift für Mathematik und Physik*, 1872, 3 Heft, p. 41-45. — Gilbert. *Galilée*, dans *Revue catholique de Louvain*, déc. 1872. — Govi. *Il Sant-Uffizio Copernico et Galileo*. In-8, Torino, 1872. — Riccardi (R.). *Di alcune recenti memorie sul processo e sulla condanna di Galileo*. In-8, Modena, 1873. — Anon. Dans *Literaturblatt*, 1873. — Wolynski (Arthur). *Relazione di Galileo Galilei colla Polonia*, dans l'*Archivio storico italiano*, 1872, 5ª et 6ª disp. 1873, 1ª disp., ou t. XVII, p. 131 et t. XVIII, p. 3. — Réimprimé dans la *Diplomazia toscana e Galileo Galilei*. In-8, Firenze, 1874. — Boncompagni (E.). *Intorno ad alcune note di Galileo Galilei ad un opera di G. B. Morino* dans *Bullettino di bibliographia e di storia delle scienze matematiche*. In-4, 1873, t. VI. — Guasti (C.). *Le relazioni di Galileo con alcuni Pratesi*, dans *Archivio storico italiano*, 1ª disp., 1873, p. 32-75. — L'Épinois (Henri de). *Une protestation*, dans *Revue des questions historiques*, octobre 1873. — Gerstenberg. *Galileo Galilei*. In-4, Rendsburg, 1874. — Buchmann (J.). Dans *Vermischte Aufsätze*. In-8, Breslavia, 1874. — Porena (Filippo). Dans l'*Archivio storico italiano*, 6ª disp., 1875, p. 500-518. — Govi (Gilbert). *Galileo e i matematici del collegio Romano nel 1611*. Roma, 1875. Extrait de *Atti della reale Accademia dei Lincei*, série 2, t. II, p. 8. — Reusch. *Der Galilei'sche Process*, dans *Historische Zeischrift*, 1875, n° 3, p. 121-143. — Morel (Abbé J.). Dans la *Somme contre le catholicisme libéral*, t. II. — Sante Pieralisi (Abbé). *Urbano VIII e Galileo*. In-8, Roma, 1875. — Reitlinger (E.). *Galileo Galilei*. Berlin, 1875. — Berti (A.). *Copernico e le vicende del sistema copernicano*. In-8, Roma, 1876. — Gebler (Karl von). *Galileo Galilei und die Römische Curie*. In-8, Stuttgart,

1876. — BERTI (A.). *Il processo di Galileo Galilei.* In-8, Roma, 1876. — CANTOR (Moritz). Dans *Allgemeine Zeitung.* 1876, n° 93 et 94. — ANON. Dans *Civiltà cattolica*, 20 mai 1876. — GEBLER (Karl von). *Il processo di Galilei*, dans *Nuova Antologia*, sept. 1876. Tirage à part de 17 pages. — SANTE PIERALISI (Abbé). *Correzioni al libro Urbano VIII, e Galileo Galilei, proposte dall' autore.* In-8, 30 septembre 1876. — MÉZIÈRES (A.). *Le Procès de Galilée*, dans la *Revue des Deux Mondes.* 1ᵉʳ octobre 1876, p. 645-663. — G. O. Dans *Archivio storico italiano*, 1876, 5ᵃ disp. — COMBES (Louis). *Galilée et l'Inquisition romaine*, in-32. Paris, librairie républicaine, 1876. — REVILLE (Albert). Dans la *Flandre libérale*, 16 octobre 1876. — HEIS. Dans *Annales de la Société scientifique de Bruxelles*, 2ᵉ partie, p. 201. Bruxelles, 1877. — GILBERT. *La Condamnation de Galilée*, dans la *Revue des questions scientifiques*, avril et juillet 1877, tirage à part, in-8°, Bruxelles, 1877. — L'ÉPINOIS (Henri de). *Les Pièces du procès de Galilée.* In-8, Rome et Paris, 1877. — WOLYNSKI (Art.). *Fr. de Noailles et Galilée*, dans *Rivista Europea*, août 1877. — GEBLER (Karl von). *Die Acten des Galilei'schen Processes.* In-8, Stuttgart, 1877. — DESJARDINS (Le P. Eugène). *Encore Galilée.* In-8, Pau, 1877. — SANDRET (L.). *Le manuscrit original du procès de Galilée*, dans la *Revue des questions historiques*, octobre 1877.

TABLE DES MATIÈRES

Avant-propos. 1

PREMIÈRE PARTIE
RÉCIT DES FAITS

I

Naissance et premières années de Galilée.—Influence d'Aristote dans les écoles. — Le système astronomique de Ptolémée est la conséquence de la doctrine métaphysique d'Aristote. — Le système de Copernic : sa fortune, page 5

II

Galilée écrit le *Nuntius sidereus*. — Opposition des péripatéticiens. — Galilée se rend à Rome et y est parfaitement reçu. — Opposition contre lui à Florence. — *Discorso sui Galleggianti*. — Consultation donnée par le cardinal Conti. — Attaque de Sizzi. — *Istoria e dimostrazione intorno alle macchie solari*. — Lettre au P. Castelli (21 décembre 1613), page 19

III

Opposition croissante des péripatéticiens. — Le P. Caccini parle contre Galilée et est désavoué par le P. Maraffi. — Le P. Lorini dénonce au cardinal Mellini la lettre de Galilée au P. Castelli (5 février 1614), page. 38

IV

Le cardinal Mellini ordonne d'interroger les témoins. — Avis du consulteur favorable à Galilée. — Interrogatoire de Caccini (20 mars 1615). — Interrogatoire de Ximenès et d'Attavanti, page 48

V

On recommande la prudence à Galilée et on l'avertit des dangers à éviter. — Lettre du cardinal Bellarmin au P. Foscarini. — Galilée vient à Rome. — Son irritation. — Avertissement donné à Galilée (26 février 1616). — Censure des théologiens. — Décret prohibant les ouvrages traitant du mouvement de la terre (5 mars 1616), page. 57

VI

Galilée publie le *Saggiatore*. — Éloge contenu dans l'*Imprimatur*. — Nouveau voyage de Galilée à Rome. — Bref d'Urbain VIII où il est parlé de Galilée. — Lettre à Ingoli. — Galilée achève le *Dialogo*, page. 77

VII

Galilée vient encore à Rome pour demander l'autorisation d'imprimer le *Dialogo*. — Examen minutieux de l'ouvrage. — La peste sévit à Florence. — Négociation au sujet de l'autorisation. — L'ouvrage s'imprime à Florence. — Joie des amis de Galilée. — On lui reproche d'avoir écrit son livre contrairement à l'opinion des péripatéticiens, page. 96

VIII

Le *Dialogo* est soumis à l'examen d'une commission. — Mécontentement du pape contre Ciampoli et contre le maître du sacré Palais qui se plaint à son tour d'avoir été trompé par Galilée. — Conseils donnés à Galilée de gagner du temps. — La Commission remet son rapport au souverain Pontife. — Ses conclusions. — Galilée est appelé devant l'Inquisition. — Il arrive à Rome (13 février 1633), page. 112

IX

Galilée est logé chez l'ambassadeur. — Interrogatoire de Galilée (12 avril 1633). — Il reste dans les appartements du fiscal jusqu'au 30 avril. — Aveu extrajudiciaire fait par Galilée au commissaire général. — Galilée est mandé le 10 mai au Saint-Office. — Défense de Galilée, page. 135

X

Décision prise le 16 juin par le pape et la Congrégation. — Interrogatoire de Galilée le 21 juin. — L'abjuration et la condamnation (22 juin 1633). — La légende s'est formée autour du procès de Galilée, page 153

XI

Comment fut appliquée la condamnation. — Galilée à Sienne. — La sentence est partout promulguée. — Triomphe des péripatéticiens. — Galilée revient à sa villa d'Arcetri. — Dénonciation d'un péripatéticien contre l'archevêque de Sienne et contre Galilée. — Mécontentement qu'on éprouve à Rome. — Démarches faites pour obtenir la complète liberté de Galilée. — Galilée achève ses Dialogues sur les sciences nouvelles, page 165

XII

Mauvaise santé de Galilée, il devient aveugle. — Affaire de la longitude. — Visites faites à Galilée. — Mort de Galilée (8 janvier 1642). — Son monument à S. Croce. — Réimpression du *Dialogo*. — Omission dans l'Index de 1758 du décret défendant les ouvrages enseignant le mouvement de la terre. — Décret de 1822 permettant de publier comme thèse les ouvrages traitant du mouvement de la terre. — Le *Dialogo* est effacé du recueil des livres prohibés (1835), page 181

SECONDE PARTIE

CONSÉQUENCES A TIRER DES FAITS

I

Galilée n'a pas subi la torture. — Aucun contemporain n'en a parlé. — Il eût été illégal de la donner dans les circonstances où l'on se trouvait. — Le pape avait implicitement défendu de la donner. — De l'examen rigoureux. — Discussion, page. 197

II

Galilée n'a pas voulu désigner le pape Urbain VIII sous le nom de Simplicius, mais on l'a cru et le bruit en a couru, page 217

III

Le procès ne repose pas sur un acte faux inventé pour les besoins de la cause. — Examen des contradictions signalées : caractères intrinsèques et extrinsèques de l'acte en questions page 224

IV

De la compétence des Congrégations de l'Index et du Saint-Office pour décider la question alors posée, page. 240

V

Le tribunal a-t-il jugé conformément aux principes posés par saint Augustin et saint Thomas ? — La condamnation de Galilée n'est qu'un épisode dans la lutte que les péripatéticiens ont soutenue contre les nouveaux principes scientifiques, page. 248

VI

Le décret de 1616 et la condamnation de 1633 ne peuvent être un argument contre la doctrine de l'infaillibilité du pape, page 263

VII

Quelle est la portée du décret de 1616 et de la condamnation de 1633 ? page. 269

VIII

Quelle influence ont exercée ces décisions sur les études scientifiques ? — Galilée a continué ses travaux. — On a pu lire le *Dialogo*. — On a continué les observations et les expériences dans de nombreuses académies et réunions. — De la décadence littéraire et politique en Italie, page. 272

Note I. — Corrections présentées au texte des *Pièces du procès*, page 311

Note II. — Bibliographie, page 316

Table des matières, page. 327

FIN DE LA TABLE

Typographie Lahure, rue de Fleurus, 9, à Paris. [20417]